AF340375

G

G 604
5. B. 2.
©

11086

NOUVEAU RECUEIL

DE

VOYAGES.

TOME SECOND.

VOYAGES

AUX MONTAGNES

D'ÉCOSSE

ET AUX ISLES HÉBRIDES, DE SCILLY, D'ANGLESEY, &c.

Traduits de l'Anglais par une Société de Gens-de-Lettres, avec les notes & les éclaircissemens nécessaires.

Ouvrage enrichi de cartes & de beaucoup de vues & de dessins, gravés par les meilleurs artistes.

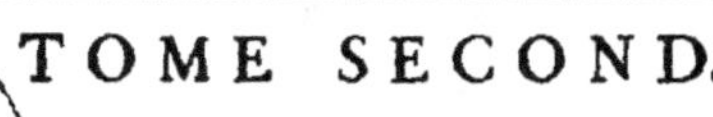

TOME SECOND.

A GENÈVE,

Chez PAUL BARDE, Imprimeur-Libraire.

& se trouve à PARIS,

Chez { MOUTARD, Imp. Lib. rue des Mathurins.
{ MÉRIGOT le jeune, Lib. quai des Augustins.

MDCCLXXXV.

TABLE

Des Matières du second Volume.

Fin de la Table du Tome Second.

RECUEIL

Ce que nous avons rapporté, d'après Monsieur PENNANT, sur les Isles Hébrides ne satisferoit qu'imparfaitement les Lecteurs curieux de connoître ces Isles singulières, si nous ne joignions à cette Rélation celle du voyage du célèbre Docteur JOHNSON dans une partie de ces mêmes Isles & dans quelques contrées voisines du continent de l'Ecosse, habitées principalement par la même Nation. Cet Auteur, que les Anglois comptent entre leurs meilleurs Ecrivains & leurs plus profonds Moralistes, laissant de côté presque tous les objets qui attiroient par préférence l'attention de M. PENNANT, a considéré principalement dans les Hébrides les mœurs, le génie, l'état & la condition du peuple qui l'habite, & qui est bien plus séparé des autres Nations de l'Europe, à ces divers égards, que par les mers qui l'environnent.

L'esprit philosophique qui a dicté la plupart des Observations de M. JOHNSON répandroit seul de l'intérêt sur la Rélation de son voyage, quand il n'y en auroit pas autant dans le sujet même. Aussi cet ouvrage a-t-il été généralement applaudi en Angleterre ; & nous nous félicitons d'être les premiers à le faire connoître dans notre langue par des extraits si étendus, qu'ils ne peuvent rien laisser d'important à désirer.

RECUEIL

DE

VOYAGES

AU NORD.

ÉCOSSE.

IL y avoit si long-temps que je formois le projet
de visiter les Isles voisines de la partie occidentale de l'Ecosse, (connues sous le nom d'*Isles
Hébrides*) que j'aurois de la peine à me rappeler
ce qui a pu exciter en moi ce désir. Ce fut dans
l'automne de 1773 que je me décidai à entreprendre ce voyage, par la compagnie de M. *Boswell*, dont l'esprit & le discernement m'ont été
d'un grand secours dans mes recherches ; & qui,

par la gaieté de fa converfation & la politeffe de fes manières, étoit bien propre à nous faire fupporter les fatigues & les incommodités de la route, même dans des pays moins fréquentés & moins hofpitaliers que ceux que nous avons parcouru.

Le 18 Août, nous quittâmes *Edimbourg*, ville trop connue pour nous en permettre la defcription, & nous dirigeâmes notre courfe vers le nord, le long de la côte orientale d'Ecoffe, avec un troifième compagnon, qui ne refta avec nous que le temps néceffaire pour nous faire fentir le regret de nous en féparer.

Inch-Keith.

En traverfant le *Frith* ou golfe de *Forth*, notre curiofité fut attirée par la petite isle de *Inch-Keith*, où mes compagnons de voyage n'avoient jamais été, quoique du féjour qu'ils habitent elle fût devant leurs yeux, & follicitât en quelque forte leur attention.

C'eft ici qu'obligés de grimper fur des rochers épars & à moitié détruits par le temps, nous éprouvâmes les premières difficultés de ces côtes défertes & fauvages. *Inch-Keith* n'eft, à proprement parler, qu'un rocher recouvert d'une mince couche de terre, produifant çà & là quelque peu d'herbe, & des chardons en abondance.

On y mène paître toutes les années un petit

troupeau de vaches : je ne penſe pas d'ailleurs qu'il y ait jamais eu d'établiſſement permanent, pas même pour les beſtiaux.

Nous n'y trouvâmes que les ruines d'un petit fort, qui n'a pas tellement ſouffert des injures du temps, qu'il ne pût être aiſément réparé. Il ne paroît pas qu'on ait jamais eu l'intention d'en faire une place forte & capable de ſoutenir un ſiège, mais un abri pour quelques ſoldats deſtinés apparemment au ſervice d'une batterie, ou ſeulement en ſtation pour avertir de l'approche du danger ; car nous ne trouvâmes dans ſon enceinte, ni citerne, ni fontaine, quoiqu'il y ait une ſource ſi voiſine de ſes murs, qu'il eût été facile de l'y enfermer. Nous lûmes ſur une pierre ces mots : *Maria reg.* 1564. Cette place doit avoit été abandonnée lorſque toute la Grande-Brétagne n'a plus eu qu'un même Roi.

Nous quittâmes cette petite isle en faiſant des réflexions ſur la différence de l'aſpect qu'elle offriroit, ſi elle étoit placée à la même diſtance de Londres & avec la même facilité d'en approcher, à quel prix exceſſif ſeroient portés quelques acres d'un rocher ſtérile, qui ne tarderoit ſûrement pas à recevoir des mains de l'induſtrie une culture ſoignée & des embelliſſemens qui la feroient dans peu méconnoître

A iij

De retour à terre, nous trouvâmes notre chaife prète, & nous pafsámes par *Kinghorn*, *Kirkaldy* & *Cowpar*, endroits affez femblables à ces petites villes de marchés qu'on trouve dans les parties reculées de l'Angleterre, où le commerce & les manufactures n'ont pas encore porté l'opulence.

Quoique nous fuffions dans la partie la plus peuplée de l'Ecoffe, & à une très-petite diftance de la capitale, nous rencontrâmes peu de paffagers.

Les chemins ne font ni rudes, ni boueux, & c'eft un nouveau plaifir pour un habitant des Provinces du fud de voyager fi commodément, & fans être continuellement arrêté par des barrières & des péages.

Dans les pays dont le fol eft pierreux, comme il femble que c'eft affez le cas de l'Ecoffe, on ne peut faire des chemins bien unis qu'à grands frais, mais ils n'ont jamais befoin de réparations, & dans les lieux où il faut apporter les matériaux néceffaires, le terrain une fois affermi eft rarement rompu, l'Ecoffe ayant peu de commerce intérieur, & les marchandifes d'un grand poids ne fe tranfportant guères que par eau.

Les voitures les plus en ufage font de petites charettes, trainées par un feul petit cheval, &

ce n'eſt pas un mince relief pour un homme, que
d'avoir la réputation de poſſéder un chariot à
deux chevaux.

Nous arrivâmes aſſez tard à *St. André*, ville
autrefois archiépiſcopale ; c'eſt-là que ſubſiſte
encore cette fameuſe univerſité , où la philoſo-
phie fut enſeignée par le célebre *Buchanan*, dont
le nom a tous les droits de l'immortalité que
peut procurer le mérite d'avoir bien écrit en
latin, au reſte qu'aucune de nos langues modernes avec ſon inſtabilité ne pourroit aſſurer auſſi
bien à un Ecrivain.

Nous trouvâmes probablement , par l'inter-
vention de quelque ami inconnu & inviſible ,
un logement préparé pour nous dans la maiſon
d'un des profeſſeurs, dont la politeſſe aimable
& facile nous fit bientôt oublier que nous
étions étrangers , & qui ne ceſſa pendant notre
ſéjour de nous combler de toutes ſortes d'hon-
nêtetés , & de nous traiter avec toute l'élégance qu'on pourroit attendre d'un hôte auſſi
lettré.

Nous ſortîmes le matin pour nous promener
dans la ville , (dont nous ne connoiſſons la
ſplendeur que par l'hiſtoire) , & juger de ſon
ancienne magnificence, dont les reſtes mêmes ne
feront pas long-temps viſibles, à moins [qu'on

A iv

né prenne quelques foins pour les conferver; & quel plaifir pourroit-on trouver à conferver de fi triftes monumens ? Ils ont été fi négligés jufqu'à ces derniers temps, que chacun en emportoit les pierres dont il pouvoit avoir befoin.

La cathédrale dont les fondemens peuvent encore fe tracer, & dont une petite partie des murs exifte, paroît avoir été un vafte & majef-tueux édifice qui ne déparoit pas la primatie du royaume : quant à fon architecture, un artifte même auroit peine à découvrir dans les ruines de quoi en donner un échantillon. On fait parfaitement qu'elle fut démolie dans le temps des violens ravages de la réformation de *Knox*.

Près de la cathédrale, fur le bord de la mer, on voit encore quelques reftes d'un château, où l'Archevêque faifoit autrefois fa réfidence. Il n'a jamais dû être fort grand, & on paroît avoir eu plus en vue la fûreté que le plaifir, en le bâtiffant. On raconte que le cardinal *Beatoun* étoit occupé à en faire améliorer les fortificatons, lorfqu'il fut lâchement affaffiné par les fatellites de la réformation, de la manière dont *Knox* nous en donne ce qu'il appelle lui-même *une joyeufe narration*.

Le changement de réligion en Ecoffe, fut
fi violent & fi rapide qu'il produifit un enthoufiafme épidémique, mêlé de fuperftition & de
férocité: un peuple livré à lui-même, oifif &
ifolé, ne pouvoit avoir qu'un zèle outré &
féroce. Les opinions nouvelles ne lui étant
point tranfmifes graduellement, comme ailleurs,
ne pouvoient mitiger la violence. Mais enfin,
le commerce & la communication avec l'Angleterre ne tardèrent pas à adoucir ce féroce
enthoufiafme; & comme les hommes tombent
toujours dans les extrèmes, on vit bientôt
prévaloir en Ecoffe, d'une manière vifible, le
relâchement dans les pratiques réligieufes &
une indifférence d'opinion dans laquelle les
gens, trop peu inftruits pour trouver à adopter un milieu, fe jettent ordinairement pour
fecouer toute contrainte & tout devoir.

La ville de *St. André* tomba infenfiblement
en décadence, du moment qu'elle eut perdu fa
prééminence archiépifcopale: une de fes rues eft
actuellement détruite; & dans celles qui exiftent
encore, règnent le filence & la folitude d'une
indigence oifive & d'une trifte dépopulation.

L'univerfité étoit encore compofée il y a
quelques années, de trois colléges, mais elle
eft réduite à deux. Celui de *St. Léonard* ayant

ECOSSE.
St. André.

été diſſout dernièrement, le produit de la vente de ſes bâtimens & les revenus furent appropriés aux deux profeſſeurs des autres. La chapelle du collége anéanti ſubſite encore; ſa ſtructure extérieure n'eſt pas ſans élégance; mais on m'en refuſa conſtamment l'entrée ſous quelque excuſe honnète. On m'a dit depuis, qu'on avoit eſſayé d'en faire une eſpèce de ſerre, & d'y planter différens arbuſtes, mais que cette manière de jardin avoit été ſans ſuccès, & ne proſpéroit pas. C'eſt au moins quelque choſe, que, dans ſon état préſent, on ne la montre pas avec oſtentation, car là où on trouve encore de la modeſtie, on peut eſpérer de trouver un jour de la vertu.

La ſuppreſſion du collége de *St. Léonard* étoit ſans doute néceſſaire, mais cette néceſſité n'en eſt pas moins déplorable, & ce n'eſt pas ſûrement ſans mériter de juſtes reproches qu'une nation, dont les richeſſes accroiſſent tous les jours par l'extenſion de ſon commerce, refuſe de faire participer à ſa proſpérité les établiſſemens littéraires, & ſouffre que ſes univerſités tombent en ruines, tandis que ſes commerçans & ſes nobles élèvent de ſuperbes palais.

Des deux colléges qui reſtent, l'un eſt conſacré, par l'inſtitution de ſon fondateur, à

la théologie. Il paſſe pour contenir cinquante
étudians ; mais pour cet effet il faut qu'il y
en ait plus d'un logé dans chaque chambre.

La bibliothèque, de moderne érection, n'eſt
pas bien conſidérable, mais le vaſe en eſt élégant
& bien éclairé. Le docteur qui nous la montra,
eſpérant imiter ou ſubjuguer ma vanité angloiſe,
me dit que nous n'avions pas un pareil dépôt
de livres dans toute l'Angleterre.

St. André me parut une ville on ne peut plus
favorable à l'étude & à l'éducation, étant ſituée
dans un pays peuplé, & où les vivres ſont néanmoins à bon marché, où le cœur & les mœurs
des jeunes gens ne peuvent être expoſés ni par
la légèreté & le libertinage d'une ville capitale,
ni par la groſſière corruption d'une ville de
commerce, deux ſortes de lieux également
impropres à l'étude : dans l'une le déſir d'apprendre cède naturellement à l'amour du plaiſir,
& dans l'autre à celui de l'argent. Malgré ſes
avantages on ne compte pas plus de cent étudians actuellement à *St. André.* Il eſt poſſible
que le défaut de ſervice, ſelon le rit anglican,
ſoit un obſtacle à l'accroiſſement de leur nombre ; je ne vois pas qu'on puiſſe imputer ce
petit nombre à un profeſſeur actuel, ni à la
dépenſe de cette éducation académique ; car un

étudiant du plus haut rang, peut y passer sa session annuelle, ou, comme disent les Anglois, son terme, qui est de 7 mois, pour environ 15 livres, & ceux de rang inférieur pour moins de 10 livres, nourriture, logement & instruction compris.

En nous promenant parmi les ruines des anciennes églises, nous arrivâmes à deux voûtes sur lesquelles étoit ci-devant la maison du *Sous-Prieur*. Une d'elles est habitée par une vieille femme qui a réclamé ce droit en qualité de veuve d'un homme dont les ancêtres ont habité ce sombre manoir pendant l'espace de quatre générations. D'où que dérive ce droit, il est considéré comme prescription légale, & cette bonne vieille passe-là sa vie sans être inquiétée. Elle pense cependant avoir des droits à quelque chose de plus que de la tolérance ; car, comme le nom de son mari étoit *Bruce*, elle est incontestablement alliée à la royauté ; elle fit remarquer à M. *Boswell* que, lorsqu'il venoit des personnes de qualité dans la ville, elle étoit favorisée de de quelque distinction ; qu'à la vérité elle étoit négligée depuis quelque temps ; mais elle s'en console en filant. Elle a la compagnie de son chat, & ne fait de mal à personne.

Après avoir vu tout ce que cette ville offroit

à notre curiofité, nous la quittâmes en faifant
des vœux pour elle, & pleins de reconnoiffance
pour le bon accueil que nous y avions reçu. Mais
celui qui confidère ce monde en obfervateur,
doit s'attendre à voir bien des chofes qui l'affectent; & les bontés que les profeffeurs noùs
témoignèrent ne contribuèrent pas à effacer de
notre efprit le fâcheux fouvenir d'une univerfité
en décadence, d'un collège détruit & d'une églife
profanée & tombant en ruines. *Saint - André*,
à la vérité, a effuyé autrefois des ravages plus
affreux encore & une deftruction plus complète; mais les maux récens affectent bien davantage. Nous avons été facilement réconciliés avec
les ruines de l'Archévêché : la diftance de l'époque de cette cataftrophe au temps préfent, femble
préferver l'efprit de certain contact fympathique.
On fe contente de prendre connoiffance des événemens paffés depuis long-temps; mais on les
confidère fort peu. Nous lifons avec auffi peu
d'émotion les violences atroces commifes par
Knox & fes fatellites, que les irruptions d'Alaric
& des Goths. Cette univerfité eût-elle été détruite il y a deux fiècles, nous ne la regrette-
rions guères; mais la voir au moment de fon
déclin, & ne fe foutenant qu'avec effort, ce
fut pour nous de triftes images & le fujet de
vœux & de regrets inutiles.

Comme nous connoiſſions auſſi bien l'inu-
tilité de notre chagrin que l'inefficacité de nos
vœux, nous commençâmes à penſer à notre
voyage. Les routes en Ecoſſe offrent peu de
diverſion au voyageur; il n'y éprouve ni ſurpriſe ni rencontre, & il n'a aucun objet à contempler que de vaſtes terrains ſans limites viſi-
blement marquées, ſinon de temps à autre,
par des murs de pierre ſans liaiſon ni mortier.
Depuis les bancs de la *Tweed* juſques à *Saint-*
André, je n'apperçus pas un ſeul arbre qui ne
me parût crû dans ce ſiècle. De temps en temps,
autour de quelque maiſon de gentilhomme,
on voit une petite plantation, appelée en
Ecoſſois *policy*; mais il y en a fort peu, &
elles ſont toutes fort nouvelles. L'agréable
alternative du ſoleil & de l'ombrage eſt ici entièrement inconnue. Il n'y a pas un arbre qui
puiſſe ſervir pour la charpente, ni même pour
s'abriter. Le chêne & l'aubepine y ſont également étrangers; & tout le pays ne préſente
qu'une nudité uniforme, excepté ſur la route
de *Kirkaldy* à *Cowpar*, où je paſſai quelquefois
entre deux haies pendant l'eſpace de quelques
toiſes. On peut regarder un arbre en Ecoſſe
comme une curioſité, ainſi qu'un cheval à
Veniſe: à *Saint-André*, M. *Boswel* m'en fit

remarquer un , que je trouvai petit & grêlé ;
mais il me répondit que c'étoit une merveille
auprès d'un autre que nous verrions à quelques
milles de-là. Je n'étois pas fort réjoui de cette
rareté ; mais un homme du pays , qui se trouva
là , nous assura qu'il ne connoissoit que ces deux
arbres dans tout le comté.

Il y a quelque apparence que les parties basses
de l'Ecosse ont été autrefois aussi riches en
bois que les autres contrées , & il est à remarquer que les forêts diminuent dans la même
proportion que l'architecture & la culture prévalent par la population & l'introduction des
arts ; mais je crois qu'il y a peu de pays qui
aient souffert à cet égard une aussi grande
dévastation que celui-ci, qui verra passer bien
des siècles avant de pouvoir la réparer.

Davies , dans son histoire d'Irlande , observe
que jamais Irlandois n'a planté un verger. Cette
nation a peut-être été excusable de cette négligence par les variations qu'elle a éprouvées dans
son état civil & politique , & l'instabilité de ses
propriétés ; mais en Ecosse , où elles ont toujours été assurées par la régularité dans les suc-
cessions , on peut douter qu'avant la réunion
il y ait jamais eu un arbre planté dans tout
cet espace de pays qui est entre *Edimbourg* &

l'Angleterre. Il feroit difficile de donner d'autre raifon de cette infouciance, finon qu'elle a commencé dans des temps de trouble & de tumulte, & continué par la feule raifon qu'elle avoit commencé. On n'abandonne pas aifément une coutume établie, à moins que quelque grand événement ne vienne changer tout le fyftème, & qu'on ne recommence à vivre fur de nouveaux principes. On ne pourroit alléguer le peu de commerce & la pauvreté de l'Ecoffe avant la réunion; car une plantation eft de toutes les améliorations la moins difpendieufe. Mettre une femence en terre peut ne rien coûter du tout, & il n'y a pas grande peine affurément à protéger une jeune plante jufques à ce qu'elle foit hors de danger, quoique ce ne foit pas tout-à-fait fans difficulté dans un pays où il n'y a ni bois pour faire des paliffades, ni épines pour des haies.

Nous continuâmes notre route par le *Firth* ou golfe de *Tay*, où nous paffâmes la rivière fur un bac, qui nous coûta quatre fchellings pour notre chaife, quoique le paffage foit fort court. Il eft aifé de fe procurer en Ecoffe les chofes néceffaires à la vie; mais les objets de fuperfluités & d'élégance y font au moins au même prix qu'en Angleterre; ce qui peut être

confidéré

Abbaÿe d'Aberbrothic.

considéré, comme beaucoup plus cher en proportion de la rareté de l'argent. Nous nous
arrêtâmes quelques heures à *Dundée*, & n'en
voyant rien de remarquable, nous remontâmes
dans notre chaise, & arrivâmes au jour tombant
à *Aberbrothick*.

Le monastère d'*Aberbrothick* est fameux dans
l'histoire d'Ecosse : ses ruines donnent une belle
idée de son ancienne magnificence : il seroit
aisé d'en connoître l'étendue, en suivant les murs
dans les herbes & les ronces qui les recouvrent,
& sa hauteur par quelques fragmens qui sont
encore debout. La voûte d'une des portes est
entière, & celle d'une autre est si fort dégradée,
que le contraste en est piquant. On y voit
encore un appartement quarré d'une grande
hauteur : je ne pus tirer aucune conjecture sur
son usage passé, n'y ayant point de proportion
entre sa hauteur & son étendue. Deux tours
qui flanquoient les angles de l'édifice, attirèrent
particulièrement notre attention. & M. *Boswell*,
dont la curiosité est secondée par une merveil-
leuse activité, grimpa sur une fenêtre élevée
d'une de ces tours ; mais il ne put en gagner
le haut, ayant trouvé les escaliers rompus.
Quant à l'autre, les habitans nous dirent qu'on
pouvoit y atteindre de la même manière ; mais

Ecosse.
Aberbro-
thick.

Montrose.

comme la nuit nous surprit avant d'en avoir pu trouver l'entrée, nous abandonnâmes notre prétention.

Laissant ces ruines magnifiques, nous gagnâmes *Montrose*, que nous parcourûmes dans la matinée. Cette ville est bien bâtie, en bon air & fort propre. L'hôtel-de-ville est un bel édifice avec un portique; la chapelle Angloise est une petite église d'une propreté inconnue dans tout le reste de l'Ecosse, avec des galeries commodes; & ce que nous nous attendions encore moins d'y trouver, c'est un orgue.

Nous ne fûmes pas aussi bien traités à notre auberge que nous l'aurions attendu dans une ville riche & commerçante; mais M. *Boswell* m'ayant fait observer que l'aubergiste étoit Anglois, je le défendis & l'excusai aussi bien qu'il me fut possible. Je ne tardai pas à faire une observation dont je n'avois jamais ouï faire mention; c'est qu'il y a une grande quantité de mendians en Ecosse: *Edimbourg* n'en contient pas moins que Londres en proportion, & on en voit plus dans les villes de rang inférieur que dans celles d'Angleterre de la même population. Il faut cependant convenir qu'ils ne sont ni criards ni importuns: ils sollicitent l'aumône en silence ou très-modestement; ensorte que,

quoique cette manière de faire foit plus propre
à gagner le cœur des étrangers , elle doit néanmoins manquer fon effet fur les gens du pays ,
qui y font accoutumés. La nouveauté a toujours un attrait : une manière inufitée de demander excite auffi une pitié inufitée; mais la
nouveauté, par fa propre nature , ceffe bientôt ,
tandis que le fuccès des clameurs & de la perfévérance eft permanent & certain.

La route depuis *Montrofe* nous préfenta le
même afpect que les journées précédentes : le
pays eft nud & découvert , les haies en pierre
& leurs terres fi généralement cultivées en
champ , qu'on ne peut s'imaginer où ils prennent
de l'herbe pour les chevaux qui les labourent.

La moiffon qui étoit prefque à maturité me
parût fort abondante.

D'abord après dîner M. *Boswell* obferva que
nous n'étions pas à une grande diftance de la
maifon de Lord *Monboddo*. Le *magnétifme* de fa
converfation nous attira facilement hors de notre
route, & le bon accueil que nous en reçûmes
eût été une récompenfe plus que fuffifante ,
même d'un plus grand détour.

On s'attend naturellement à trouver les
routes au-delà d'*Edimbourg* plus rudes à caufe

B ij

qu'elles font moins fréquentées ; elles ne font cependant point incommodes.

Nous allions le petit train d'un charretier Ecoffois, qui n'ayant que peu ou point de rivaux dans fon expédition, ne fe tourmente ni lui ni fes chevaux. Nous n'affections pas une impatience que nous n'éprouvions pas.

Nous étions auffi contens l'un & l'autre de notre compagnie dans la chaife, qu'arrivés à l'hôtellerie, & les jours & les nuits, également folitaires & fûres, fe paffoient fans crainte des voleurs ; car que deviendroient-ils dans un pays où l'on voit fi peu de voyageurs ?

Nous arrivâmes à *Aberdeen* affez tard, & nous trouvâmes l'auberge fi pleine, que ce ne fut pas fans peine que nous y fûmes reçus, & nous n'aurions pas obtenu cette faveur fi M. *Boswell* ne fe fût fait connoître ; fon nom furmonta toute objection, & nous procura une bonne maifon & un traitement des plus gracieux.

Je reçus le lendemain une lettre fort polie de Sir *Alexandre Gordon*, que j'avois connu autrefois à Londres, & que je trouvai, après vingt ans d'abfence, profeffeur de médecine au collége du Roi à *Aberdeen*. Un renouvellement de connoiffance fi inattendu, peut être compté parmi les événemens les plus agréables de la vie.

La connoissance d'un professeur me procura bientôt celles des autres, & nous fûmes conduits avec toutes les marques de la considération partout où il y avoit quelque chose d'intéressant à voir, jouissant tout à-la-fois de la nouveauté du lieu & de l'agrément d'une agréable conversation.

Ce seroit se donner un air d'ostentation ridicule que de parler des villes de notre isle avec la solemnité d'une description géographique, comme si nous eussions été jetés sur une côte nouvellement découverte ; néanmoins, comme l'Ecosse est à coup sûr peu connue de la plus grande partie de mes lecteurs, il n'est pas inutile de leur observer que sous le nom d'*Aberdeen*, sont comprises deux villes situées à environ un mille l'une de l'autre, mais gouvernées je pense par le même magistrat.

Le *vieux Aberdeen* est l'ancien siège de l'évêché, où l'on voit encore les restes de la cathédrale, il a l'apparence d'une ville en décadence & bâtie dans un temps où le commerce n'étant pas encore connu, on faisoit fort peu d'attention au plus ou moins de commodité dans la situation, rélativement aux ports.

Le *nouvel Aberdeen* présente tout le fracas

B iij

d'une ville floriffante par le commerce & l'accroiffement de l'opulence.

Il eft bâti du côté de la mer ; les maifons en font grandes & élevées, & les rues fpacieufes & propres ; la ville eft bâtie prefque toute de cette efpèce de granit dont on fe fert actuellement pour le pavé de Londres, qui, quoique dur, fe taille aifément & doit durer longtemps.

Je ne me fuis pas informé quelles étoient les branches particulières du commerce d'*Aberdeen*. La manufacture qui frappe le plus les yeux d'un étranger, eft celle des bas à l'aiguille, travail auquel toutes les femmes du bas peuple font employées. Dans l'une & l'autre de ces villes il y a un collége, ou en langage plus correct une univerfité ; car dans l'une & l'autre il y a des profeffeurs dans les mêmes fciences, & leurs colléges tiennent leurs feffions & confèrent les degrés dans la plus parfaite indépendance l'un de l'autre.

C'eft dans le *vieux Aberdeen* qu'eft le collége du Roi, dont le premier préfident fut *Boëce* ou *Bœthius*, dont on doit révérer la mémoire comme d'un des premiers reftaurateurs des lettres. Lorfqu'il fut étudier à Paris, il fit connoiffance avec *Erafme*, qui lui donna un témoignage

public de fon eftime, en lui dédiant un cata-
logue de fes ouvrages. Quoique le ftyle de
Bœthius ne foit pas toujours d'une pureté rigoureufe, on voit cependant qu'il s'eft formé fur
les anciens modèles, & on n'y trouve aucun
veftige de la barbarie monaftique de cet âge-là
Son hiftoire eft écrite avec élégance & vigueur;
mais on peut lui faire le jufte reproche d'avoir
donné dans le fabuleux avec une grande crédulité. Quant aux fables dont il a rempli fon
hiftoire, s'il en eft lui-même l'inventeur, c'eft
une faute fans excufe; mais on peut lui par-
donner d'avoir été crédule dans un fiècle où
tous les hommes l'étoient.

L'aurore des connoiffances humaines paroiffoit
alors, mais les yeux accoutumés depuis tant
de fiècles à l'obfcurité, étoient trop ébloui de
fa lumière pour appercevoir aucun objet dif-
tinctement. Plus occupés d'apprendre à difcourir
qu'à penfer, les premiers écoliers recherchoient
moins la vérité que l'élégance, & les contem-
porains de *Bœthius* pensèrent qu'il fuffifoit de
connoître ce qu'avoient dit les anciens. L'examen des opinions & des faits étoit réfervé à
une autre génération. *Bœthius*, en fa qualité de
préfident de l'univerfité, jouiffoit de 40 marcs

d'Ecoſſe (environ deux livres 4 ſchellins & 6 dehiers ſterlings) de revenu.

Dans ce ſiecle d'impôts & de luxe, il ſeroit difficile même à l'imagination de ſuivre l'augmentation de la valeur de l'argent, ou de diminuer aſſez les beſoins de la vie pour comprendre que 44 ſchelings aient pu paroître un émolument honorable & probablement proportionné, non-ſeulement aux beſoins , mais au rang de *Bœthius.*

La richeſſe de l'Angleterre étoit ſans contredit à celle de l'Ecoſſe ce que cinq ſont à un ; & tout le monde ſait qu'Henry VIII , parmi les défauts duquel on ne compta jamais l'avarice, accorda à *Roger Aſcham* une penſion de 10 livres, comme une récompenſe digne de ſon profond ſavoir.

L'autre collége, nommé *Mariſchal college* , eſt dans la ville neuve ; la ſalle en eſt grande & bien éclairée. Un de ſes principaux ornemens eſt le portrait d'*Arthur Johnſton* , qui a été Principal de ce collége & qui tient, parmi les poëtes latins d'Ecoſſe , le premier rang après *Buchanan.*

On nous fit voir quelques curioſités dans la bibliothèque , entr'autre un manuſcrit hébreu d'une écriture admirable, & une traduction latine de la politique d'Ariſtote, de *Léonard Aretin,* écrite en caractères romains, d'une netteté & d'une beauté que l'art de l'Imprimerie a rendu de nos jours aussi rares que peu néces-saires.

Ce manuscrit a été sans doute un des der-niers tours de force dans ce genre; car l'*Aretin* n'est mort qu'environ vingt ans avant l'inven-tion de la Typographie. Cette version a été imprimée & peut se trouver dans quelques bibliothèques; mais elle a été fort peu lue, le même livre ayant été traduit depuis par *Victorius* & *Lambinus* qui vécurent dans un temps plus éclairé, mais qui furent peut-être redevables à l'*Aretin* lui-même d'avoir pu le sur-passer. On doit beaucoup de reconnoissance à ceux qui ouvrent les premiers la route des connois-sances & qui ne laissent d'autre tâche à leurs successeurs que d'achever & de polir leur travail.

La méthode d'enseigner dans ces deux col-léges est à-peu-près la même, les leçons ne pouvant différer que par le plus ou le moins d'activité ou d'habileté chez les professeurs.

Les étudians portent une robe écarlate, & les professeurs une noire; costume académique usité dans toutes les universités d'*Ecosse*, excepté *Edimbourg*, où les écoliers ne sont distingués par aucun habit particulier. Au collége du Roi il y a une table commune pour les étudians, mais à celui de *Marifchal* ils ont des penfions dans la ville. La vie y eft un peu plus chère qu'à *St. André.*

Le cours d'études dure quatre ans, au bout defquels ceux qui prennent leurs degrés, (qui ne font pas en grand nombre) deviennent Maîtres-ès-arts & peuvent être reçus docteurs, immédiatement après, s'il leur plait. Le titre de docteur néanmoins n'a été accordé pendant très - long - temps qu'aux feuls Médecins. Les Avocats font examinés & approuvés par leur propre corps. Les Miniftres, qui, probablement n'étoient pas ambitieux de titres, ou qui craignirent d'être cenfurés pour leur ambition, trouvèrent plus commode de donner & de vendre le doctorat en pays étranger. Ils font actuellement réconciliés avec les diftinctions, & comme il faut toujours que les uns furpaffent les autres, ils font maintenant dans l'opinion que la graduation peut être regardée comme un certificat authentique d'une habileté & de connoiffances extraordinaires.

Cette manière de conférer les degrés fans choix ni diftinction, n'a pu manquer de faire perdre ce refpect qui y fut originairement attaché, comme une marque à laquelle on recon-

noiſſoit le mérite littéraire de perſonnages ainſi
diſtingués, avec une ſorte d'autorité.

Cet honneur académique, comme toute autre
ſorte d'honneurs, ne devroit être accordé que
dans une juſte proportion avec le mérite ; mais
ce ſeroit attendre plus qu'on ne doit du jugement & de l'intégrité des hommes. Je crois
qu'il n'y auroit peut-être pas de règle générale
plus convenable, pour la collation des degrés
dans les univerſités, que le plus ou le moins
de temps paſſé par les candidats dans la profeſſion publique dès ſciences.

En Angleterre & en Irlande le doctorat ne
peut être obtenu par un très-jeune homme,
& il eſt raiſonnable de ſuppoſer (l'expérience
juſtifie cette opinion) que celui qui eſt créé
docteur, par le droit de ſon âge, a acquis dans
un ſi long temps la ſcience néceſſaire au moins
pour ne pas déparer ce titre, ou aſſez d'eſprit
pour ne le pas ambitionner.

Les univerſités Ecoſſoiſes ne donnent qu'un
cours ou *ſeſſion* par année : celle de *St. André*
dure huit mois, celles d'*Aberdeen* ſeulement cinq,
du premier Novembre au premier Avril.

Il y a à *Aberdeen* une chapelle Angloiſe où nous
vîmes une aſſemblée nombreuſe & brillante. La
forme du culte uſité par le clergé Anglois eſt léga-

lement pratiquée en Ecosse dans des chapelles au-
torisées, & desservies par des ecclésiastiques d'or-
dination Angloise ou Irlandoise; &, par une connivence tacite, on y tolère des assemblées particulières & séparées qui font pourvues de ministres,
par les successeurs mêmes de ces évêques qui
furent dépossédés au temps de la révolution.

Nous arrivâmes à *Aberdeen* le samedi 2 r
Août. Le lundi suivant nous fûmes invités à
l'hôtel-de-ville, où le *Lord Prevôt* m'accorda
l'honneur de la bourgeoisie avec tout l'appareil
que l'honnêteté & la politesse peuvent ajouter
à cette faveur; & ce que je crains bien qu'on
n'eût pu dire d'aucune ville au sud de la *Tweed*,
je ne vis point de ces petits officiers qui s'épui-
sent en courbettes pour des *tours du baton* qui
ne font point ici en usage.

Le parchemin qui contient la patente d'ad-
mission est muni du seau attaché avec un ruban,
& doit être porté au chapeau par le nouveau
citoyen toute cette journée.

Le Comte d'*Errol* fut informé de notre arrivée
par une dame qui nous avoit vu à la chapelle:
il nous fit l'honneur de nous inviter à sa maison
de campagne, appelée *Slanes Castle*, d'un château de ce nom qui existoit autrefois à peu de
distance de là. La route au-delà d'*Aberdeen*,

devient plus pierreuſe & continue également à être dénuée d'agrément & de toute eſpèce de végétation.

Nous traverſâmes une portion de terrain près de la mer. Il n'y a pas long-temps qu'il arriva une cataſtrophe auſſi extraordinaire qu'inattendue. Le ſable du rivage fut enlevé par une tempête, en telle quantité, & pouſſé à une ſi grande diſtance, qu'une ferme entière en fut engloutie & perdue ſans eſpérance, au point que lorſqu'on voulût exiger du propriétaire la taxe annuelle, il aima mieux abandonner la terre.

Nous vînmes après midi au château de *Slanes*, bâti au bord de la mer, de manière que les murs d'une des tours ne paroiſſent que la continuation du roc perpendiculaire ſur lequel elle eſt bâtie & dont le pied eſt battu par les vagues. Il me parut impraticable de faire le tour de ce château : de ſes fenêtres l'œil s'égare ſur cette vaſte mer qui ſépare l'Ecoſſe de la Norwege, & lorſque les vents l'agitent avec violence, on doit jouir du ſpectacle à la fois ſuperbe & terrible de cet océan courroucé. Je ne voudrois pas ſouhaiter une tempête, uniquement pour mon plaiſir ; mais comme, déſirées ou non, elles n'en arrivent pas moins, je puis dire, ſans blesser l'humanité, que j'aurois désiré en voir une du *château de Slanes*.

Lorsque nous fûmes sur le point de prendre congé, notre départ fut différé par la *Comtesse*, qui ne nous permit pas de partir avant d'avoir vu deux endroits sur la côte, qu'elle regardoit, à juste titre, comme dignes de notre curiosité; *Dun Buy* & *Buller of Buchan* où M. *Boyd* eut l'honnêteté de nous conduire.

Dun Buy, qui signifie en langue Erse le rocher jaune, est une double éminence de rocher, ouvert à la haute mer d'un côté, & de l'autre, séparé de la terre par un canal fort étroit. Il a pris son nom & sa couleur de la fiente d'une innombrable quantité d'oiseaux de mer qui choisissoient cette place au printemps pour y couver leurs œufs, qu'on y prend, ainsi que leurs petits, en grande abondance. On nous dit qu'un de ces oiseaux qui fréquentent ce roc & qui n'a pas le corps plus gros qu'un canard, pond néanmoins des œufs aussi gros que ceux d'une oie. Cet oiseau est appelé en Ecossois *Coot* (la poule d'eau) & celui que nous nommons en Anglois *Coot* est ici connu sous le nom de *Cooter*.

Comme ces rochers n'avoient rien qui pût attirer long-temps notre attention, nous tour-

Bouilloir de Buchan, vu du côté de la Mer.

nâmes les pas vers *Buller* ou le *Bouilloir de Buchan* ; aucun homme senſible au danger ou qui ſe plaît aux choſes rares, ne peut voir cet endroit avec indifférence. C'eſt un roc vidé perpendiculairement comme un tube, adhérent d'un côté au rivage de la mer qui eſt fort élevé, & de l'autre s'élevant à pic à une grande hauteur au-deſſus de la pleine mer: la partie ſupérieure eſt ouverte & laiſſe voir un ſombre abyme, & l'eau de la mer qui s'engouffre dans ſa cavité par une brèche faite dans la partie inférieure du rocher. Il a l'apparence d'un immenſe puits entouré d'un mur; la bordure de cette eſpèce de puits n'eſt pas large & paroît même fort étroite à ceux qui en font le tour, ceux qui ſe haſardent à regarder au bas du gouffre, voient que, ſi le pied venoit à leur gliſſer, ils tomberoient de cette terrible élévation ſur les rochers d'un côté, ou de l'autre dans la mer: nous tentâmes cependant d'en faire le tour; mais nous ne fûmes pas fâchés quand il fut achevé.

Quand nous fûmes deſcendus à la mer, nous vîmes quelques bateaux à rames dont nous profitâmes pour découvrir le fond du *Bouilloir*. Nous entrâmes donc ſous la voûte formée par les eaux, & parvinmes dans un lieu où, quoique nous ne puffions certainement pas nous croire en danger, il n'étoit cependant pas poffible de jeter les yeux autour de foi fans une forte d'horreur.

Le baffin fur lequel nous navigions étoit à-peu-près circulaire, d'environ trente verges de diamètre; nous étions entourés d'une efpèce de mur naturel s'élevant à pic de chaque côté à une hauteur affez confidérable pour produire l'idée d'une prifon fans iffue. L'interruption de toute lumière latérale rendoit horrible l'obfcurité de ce lieu. Nous avions donc autour de nous un roc perpendiculaire, au-deffus de nous le firmament, & au-deffous de nous une mer d'une profondeur immenfe.

Si j'avois quelque vengeance à tirer de quelque efprit errant, au lieu de le confiner dans la mer rouge, je le condamnerois à faire fa réfidence dans le *bouilloir* de *Buchan*.

La terreur fans danger n'eft qu'un jeu de l'imagination, une agitation volontaire de l'efprit, qu'on ne fe permet qu'auffi long-temps qu'il s'y complait.

Nous eûmes bientôt tout le loifir d'examiner cet endroit avec une minutieufe attention : nous y trouvâmes une quantité de cavernes qui, à ce que nous dirent nos rameurs, s'enfoncent

foncent dans le rocher à une profondeur qu'ils n'avoient jamais pu sonder, & que nous n'avions pas le temps de mesurer. Ces espèces de grottes servent à différens usages ; les dames du voisinage y viennent faire collation dans l'été, & les contrebandiers y tiennent leurs magasins de dépôt pour les marchandises prohibées. On ne peut guères douter que, dans des temps plus reculés, les pirates qui tenoient ces parages, n'en usassent comme d'un magasin pour leurs armes & pour cacher leur butin.

Les mariniers de la côte s'en servent aussi comme d'un abri dans les tempêtes pour leurs petits bâtimens, & peut-être pour une retraite contre les ennemis ; l'entrée pouvant en être facilement défendue & gardée, & quoique les bâtimens pussent être fort endommagés avec des pierres jetées du haut du rocher, les équipages n'en seroient pas moins en sûreté dans les cavernes dont nous avons parlé.

Le lendemain matin nous continuâmes notre voyage, bien satisfaits de l'accueil que nous avions reçu à *Slanes Castle*, dont nous avions tout le loisir de nous rappeler la grandeur & l'élégance, car le chemin que nous faisions ne nous présentoit pas des objets bien propres à fournir à la conversation.

Tome II.   C

ÉCOSSE. Slanes Castle ; Buller of Buchan.

Le sol nous parut assez fertile & cultivé; mais il n'y avoit que des champs, nous n'apperçûmes aucune trace de troupeaux ni de bestiaux; & dans l'espace de 200 milles que nous avons traversé en Ecosse, je n'ai vu encore qu'un seul arbre plus âgé que moi.

Nous avons dîné aujourd'hui chez M. *Frazer*, dans sa maison de *Streichton*, il nous a montré dans sa terre quelques fragmens, encore en place, d'un cirque des Druides, &, ce que je commençai à trouver encore plus digne de remarque, quelques forêts d'arbres.

Nous arrivâmes le même soir à *Bamff* où je ne me rappelle pas d'avoir rien vu de remarquable; les villes d'Ecosse ont, en général, une apparence extraordinaire pour les Anglois; les maisons grandes ou petites sont presque toutes bâties en pierre; quelques-unes ont leur issue sur la rue, d'autres ont l'entrée par une rampe d'escaliers qui aboutit au second étage. On descent au rez-de-chaussée, qui est au niveau du terrain, par un autre escalier dans l'intérieur de la maison.

L'art de joindre des carreaux de verre avec du plomb est peu usité en Ecosse, & même entièrement ignoré en plusieurs endroits.

Les cadres de leurs fenêtres sont en bois,

& ils ne font pas fi prodigues de glaces que
les Anglois, car il n'eft pas rare de voir dans
des maifons, d'ailleurs de bonne apparence,
des carreaux compofés de deux pièces, non
jointes comme deux parties d'un verre caffé ;
mais de deux pièces croifant l'une fur l'autre
d'un demi pouce. La fenètre ne tourne pas
fur des gonds, mais elle fe lève & fe baiffe
dans des rainures latérales, rarement encore
avec des poulies & des contre-poids, enforte que
ceux qui veulent avoir les fenètres ouvertes font
obligés de les tenir avec la main, quelques-
uns cependant ont pouffé l'induftrie jufqu'à les
faire tenir feules avec une cheville ou un clou.

Ce qui ne fe peut faire fans quelque embarras
extraordinaire ou quelque expédient particulier
ne fe fait fouvent pas du tout : l'incommodité
des fenètres en Ecoffe fait qu'on les laiffe toujours fermées, la néceffité d'airer les habitations humaines n'a pas encore été comprife par
nos voifins du nord, & même dans des maifons
bâties avec élégance. Un étranger eft obligé
de s'excufer, s'il demande qu'on rafraîchiffe l'air
des appartemens. Ces fortes d'obfervations mi-
nutieufes femblent vraiment ôter à une rélation quelque chofe de fa dignité, c'eft pourquoi on héfite toujours à les faire & ce n'eft

C ij

jamais qu'avec une légère crainte de mépris qu'on s'y réfout. Il faut cependant fe fouvenir que la vie ne confifte pas dans une fuite non interrompue d'actions illuftres ou d'élégantes jouiffances, la plus grande partie du temps fe paffe à pourvoir à fes befoins, à remplir quantité de devoirs journaliers, à éviter de légers inconvéniens & à fe procurer de petits plaifirs, car nous fommes plus ou moins à notre aife en proportion que le gros de notre vie s'écoule avec douceur, ou qu'elle eft troublée par une fuite non interrompue de petits obftacles & de défagrémens. Le véritable état de chaque nation eft celui qui dépend du train ordinaire de vie des particuliers, ce n'eft pas dans les univerfités ni dans les palais des grands qu'on peut étudier fon caractère, qui y eft préfque toujours obfcurci ou effacé par le travail, par l'étude, la philofophie ou la vanité; & on jugeroit mal du bonheur public par quelques affemblées de gens joyeux ou par les banquets des riches. Le gros d'une nation n'eft ni gai ni riche, ce qui conftitue la maffe du peuple, habite les rues & les villages, fe trouve dans des boutiques ou dans des fermes; & c'eft de ces lieux-là, obfervés collectivement, qu'on doit eftimer le degré de la profpérité générale.

à proportion de ce qu'elle devient plus délicate,
plus recherchée dans ses goûts, de ce qu'elle
multiplie ses commodités. Une nation, du
moins une nation commerçante, est estimée plus
civilisée & plus puissante.

Ne trouvant rien à *Bamff* qui pût nous retenir plus long-temps, nous en partîmes le matin,
& après avoir déjeûné à *Cullen*, nous nous
rendîmes à *Elgin*, vers le midi; nous descen-
dîmes à l'auberge qui nous parut la meilleure,
où l'on nous servit un dîner qu'il ne nous fut
pas possible de manger; ce fut la première fois
& la dernière, excepté une, que nous eûmes à
nous plaindre de la cuisine Ecossoise; mais je
suppose qu'on doit s'attendre à de pareils inconvéniens dans tous les pays où l'on ne voyage
pas fréquemment.

Les ruines de la cathédrale d'*Elgin* nous
offrirent un nouveau tableau des ravages de
la réformation; ce qu'il en reste donne une
belle idée de son ancienne magnificence, & le
plan peut en être facilement tracé. Au nord du
chœur on voit encore dans son entier la maison
du Chapitre, voûtée en pierres, & au sud
un autre corps de bâtiment, où nous ne pûmes
pas entrer, qui est entretenu par les soins de la
famille *Gordon*; mais le corps de l'église n'est

plus qu'un amas de fragmens & de décombres.

On nous fit préfent d'un papier qui déduit les autorités les plus refpectables, l'hiftoire de ces vénérables ruines. L'églife d'*Elgin* avoit éprouvé dans les guerres inteftines, au temps de barbarie, des ravages confidérables, par l'irruption d'un chef de montagnards , qui avoit à fe plaindre de l'évèque ; mais elle avoit été réparée graduellement , & reftaurée au point où on en diftingue les traces aujourd'hui , & elle a moins fouffert dans ces derniers temps des violences de *Knox* , que des vols délibérés qu'on lui a faits , & de l'indifférence qu'on a eu pour elle.

Il exifte encore parmi les livres du confeil un arrêt dont j'ai oublié la date, mais vraifemblablement poftérieur à la réformation, qui ordonne d'enlever le plomb qui couvroit les deux cathédrales d'*Elgin* & d'*Aberdeen* , afin d'être converti en argent pour le foutien de l'armée.

Une armée Ecofloife , dans ce temps-là , étoit affurément d'un entretien facile & peu coûteux, & le plomb de deux églifes me paroît fi peu proportionné à toute efpèce de dépenfes militaires , que j'ai peine à croire que cette raifon foit autre chofe qu'un conte populaire , & que le produit n'en fût deftiné à quelque bourfe par-

ticulière. L'ordre fut néanmoins exécuté : les
deux églises furent découvertes , & le plomb
chargé pour être vendu en Hollande : mais tout
lecteur honnête lira, j'espère, avec une sorte de
plaisir, que cette cargaison sacrilège périt dans le
passage.

Ne nous pressons pas trop cependant de jeter
le blâme sur nos voisins , tandis que nos propres
cathédrales tombent en ruine par la négligence
la plus marquée.

Il semble que la méprisable Philosophie du
siècle ait pris à tâche de jeter un ridicule sur
les monumens de magnificence sacrée, & nous
sommes sur le point de faire , de propos délibéré,
ce que les Ecossois ne firent autrefois que par
l'instabilité de leur position ; effet naturel de
l'imperfection de leur constitution politique.

Ceux qui firent découvrir ces églises ne se
soucièrent guères de les faire recouvrir, & étant
par-là hors de service , elles furent d'abord né-
gligées, & peut-être ensuite démolies, manque
de pierres pour bâtir.

Elgin nous parut une place peu commerçante,
& médiocrement habitée. Les villes épiscopales
d'Ecosse , en général, perdirent beaucoup de leur
splendeur en perdant leurs églises ; quelques-
unes néanmoins ont ensuite recouvré leur pré-

mier état par une fituation propre au commerce. C'eft ainfi que *Glafgow*, dont l'archevêché eft détruit depuis long-temps, s'eft élevée au-deffus de fon premier état, par l'opulence de fes commerçans, & qu'*Aberdeen*, quoique déchue dans fon ancien tronc, ne laiffe pas de devenir une ville floriffante dans le rejetton qu'elle a pouffé à une petite diftance.

Dans la principale rue d'*Elgin*, les maifons avancent au-deffus du rez-de-chauffée, comme les vieux bâtimens de bois à Londres, mais avec plus de faillie, enforte qu'on peut fe promener fort long-temps à couvert fous cette efpèce de portique, qui, à dire vrai, eft fouvent interrompu par les nouvelles maifons, pour lefquelles on n'a pas adopté la même forme qui paroît avoir été générale dans fa conftruction primitive.

Nous avançâmes le même jour jufques à *Fores*, la ville où *Macbeth* alloit lorfqu'il rencontra les trois forcières en fon chemin; ceci eft un terrain claffique pour un Anglois : notre imagination commença à s'échauffer, & nous nous rappelâmes avec plaifir nos anciens amufemens. C'eft ici qu'on commence à entrer dans les montagnes, & qu'on laiffe derrière foi la fertilité & la culture, pour ne plus voir, à une très - grande diftance, que des bruyères, à l'exception de *Fochabars*, terre appartenante au duc de *Gordon*, où il y a un verger, (le premier que j'ai vu en Ecoffe) quelques arbres de haute futaie & une plantation de chênes.

Nous fûmes bien traités à *Fores*, mais je n'y trouvai rien de digne de remarque, & le lendemain matin nous entrâmes dans le chemin où *Macbeth* entendit la fatale prédiction ; mais nous fîmes notre route fans être arrêtés par aucune promeffe de royaumes, & arrivâmes à *Nairn*, bourg royal, qui, s'il a été une fois floriffant, eft bien maintenant dans l'état de la plus miférable décadence; mais je ne fais pas, en revanche, fi le premier magiftrat du bourg ne conferve pas le titre de *Lord Provoft*.

C'eft à *Nairn* que commence le pays des montagnards. C'eft ici que nous vîmes les premiers feux de tourbe, & que nous commençâmes à entendre parler la langue *Erfe* : nous n'y reftâtâmes que pour déjeûner, & gagnâmes la maifon de M. *Macaulay*, cet eccléfiaftique qui a publié une defcription de *St. Kilda*. Il nous confeilla d'aller voir le château de *Calder*, d'où *Macbeth* tira fon fecond titre, & qui a été autrefois une place forte : on y voit encore le pont-leyis, mais les foffés en font à fec. La tour eft très-ancienne, les murs en font d'une épaiffeur extraordinaire; la partie fupérieure eft voûtée en pierre, & furmontée de crénaux; le refte de l'édifice eft moins ancien, quoique bien éloigné d'être moderne.

Un gentilhomme qui demeure dans ce château nous donna une lettre pour un officier du fort *George*. Cette place mérite l'attention d'un voyageur qui n'eft jamais forti du royaume: c'eft la place la mieux fortifiée de toute l'Isle : nous y arrivâmes le jour fuivant; nous y fûmes très-bien accueillis & promenés autour des ouvrages par une perfonne qui nous expliquoit l'ufage de chaque partie. L'accueil que nous fit le Gouverneur Sir *Eyre Coote* fut fi gracieux, & fa converfation fi pleine de charmes qu'elle nous empêcha de prendre garde à l'élégance & à la délicateffe de fa table.

Je n'entreprendrai pas de donner ici aucune defcription du fort *George*, ne pouvant en donner un deffin felon les règles de l'art. Je penfe qu'une fimple efquiffe ne feroit bonne à rien. Tout me parut d'une grande régularité & propreté; mais mon fuffrage ne fauroit être ici d'un grand poids, n'ayant vu d'autres garnifons que celle-ci & le fort *Augufte*.

Nous ne regrettâmes pas le temps que nous

passâmes ici, quoique ce délai nous fît arriver ECOSSE.
Fort
George.
assez tard à *Inverness*, qu'on peut appeler en
quelque forte la capitale des montagnes. C'est ici
que les habitans de tout l'intérieur de la contrée viennent se fournir de ce qu'ils ne peuvent
faire par eux-mèmes ; c'est ici encore que les
jeunes beautés des montagnes & des vallées sont
envoyées pour leur éducation ; & autant que
j'ai pu l'observer, elles n'y sont pas envoyées
inutilement.

    Inverness est la dernière ville qui communique Inverness.
avec les parties méridionales par les grandes
routes. Tous les chemins au-delà ont été faits,
je pense, dans ce siècle par les soldats de *Crom-*
well, qui établit ici une garnison, lorsqu'il rédui-
sit l'Ecosse, comme pour fixer les limites du
haut pays. Ces soldats paroissent s'être incorporés
par la suite des temps avec les habitans, & ont
peuplé le pays d'une race Angloise, dont le
langage d'*Inverness* a conservé long-temps une
élégance toute particulière.

    On voit ici un château, appellé château de
Macbeth, dont les murs sont encore existans :
ce n'étoit pas un édifice remarquable par sa
grandeur, mais par sa situation sur un rocher
si élevé & si escarpé, que l'accès en étoit impossible autrement qu'avec des échelles, ou par un

pont. Ce fort eft dominé par une hauteur, où étoit un autre fort, bâti par *Cromwell*, dont il ne refte plus de traces : aucune faction en Ecoffe n'ayant jamais chéri fon nom, perfonne n'a tenté de perpétuer fa mémoire, par la confervation de ce monument.

Cromwell fit éprouver aux Ecoffois ce que les Romains firent éprouver aux nations qu'ils foumirent : il les civilifa par fes conquètes, & introduifit chez eux, par une violence utile, les arts de la paix. On nous dit à *Aberdeen* que c'eft de fes foldats que le peuple avoit appris à faire des fouliers & à planter des choux.

Il n'eft pas aifé de comprendre comment ils vivoient fans *choux* : à peine trouve-t-on actuellement dans le pays d'autres plantes pour l'ufage de la table la plus frugale, & lorfqu'ils n'avoient pas de choux, ils n'avoient probablement rien.

Le nombre de ceux qui vont à pieds nuds eft encore fuffifant pour prouver qu'on peut faire l'économie des fouliers : auffi ne font-ils point confidérés dans ce pays comme une des néceffités de la vie ; car j'y ai vu de grands garçons, d'ailleurs affez bien vêtus, courir les rues & les chemins fans fouliers ; & les enfans même des gens comme il faut paffent ainfi leurs premières années.

Je ne ſais pas ſi ce n'eſt point une choſe particulière aux Ecoſſois que d'avoir exercé les arts libéraux ſans les arts méchaniques, & d'avoir exellé dans les ſciences d'agrémens, manquant abſolument, non-ſeulement des ſuperfluités, mais même des beſoins de la vie ordinaire.

Le goût des Lettres pénétra en Ecoſſe peu après leur renaiſſance, & depuis le milieu du ſeizième ſiècle juſqu'au milieu du dix-ſeptième, les Belles-Lettres y furent cultivées avec le plus grand ſoin. La poéſie latine des *Deliciæ Poetarum Scotorum* auroit fait honneur à toute autre nation. Les Anglois, tout au moins avant la publication du *May's Supplément*, auroient eu fort peu de choſes à leur oppoſer. Néanmoins ces hommes ingénieux & curieux de s'inſtruire, vivoient contens dans une ignorance parfaite du commerce & des moyens dont les hommes ſe ſervent pour ſuppléer à leurs beſoins, même les plus ſimples.

Juſqu'au moment où la réunion avec l'Angleterre porta en Ecoſſe les coutumes Angloiſes, la culture de leurs terres fut mal entendue, & leur vie domeſtique informe : leur table groſſière reſſembloit aux repas dégoûtans des Eſquimaux, & leurs ſales maiſons aux huttes des Hottentots.

Dès l'inftant qu'ils ont reconnu que leurs condition pouvoit être améliorée, leurs progrès dans les connoiffances utiles ont été rapides & uniformes, & le peu qui refte à faire fe fera promptement. Comment donc ne pas s'étonner que ce qui étoit fi néceffaire & fi facile ait été renvoyé fi long-temps? Auffi les Ecoffois doivent-ils avouer qu'ils doivent les progrès de leur civilifation aux Anglois, qui en feroient peut-être eux-mêmes redevables aux Ecoffois, fi ces derniers y euffent apporté plus de foins, de vigilance & d'activité.

C'eft à *Invernefs* qu'on commence à remarquer une altération fenfible dans les ufages & dans les manières. Je n'avois remarqué à *Aberdeen* que peu de femmes, vêtues de *plaids*, forte de vêtement d'une efpèce de ferge quadrillée, dont les montagnards d'Ecoffe font ufage en place d'habits & de manteaux; mais ici, les coutumes des montagnards font communes; on y trouve même une églife où le fervice fe fait uniquement en langue Erfe: il y a auffi une chapelle Angloife mefquinement bâtie, où nous affiftâmes à une affemblée très-décente.

C'eft ici que nous fîmes nos adieux à toutes les commodités qu'on peut avoir en voyage, &

que nous entrâmes dans un pays où peut-être
jamais roue n'a pénétré. Il eſt vrai que nous
aurions pu nous ſervir de notre chaiſe un jour
de plus ſur la route faite par l'armée juſqu'au
fort *Auguſte* ; mais nous n'aurions pas trouvé de
chevaux à louer au-delà d'*Inverneſs*. D'ailleurs,
nous n'étions pas tellement enclins à nous mé-
nager que de le faire uniquement pour être voi-
turés un jour de plus.

Nous prîmes donc à *Inverneſs* trois chevaux
pour nous & notre domeſtique, & un quatrième
pour notre bagage, qui à la verité n'étoit pas bien
lourd. Nous ſentîmes bien dans le cours de ce
voyage, l'avantage de nous être *débarraſſés* en
laiſſant en arrière ce dont nous pouvions nous
paſſer ; car il eſt difficile d'imaginer, ſans en
avoir fait l'expérience, combien on eſt *embar-
raſſé* & fatigué du plus léger fardeau, lorſqu'on
a continuellement à grimper des rochers, à franchir des paſſages étroits, difficiles, & remplis de
fondrières, & à vaincre des obſtacles de tout
genre. C'eſt alors que l'homme, qui chez lui
a pris le plus de plaiſir à faire le projet de
ſon voyage, ſe trouve content, dans ces momens de fatigue & d'*embarras*, d'avoir laiſſé en
arrière toute autre choſe que ſa perſonne.

Nous prîmes avec nous deux montagnards,

pour nous montrer le chemin, pour empêcher nos chevaux, dont ils étoient les propriétaires, d'approcher trop du rivage. L'un d'eux étoit un homme d'une vigueur & d'une activité extraordinaires, qui auroit lassé tous les chevaux d'*Inverness*, à ce que nous dit son camarade. Ils furent tous deux fort civils & prêts à rendre service.

La politesse semble faire partie du caractère des montagnards. Chaque chef de tribu est une espèce de monarque, & comme la politesse est une production des gouvernemens monarchiques, elle est transmise du chef à tous les individus de la tribu ; mais, en général, ils ne sont ni industrieux ni adroits. Le cercle étroit dans lequel ils vivent, les restreint à une très-petite quantité d'opérations, & ils sont accoutumés à souffrir de petits besoins plutôt que de s'intriguer pour les satisfaire.

Nous remontâmes nos coursiers le 30 Août, & nous dirigeâmes notre route vers le *Fort-Auguste* : ce fort est situé à la tête du lac *Ness*, à l'issue duquel *Inverness* est bâtie. Le chemin de l'une à l'autre de ces places a été fait par les soldats de l'armée, & en partie taillé dans le roc, adouci & soutenu du côté de l'eau par

un

un travail pénible, & fait avec beaucoup d'exactitude.

La majeure partie de cette journée fut très-
agréable : le temps, quoique découvert, n'étoit
pas chaud, & l'aspect du pays, si je n'avois pas
vu un des sommets de ces montagnes auparavant,
m'auroit paru absolument nouveau. Nous mar-
chions sur un terrain dur, & en même temps
si uni, que nous n'avions presque pas la peine
de tenir la bride de nos chevaux, & que nous
avions tout le loisir de contempler les objets qui
nous environnoient.

Sur notre gauche, nous avions des rochers
escarpés d'une hauteur énorme, & ombragés de
bois de bouleau, ce robuste enfant du Nord,
& couverts de bruyères & de fougère : à notre
droite, les eaux limpides du lac *Ness*, qui se
brisoient contre ses bords, & dont les vagues
agitoient légèrement la surface. Au-delà, nous
voyions une chaîne de rochers, tantôt couverts d'une agréable verdure, & tantôt élevant
leurs têtes chauves comme des tours. Nous
appercevions de temps à autre un petit champ
de bled, qui ne servoit qu'à nous faire remarquer d'une manière plus sensible la stérilité
générale.

Le lac de *Ness* ou *Lough-Ness* a environ vingt-

Tome II.   D

quatre milles de longueur, & un à deux milles de largeur. Il eſt à remarquer que *Boëthius*, dans ſa deſcription de l'Ecoſſe, prétend qu'il a douze milles de largeur. Lorſque les hiſtoriens ou les géographes nous donnent de fauſſes deſcriptions d'endroits fort éloignés, ils ſont en quelque ſorte excuſables, parce qu'ils nous racontent ce qu'ils ont ouï dire, & il eſt preſque à ſuppoſer que leurs récits excèdent la vérité, parce que les hommes exagèrent pour la plupart les uns aux autres, ſi ce n'eſt à eux-mêmes. Mais *Boëthius*, qui vivoit à une très-petite diſtance, a été bien peu curieux, s'il n'a jamais vu le lac, ou, s'il l'a vu, il faut convenir que ſa véracité a cédé à une tentation bien puérile.

Quoique *Lough-Neſs* n'ait pas douze milles de largeur, ce n'en eſt pas moins une belle & remarquable étendue d'eau, ſans aucune isle. Il remplit un large vallon ſitué entre deux chaînes de rochers élevés : ſes eaux ſont ſuppléées en partie par des torrens qui s'y précipitent de chaque côté des montagnes, & partie, à ce qu'on croit, par des ſources ſouterraines. Elles ſont fort claires & agréables, & les gens du pays les croient médicinales. On nous dit qu'il avoit dans quelques endroits cent quarante braſſes de profondeur; ce qui eſt preſque

incroyable & n'a probablement pas été vérifié
par ceux qui nous l'ont affuré. Les poiffons qu'on
y trouve, font la truite, le faumon & le
brochet.

On nous dit auffi, au *Fort Augufte*, que
le lac *Ness* ne geloit jamais, même dans les
hivers les plus rudes, quoiqu'un autre lac peu
éloigné fût toujours couvert de glace. En dif-
cutant ces exceptions du cours ordinaire de la
Nature, la première queftion qui fe préfente,
eft fi le fait eft bien conftaté : ce qui eft extraordinaire plaît toujours, & on n'aime pas à recti-
fier les erreurs agréables. Les defcriptions exactes
ne font pas communes, & il y en a fort peu
qui foient faites avec affez de précifion & de
philofophie, pour ne pas donner comme perpétuel ce qui n'eft que fréquent, ou tout au
moins comme conftant ce qui n'eft que l'effet du
hafard. Quoi qu'il en foit, s'il eft vrai que le
lac *Ness* ne gèle jamais, on peut l'attribuer à
fa pofition & à fes bords élevés, qui l'abritent
des coups de vents froids, n'étant expofé qu'à
ceux qui ont plutôt la propriété d'agiter que
de congeler fa furface; ou peut-être eft-il confervé dans un mouvement perpétuel par la chûte
des torrens qui fe précipitent des rochers qui
l'entourent. Sa profondeur, fût-elle auffi grande

D ij

qu'on la repréſente, ne pourroit pas être allé-
guée comme une cauſe de cette exemption de
glace ; car , quoique les puits profonds ne gèlent
pas , à cauſe que leurs eaux ſont préſervées de
l'air extérieur, il n'en eſt pas moins vrai que
là où une vaſte ſurface d'eau eſt expoſée à une
atmoſphère gelée , je ne vois pas comment ſa
profondeur pourroit la préſerver de la congélation. L'hiſtoire naturelle eſt actuellement une
des études favorites des Ecoſſois ; & le lac *Neſs*
mérite bien aſſurément d'être obſervé avec ſoin.

La route que nous tenions , & qui étoit pour
nous une ſource d'amuſement , eſt faite le long
du roc, dans la direction du lac ; on a été obligé
quelquefois de faire ſauter des éminences qui
obſtruoient le paſſage , d'autres fois de tailler le
chemin dans le roc vif, à une profondeur très-
conſidérable. Avec les fragmens du rocher, on a
fait de chaque côté du chemin un mur ſans
liaiſon ni mortier , avec de petites ouvertures,
çà & là , pour l'écoulement des courans d'eau
qui tombent en hiver. Il eſt bordé en partie de
petits arbres , d'où nos guides cueilloient des
noiſettes. On auroit cru voir ces petits chemins
bordés de haies que nous avons en Angleterre ,
excepté que ceux-ci ſont preſque toujours pleins
de boue. On a beaucoup de peine aſſurément

pour faire cette route, mais elle a du moins l'avantage que, fans un travail pareil, elle ne peut être gâtée ni rompue.

Nous apperçûmes quelques troupeaux de chèvres qui paiffoient en bondiffant. Il y a des cerfs dans les montagnes, mais il n'en vint aucun à notre portée; & fi ce qu'on dit de la vigilance & de la fubtilité de cet animal eft véritable, on peut lui accorder la palme de la fageffe que ce Philofophe d'Orient, interrogé par Alexandre, déféroit à l'animal qui vit le plus éloigné de l'homme.

Près du chemin, du côté de l'eau, nous découvrîmes une chaumière : c'étoit la première hutte que je voyois dans ces montagnes, & comme notre objet étoit d'étudier les mœurs, les coutumes des habitans, & leur manière de vivre, nous voulûmes la vifiter.

Entrer fans permiffion dans une habitation, n'eft pas regardé dans ce pays comme une ufurpation, ni même une impoliteffe; les anciennes loix de l'hofpitalité le permettent à un étranger.

Ces huttes font conftruites de pierres, fans liaifon, rangées à-peu-près circulairement, & fituées de manière que le vent ne puiffe pas agir fur elles avec violence, n'ayant point de mortier, & que les eaux aient un écoulement facile d'autant que ces huttes n'ont d'autre plancher que la terre même.

Le mur de la hutte a ordinairement fix pieds de haut , s'éloignant un peu de la perpendiculaire, & inclinant en dedans. Le toît eft compofé d'autant de folives qu'on peut en avoir , & recouvertes de bruyère qui forme un chaume auffi folide que chaud. Ce chaume eft fixé par des cordes ou treffes , faites de cette même bruyère, dont les bouts partant du centre du toît, atteignent le haut du mur , & font fixés par une groffe pierre. Ces huttes ne reçoivent d'autre jour que par l'entrée & par un trou fait au couvert , qui fert en même-temps de paffage à la fumée. Ce trou n'eft pas directement au-deffus du feu, fans cela la pluie l'éteindroit ; mais par ce moyen la fumée a le temps de parcourir la place à fon aife , avant de s'échapper. Telle eft en général la ftructure des maifons dont s'eft contenté jufqu'à préfent une des nations qui habitent cette isle opulente & puiffante.

Ces huttes ne font pas plus uniformes dans leur ftructure que des palais, celle-ci en particulier eft bien éloignée d'être une des plus chétives ; elle eft divifée en plufieurs appartemens , & fes habitans poffèdent affez de ces biens pour qu'un Poëte paftoral pût les appeler *riches* dans une églogue.

Quand nous entrâmes dans la cabane, nous y trouvâmes une vieille femme occupée à faire bouillir de la chair de chèvre dans un chauderon ; elle savoit fort peu d'Anglois ; mais comme nous avions des interprètes avec nous, elle eut la complaisance de nous déployer tout son petit système économique : elles nous raconta qu'elle avoit cinq enfans dont aucun n'avoit encore quitté les aîles maternelles ; l'aîné, un garçon de treize ans, & son mari, âgé de quatre-vingt, étoient allés à l'ouvrage au bois voisin, le second & le troisième s'étoient rendus à *Inverness*, pour acheter de la farine, on doit entendre par-là de la farine d'avoine, qu'elle considéroit même comme une nourriture dispendieuse ; aussi nous dit-elle qu'au printemps, lorsque les chèvres donnent du lait, les enfans n'avoient pas d'autre nourriture.

Elle possède un troupeau de soixante - neuf chèvres, & nous vîmes plusieurs chevreaux dans un petit enclos au bout de la maison ; elle avoit aussi un peu de volailles. Près du lac nous vîmes un jardin de pommes de terre, & un petit champ divisé en quatre plate-bandes, qui pouvoient contenir chacune douze gerbes d'orge.

Ces bonnes gens doivent toutes ces productions au travail de leurs propres mains : ils se procurent ce qu'il faut abſolument acheter, en vendant à la ville leurs chevreaux & leurs poulets.

Nous fûmes reçus par cette bonne femme avec une hoſpitalité vraiment paſtorale : elle nous fit aſſeoir, & nous engagea à boire du *Whisky*. (eau-de-vie de grain.)

Elle eſt fort réligieuſe, & quoique l'égliſe ſoit à quatre milles de diſtance, ce qui fait probablement huit milles anglois, elle ne laiſſe pas d'aller au ſermon tous les dimanches. Nous lui donnâmes un ſchelling, & elle nous demanda du tabac en poudre, qui eſt le luxe des montagnards d'Ecoſſe.

Nous nous rendîmes enſuite à la *hutte du Général*, ainſi nommée parce qu'elle avoit été pendant quelque temps la demeure du chef qui commandoit les travaux des chemins ; c'eſt une maiſon où les étrangers ſont bien traités ; & nous ne la trouvâmes pas mal fournie de proviſions.

Vers le ſoir nous traverſâmes ſur un pont la rivière, à l'endroit où eſt la célèbre caſcade, appelée la *chûet de Fyers*. Le pays frappe ici l'imagination, & l'étonne par l'aſpect de la grandeur & de l'obſcurité majeſtueuſe d'une ſolitude vraiment digne de la Sibérie. Le chemin fait un coude, & les montagnes, couvertes d'arbres,

Chute de Fyers.

s'élèvent à notre gauche & en face de nous.
Nous demandâmes à nos guides de nous faire
voir la cafcade, & étant defcendu de cheval, je
grimpai fur des rochers pointus avec beaucoup
de difficultés, jufques à ce que je commençai à
regretter la peine & le danger que notre curiofité
nous attiroit. Nous arrivâmes enfin à un endroit
d'où nous vîmes la rivière, dont le lit eft rompu,
& les eaux qui s'échappent au travers des mon-
ceaux de roches noires, jufqu'à ce qu'elle arrive
à un précipice très-efcarpé, & d'une telle profondeur, qu'on eft naturellement porté à en dé-
tourner les yeux.

Toutefois nous ne vîmes pas cet endroit - ci
dans la faifon la plus favorable, & nous le
trouvâmes dépouillé d'une partie de ce qu'il a
de magnifique & d'horrible. La nature ne donne
jamais tout à la fois. Une longue fécherelle qui
avoit rendu le refte de notre route facile & agréable, nous privoit ici d'une partie du plaifir que
nous attendions de la cafcade *de Fyers*, parce que
la rivière n'ayant dans ce moment que l'eau qui
provient de fa fource, ne nous laifloit voir qu'un
courant rapide, mais clair & peu profond, qui
s'échappoit en écumant fur un fond de rocailles.
Laiffés ainfi à nous-mêmes, nous travaillâmes de
toutes les forces de notre imagination pour y

suppléer & concevoir l'effet d'un millier de ruiffeaux fe précipitant des montagnes dans cet efpèce de canal, & s'ouvrant avec effort & en
bouillonnant un paffage étroit au travers des rochers qu'ils rencontrent dans leur chemin, &
déchargeant enfin toute leur furie par leur chûte
dans cet horrible gouffre.

Notre chemin devint alors moins aifé ; nous re-
defcendîmes par une pente rude & inégale, mais
cependant fans danger ; nous n'arrivâmes que fort
tard au *Fort Augufte*. M. *Boswell* qui, par fon
propre mérite & par celui de fon père, eft toujours affuré d'être bien reçu partout, envoya
un domeftique devant, pour demander l'entrée
du fort, & d'y être logé pour cette nuit. M. *Tra-
paud*, Gouverneur de la place, nous y traita
avec cette courtoifie qui fait fi effentiellement
partie du caractère militaire. Il vint à notre rencontre au-delà des portes, nous obfervant, pour
fa juftification, que felon les règles du fervice,
il ne pouvoit nous introduire à ces heures que
par la poterne.

Nous paffâmes la matinée à vifiter le *Fort
Augufte*, qui l'eft beaucoup moins que celui de
Saint - George, & qui de plus eft commandé
à ce qu'on dit, par des hauteurs voifines. Il fut
pris, il n'y a pas long-temps, par les monta-

gnards. Si fa fituation n'eft pas forte, elle eft
du moins bien agréable, étant à l'extrémité du
lac, & approvifionné avec facilité par *Invernefs*,
au moyen d'une chaloupe de foixante tonneaux.

ECOSSE.
Fort-Au-
gufte.

Nous avions actuellement à traverfer les montagnes, pour gagner la côte occidentale, & nous
étions obligés de nous accommoder de ce que nous
trouvions fur une route auffi peu fréquentée.

Le voyage n'étoit pas bien effrayant, n'étant
que de deux journées, mais divifées inégalement,
puifque la feule maifon où nous pouvions trouver afyle n'étoit guères qu'au tiers de la route.
Nous arrivâmes bientôt fur une haute montagne, par un chemin militaire tracé en zig-zag, de
manière que lorfque nous étions parvenus à une
certaine hauteur, nous voyions notre bagage qui
nous fuivoit au-deffous de nous dans une direction contraire. Ce chemin a été taillé dans le
roc, & applani par un travail immenfe, & digne
affurément de la perfévérance des Légions Romaines.

Le pays eft abfolument dénué de bois, mais
les troncs de chênes & de fapins qu'on y trouve
encore, ne permettent pas de douter qu'il n'y
ait eu autrefois dans cet endroit une belle forêt
de haute-futaie. Je ne me rappelle pas d'y avoir
vu trace d'animaux; on nous dit cependant qu'on

trouvoit dans ces montagnes des cerfs, des che-vreuils, des chèvres & des lapins.

Nous n'apperçûmes dans cette traverſée au-cune trace de poſſeſſions ni d'habitations humai-nes, à l'exception d'un petit champ de bled où nous vimes une dame qui ſe premenoit avec quelques meſſieurs; nous jugeámes que leur maiſon ne devoit pas être éloignée, mais nous ne pûmes point la découvrir.

En avançant au travers de cette horrible ſoli-tude, nous rencontrâmes un parti de ſoldats du *Fort Auguſte*, qui travailloient au chemin, ſous la direction d'un ſergent : nous leur racontámes le bon accueil que nous avions reçu au Fort; & comme nous jouiſſions du fruit de leur travail, nous leur demandâmes la permiſſion de leur en témoigner notre reconnoiſſance par un petit préſent.

Nous arrivâmes de bonne heure dans l'après-midi à *Anoch*, village dans le *Glenmolliſon*, com-poſé de trois huttes, une deſquelles eſt remar-quable par une cheminée : c'eſt dans celle-ci que nous devions loger & diner. On nous conduiſit au travers de cette première chambre à chemi-née dans une autre qui avoit une petite fenètre vitrée. Le maître du logis nous traita avec beau-coup de civilité, & nous fit l'énumération de

ce qu'il avoit à nous donner à boire & à manger.
Je trouvai quelques livres fur une tablette,
parmi lefquels il y avoit un volume ou deux de
Prideaux 's connection. Je m'apperçus que l'étonnement que je témoignai de cette découverte ne
plaifoit pas au maître, fur ce que je louai la
pureté de fon langage, il me dit que je ne devois
pas en être furpris, vu qu'il avoit appris l'anglois avec le fecours de la Grammaire. Dans la
fuite j'eus occafion d'obferver que la diction de
notre hôte n'avoit rien qui lui fût particulier.
Les *montagnards* qui parlent Anglois, le parlent
ordinairement bien, & ont fort peu de ces mots
& de cet accent qui diftinguent en général les
Ecoffois lorfqu'ils parlent notre langue. Il paroîtroit qu'ils l'ont apprife dans l'armée ou fur la
flotte, ou, en un mot, par quelque efpèce de
communication avec des perfonnes qui peuvent
donner de bons exemples d'accent & de prononciation.

Ce qu'il y de certain, c'eft qu'ils ne l'auroient
pas appris volontiers de leurs voifins de la
plaine, qu'ils ont regardés long-temps comme
une efpèce dégénérée & méprifable. Ces préjugés tendent à fe diffiper, mais quelques-uns
fubfiftent encore à tel point, qu'ayant demandé
dans les Isles à un miniftre, très-inftruit d'ail-

—— leurs, quelles étoient les tribus qu'il regardoit comme les plus fauvages, *ce font celles*, me répondit-il, *qui vivent le plus près de la plaine.*

Comme nous arrivâmes ici de bonne heure, nous eûmes tout le temps néceffaire pour examiner ce lieu. La màifon eft bâtie, comme les autres huttes, en pierres pofées les unes fur les autres, fans mortier; mais la partie de la maifon où nous étions logés, eft recrépie d'une efpèce de tourbe, garnie d'une claie de jeunes branches pour empêcher la tourbe de tomber.

Près de-là, nous vîmes un jardin planté de navets & un petit champ de pommes de terre. Cette petite chaumière eft fituée agréablement dans une vallée arrofée par un ruiffeau qui la parcourt en ferpentant; ce qui forme le coup-d'œil le plus gracieux.

Ce pays néanmoins, quoique fort curieux pour l'obfervateur & le naturalifte, ne doit pas être d'un grand rapport pour fes poffeffeurs. Notre hôte nous parla d'un gentilhomme qui pofsède ici une terre d'environ dix-huit milles d'Ecoffe en longueur fur trois en largeur, efpace équivalent à cent milles d'Angleterre. Après avoir fait tout ce qui a été en fon pouvoir pour augmenter fes revenus, (même au rifque de dépeupler & détériorer fa ferme) coupé fes bois, &

porté les soins les plus soutenus à tout ce qui pouvoit augmenter son produit, il a obtenu un revenu annuel de 400 livres, qui, pour cent milles quarrées, donnent environ un sol & demi par acre.

Un peu après dîner, nous fûmes surpris agréablement par l'arrivée d'une jeune femme de bonne mine & mise assez élégamment, qui nous demanda si nous voulions du thé; elle étoit fille de notre hôte : nous la priâmes de nous en faire, & nous trouvâmes sa conversation aussi agréable que sa personne. Comme nous savions que les filles des *montagnards* étoient toutes *demoiselles*, nous la traitâmes avec beaucoup de respect qu'elle eut l'air de recevoir comme un devoir auquel elle étoit accoutumée, sans en paroître ni énorgueillie, ni confuse, & répondant à nos civilités sans le moindre embarras, elle me dit que nous faisions honneur à son pays en venant le visiter.

Elle avoit passé quelque temps à *Inverness*, pour acquérir tous les petits talens qui font partie de l'éducation des femmes, & comme son père, elle avoit la prononciation angloise. Je lui présentai un livre, que je me trouvai avoir sur moi, & je la priai de le conserver en mémoire de notre passage.

Vers le foir, nous vîmes arriver à notre auberge les foldats que nous avions dépaffés fur la route, qui venoient dépenfer le peu d'argent que nous leur avions donné. On voyoit empreinte fur leur vifage cette vraie impatience de foldats qui ont un fol dans leur poche : ils avoient marché au moins fix milles pour joindre le premier endroit où ils pouvoient acheter de l'eau-de-vie. Comme c'étoit la première fois que je me trouvois dans un lieu auffi fauvage & fi peu fréquenté, je ne fus pas fâché de leur arrivée, d'autant que nous nous en étions faits de bons amis. Pour gagner encore mieux leur eftime, nous fûmes dans la grange où ils fe réjouiffoient, & nous ajoutâmes quelque chofe à notre première munificence. Tout ce que nous leur donnâmes étoit affurément peu de chofe ; mais il y en eut affez pour les faire paffer toute la nuit dans cette grange à fe divertir & à fe quereller. Ils s'en retournèrent le lendemain matin à leur ouvrage, dans une grande indignation contre le *Whisky* & fes mauvaifes qualités.

Nous avions tellement gagné les bonnes grâces de notre hôte, que lorfque nous prîmes congé de lui le matin, il voulut abfolument nous accompagner une partie du chemin : il nous entretint

entretint le mieux qu'il put de ses propres
affaires & de celles du pays.

Cet homme menoit une vie absolument pas-
torale, à la manière des anciens *Nomades*,
excepté qu'il avoit une habitation fixe. Sa richesse
consistoit dans son troupeau, composé de cent
brebis, d'autant de chèvres, de douze vaches
& de vingt-huit bœufs engraissés, & prêts à
être menés au marché le plus voisin.

Ce fut à lui le premier que nous entendîmes
parler du mécontentement général qui porte les
montagnards à se transplanter dans une autre
hémisphère, & lorsque je lui demandai s'ils
resteroient chez eux s'ils y étoient bien traités,
il me répondit avec indignation qu'aucun homme
n'avoit quitté son pays natal avec plaisir.

La redevance de la ferme qu'il occupe, s'est
accrue, dans l'espace de vingt-cinq ans, de
cinq à vingt livres par an, somme qu'il étoit
si peu capable de payer, à ce qu'il nous dit,
qu'il auroit été charmé de trouver fortune
ailleurs. Il convint néanmoins qu'il étoit raisonnable d'augmenter cette redevance jusqu'à
un certain point, & qu'il pouvoit bien payer
dix livres de ce qu'il avoit payé autrefois cinq.

Après nous avoir amusés quelque temps,
notre hôte nous remit à nos guides. Notre

journée étoit fort longue, non que la diſtance fût conſidérable, mais parce que le chemin étoit très-difficile. Nous étions alors au cœur des montagnes, & nous avions le temps de contempler à notre aiſe ces régions montueuſes qui ont été dans tant de contrées le dernier réfuge des malheureux habitans, & qui ſont partout, en temps de guerre, le théâtre des aventures, des ſtratagèmes, des ſurpriſes & des évaſions.

Ce n'eſt pas aſſurément ſans difficultés qu'on voyage dans les pays de montagnes, non-ſeulement par la peine de grimper, puiſqu'enfin l'on ne grimpe pas toujours, mais à cauſe que, d'ordinaire, ce qui n'eſt pas montagne eſt un marais, où il faut choiſir ſes pas avec précaution. En général, il pleut davantage dans les montagnes, & les torrens s'accumulant de toutes parts dans les eſpaces entre les hauteurs, leurs eaux ne trouvent pas d'abord une iſſue, & leur ſéjour y noie le terrain juſqu'à ce qu'elles s'y ſoient ouvert un paſſage.

Nous ne prîmes la hauteur d'aucune des montagnes que nous parcourûmes, & nous n'en vîmes aucune dont l'élévation nous étonnât. J'apperçus ſeulement ſur un ſommet élevé un point blanc, que je pris pour un rocher nud & dépouillé; mais

nos guides, plus accoutumés que nous aux phéno-
mènes du pays, nous dirent que c'étoit de la neige.
Elle avoit déjà duré jusqu'à la fin d'Août, & se
maintiendra probablement contre les efforts du
soleil , jusqu'à ce qu'elle soit renforcée par
l'hiver.

Les physiciens calculent proprement la hauteur
des montagnes depuis la surface de la mer la plus
voisine ; mais, comme l'œil ou l'imagination du
voyageur n'en sont affectés qu'autant qu'elles
attirent ou bornent ses regards , on ne devroit
compter communément leur hauteur que depuis
la place où leur élévation forme un angle considérable avec la plaine. Sur un continent d'une
grande étendue , le sol peut s'élever à une très-
grande hauteur , en montant graduellement,
sans autre apparence que celle d'un plan dou-
cement incliné. Or , si l'on représentoit un
monticule ainsi placé sur ce sol élevé , comme
d'une hauteur égale à son élévation au-dessus
du niveau de la mer , une pareille description
deviendroit tout-à-fait illusoire.

Ces montagnes-ci, au reste, peuvent être assez
sûrement mesurées depuis leur base , qui n'est
pas beaucoup plus haute que le niveau de la
mer ; car, en avançant ce soir vers la côte
occidentale , je n'ai pas apperçu qu'il y ait plus

E ij

de déclinaison que ce qui eſt néceſſaire à l'écoulement des eaux de l'intérieur des terres.

Nous paſsâmes pluſieurs rivières & ruiſſeaux,
qui rouloient pour la plupart leurs eaux claires
& peu profondes ſur un fond hériſſé de cailloux
& de rocailles. Ces canaux, ou ces lits, qui
paroiſſent excéder ſi fort en capacité le volume
d'eau qu'ils contiennent, ſont ainſi formés &
élargis par la violence des inondations d'hiver,
produites par une innombrable quantité de courans d'eau de pluie, qui tombent des hauteurs, & qui, entraînant avec eux tout ce qu'ils
rencontrent, ſe forment un paſſage proportionné
à leur maſſe & à leur impétuoſité.

On ne doit pas s'attendre que des eaux ſujettes
à tant de caprices & de variations, ſoient bien
poiſſonneuſes : la rapidité de ces petits torrens,
provenans des pluies d'hiver, entraîne le poiſſon, & la ſechereſſe de l'été lui laiſſe à peine
aſſez d'eau pour vivre; ce qui fait que l'on ne
voit point, en guéyant les rivières du Nord,
le poiſſon errant & ſautillant dans l'eau, comme
dans celles d'Angleterre.

La plupart de ces montagnes peuvent bien
être nommées comme l'*Ida* d'*Homère*, *abundant
in ſprings*; abondant en rivières; mais il y en
a peu qui méritent l'épithète qu'il accorde au

Pélion , waving their leaves, agitant leurs feuilles. Ecosse, Anoch.
Elles préſentent , en général , fort peu de va-
riété , & ſont preſque entièrement couvertes
d'une épaiſſe bruyère, qui ſemble même être
bornée dans ſon accroiſſement. Ce qui n'eſt pas
couvert de bruyères, eſt abſolument nud &
ſtérile , ſans autre diverſité que de temps en
temps un petit courant d'eau, qui ſe précipite
du haut du rocher. Un œil accoutumé aux pâturages fleuris & à d'ondoyantes moiſſons, eſt ſaiſi
d'étonnement, & repouſſé à la vue de cette étendue immenſe qui porte l'empreinte d'une déſo-
lante ſtérilité, & dont l'aſpect n'eſt autre que
celui d'une matière informe, déshéritée de la
nature, privée de ſes faveurs, & réduite à une
triſte & inutile végétation.

. La première réflexion qui ſe préſente, eſt
ſans doute que cette ſtérilité générale ne peut
produire que peu ou point d'agrément au voyageur ; qu'il n'eſt pas beſoin de ſortir de chez ſoi
pour ſe repréſenter des rochers, des bruyères
& des caſcades ; en un mot, que de pareils
voyages ne produiſent qu'une fatigue inutile ,
ſans qu'il y ait rien à gagner pour l'imagination
ni pour les connoiſſances. Il eſt vrai que pour
la plupart des choſes, nous pouvons nous contenter de ce que les deſcriptions nous en appren-

E iij

nent, & juger par analogie ; mais il faut avouer aussi que ces idées sont toujours incomplètes, & que tout au moins, jusques à ce que nous les ayions comparées avec la réalité, nous ne saurions en reconnoître la justesse ; car, plus nous voyons, plus nous approchons de la certitude, & conséquemment nous acquérons des principes plus assurés & une base plus étendue pour le raisonnement & l'analogie.

Les pays montueux & sauvages, chétivement peuplés & peu cultivés, constituent une grande partie du globe, & celui qui n'en a jamais vu, passe sa vie sans connoître la face de la nature, & dans l'ignorance d'une des plus grandes scènes du théâtre de la vie humaine.

Comme il étoit près de midi, nous entrâmes dans une vallée étroite, pas très-fleurie, à la vérité, mais du moins assez verte. Nos guides nous firent observer que nos chevaux ne pouvoient pas voyager toute la journée sans repos ni nourriture, & nous prièrent de nous arrêter, vu que c'étoit le seul endroit où nous pouvions trouver de l'herbe. La requête étoit raisonnable & l'argument sans replique. Aussi mîmes-nous pied à terre de bonne grâce, & nous nous amusâmes en attendant, autant que l'endroit nous en fournissoit les moyens.

Je m'assis sur une petite éminence telle qu'un faiseur de roman se feroit plu à l'imaginer. Je n'avois point d'arbres, il est vrai, qui s'agitassent sur ma tête avec un doux murmure, mais, à la place, un clair ruisseau couloit à mes pieds, le temps étoit calme, l'air doux, & tout autour de moi étoit sauvage & silentieux, & respiroit la solitude. J'étois environné de montagnes élevées, qui empêchant mes yeux d'errer au loin, forçoient mon esprit de trouver en lui-même sa distraction & son amusement : si j'employai bien mon temps, c'est ce que j'ignore, mais c'est ici que je formai le projet d'écrire le journal de ce voyage.

Nous étions dans cet endroit à notre aise & par choix ; nous n'avions aucun inconvénient à souffrir ni à craindre, quoique les idées produites par l'aspect d'un pays sauvage, inconnu & peu fréquenté, ne soient pas telles que celles qu'excite une solitude artificielle, au milieu des parcs & de jardins magnifiques, c'est-à-dire, une flatteuse persuasion de se suffire à soi-même, une indulgente complaisance pour des illusions volontaires, un abandon de l'imagination, & une espèce de concentration froide des facultés de son ame. Les *fantômes* qui assiègent l'homme dans un désert sont les besoins, la misère & le

E iv

danger, l'idée cruelle de l'abandon total affaillit nos penfées; l'homme craint naturellement defaire connoiffance avec fa propre foibleffe, & la méditation ne tarde pas à lui faire fentir fa petiteffe & fon peu de pouvoir : il n'y avoit autour de moi aucune trace d'habitans ni d'habitations, excepté peut-être, une méchante hutte de gafons qui pouvoit avoir fervi dans la belle faifon à quelque conducteur de troupeau ; quiconque fe feroit trouvé dans l'endroit où j'étois affis, fans connoiffances du pays & fans provifions, auroit couru rifque, (au moins avant que les chemins fuffent faits) d'errer parmi les rochers jufqu'à périr de fatigue avant de trouver la moindre nourriture & le plus chétif afyle : & que font encore les monticules dont je parle, comparés à la chaîne du *Taurus*, & ces folitudes fauvages à côté des vaftes déferts de l'*Amérique* !

Nos guides nous invitèrent à remonter à cheval, & nous continuâmes notre route le long d'un petit lac formé par les ruiffeaux qui defcendent des hauteurs voifines, & qui traverfent le chemin avec plus ou moins de rapidité & de bruit ; ces courans d'eau, dans leur état de diminution, après plufieurs mois de féchereffe, font un fpectacle charmant & extraordinaire

pour ceux qui n'ont jamais vécu que dans les
pays de plaine , mais dans les temps pluvieux,
tels que chaque hiver en amène , ces courans
doivent se changer en torrens impétueux , &
en un déluge épouvantable qui ne manque pas
de rendre impraticable la route par où nous
passâmes.

Ecosse
Anoch.

Le lac se termine à la fin en une rivière large
& peu profonde comme le reste , mais pour
qu'on puisse la passer lorsqu'elle est plus profonde , on y a construit un pont ; au-delà du
lac est une vallée nommée *Glensheals* , habitée
par la tribu ou le *clan* de *Macrae* , nous y trouvâmes un village appelé *Auknasheals* , consistant
en plusieurs huttes bâties en pierre sèche ,
c'est-à-dire , sans mortier , comme celles dont j'ai
parlé ci-devant.

Glen-
sheals.

En partant du *fort Auguste* nous avions pris
avec nous , par le conseil des officiers , du pain
pour nous , & du tabac pour ceux des montagnards
de qui nous serions appelés à recevoir quelque
politesse. Nous étions actuellement dans un
endroit où nous pouvions avoir du lait , mais
où le pain nous auroit manqué si nous n'en
eussions pas apporté. Le peuple de cette vallée
ne paroît pas savoir un mot d'anglois ; & nos
guides nous devenoient doublement nécessaires

comme interprètes : une femme, dont la hutte étoit remarquable par son étendue, & une architecture plus soignée, nous apporta du lait, un nombre considérable de paysans s'assemblèrent autour de nous, je crois sans aucune mauvaise intention, mais avec un air farouche & sauvage.

Lorsque notre petit repas fut fini, M. *Boswell* coupa le reste de notre pain & le partagea entre eux, supposant qu'ils n'avoient jamais mangé de pain de froment ; il leur fit présent aussi de quelques rouleaux de tabac, & nous distribuâmes quelques poignées de petite monoie aux enfans, qu'ils reçurent avec beaucoup d'avidité : l'on nous dit cependant depuis que le peuple de cette vallée n'étoit rien moins qu'indigent ; & lorsqu'ensuite nous les entretînmes avec l'air de les croire dans le besoin & dignes de pitié, une dame montagnarde qui se trouvoit-là nous fit sentir que nous pouvions épargner notre commisération, & nous dit que la dame qui nous avoit donné du lait avoit au moins une douzaine de vaches. Celle-ci sembla d'abord ne vouloir mettre aucun prix à son présent ; mais, à force de la presser, elle nous demanda un schelling. Ce n'est pas toujours là où il y a le moins de luxe qu'il y a le plus d'honnèteté.

Un des hommes qui fe trouvèrent auprès, (à
ce qu'on nous dit depuis) lui confeilloit de
demander davantage, mais elle répondit qu'un
fchelling étoit fuffifant, nous lui donnâmes un
écu, & j'efpère qu'une telle conduite nous attira de la confidération; car les gens de la compagnie dirent (fi nos interprètes ne nous ont
pas flattés) qu'ils n'avoient pas vu un pareil jour
depuis que l'ancien chef de *Macleod* avoit tra-
verfé leur pays.

Les *Macraes*, à ce que nous apprîmes depuis
aux *Hébrides*, étoient originairement une tribu
indigente & fubordonnée aux autres, & qui
n'ayant ni ferme, ni foyer, fervoient pour la
plupart de domeftiques à ces *Maclellans*, qui
dans la guerre de Charles Ier. ayant pris les
armes, pour fuivre les drapeaux du brave *Montrofe* furent prefque tous exterminés dans une
des batailles qu'il livra.

Les femmes qui étoient reftées chez elles,
étant ainfi privées de leurs maris, comme les
anciennes femmes Scythes, époufèrent leurs
ferviteurs, & les *Macraes* devinrent, par ce
moyen, une peuplade confidérable.

LES MONTAGNES.

Avant de continuer cette route, il nous paroît à propos de donner au Lecteur une idée du caractère & des mœurs des Montagnards d'Ecosse. Cette Nation mérite d'être connue à plus d'un égard, & nous croyons ne pouvoir mieux faire, pour remplir ce but, que d'emprunter du Chevalier DALRYMPLE *le tableau que cet Auteur célèbre nous en a laissé dans ses Mémoires sur la Grande-Brétagne. Après cette courte digression, qui ne peut manquer d'intéresser nos Lecteurs, nous reprendrons le Journal du Voyage de Mr.* JONHSTON, *qui devient de plus en plus intéressant.*

ECOSSE.
Montagnes.

L'ARMÉE qu'il (*) commandoit, étoit principalement composée des montagnards de l'intérieur des montagnes, peuple qui n'avoit pas été entamé par les invasions des Romains & des Saxons, sur les frontières méridionales, ni par celles des Danois, sur les frontières orientales & occidentales de leur pays. C'étoit un reste pur

____

(*) *Dundée*, Général Ecossois.

& fans mélange de cet ancien empire des Celtes, qui s'étendit autrefois depuis les colonnes d'Hercule jufqu'à Archangel. Comme les mœurs de cette race d'hommes étoient les plus fingulières qu'il y eut en Europe du temps de nos pères, & que, du temps de nos enfans, on ne pourra les retrouver que dans l'hiftoire, il eft à propos de les décrire.

Les montagnards étoient compofés d'un nombre de tribus appelées *Clans*, dont chacune portoit un nom différent, & vivoit fur les terres d'un chef particulier. Les membres de chaque tribu étoient unis non-feulement par les liens du gouvernement féodal, mais encore du gouvernement patriarchal. Tous les individus étoient vaffaux ou tenanciers de leur chef héréditaire ; en même temps ils defcendoient de fa famille, & pouvoient dire exactement quel étoit le degré de leur defcendance. Ces principes naturels de liaifons devinrent, dans la fucceffion des fiècles, les liens les plus facrés de la vie humaine, par le droit de primogéniture, joint à l'impoffibilité que les loix parvinffent dans un pays inacceffible, & chez des hommes encore plus inacceffibles que leur pays. (*) Le château du chef

______

(*) C'eft l'union de l'autorité féodale & patriarchale,

étoit une espèce de palais, où étoit bien venu chaque homme de sa tribu, où il étoit entretenu selon son état, & où tous les membres accouroient au bruit d'une guerre. Ainsi, le dernier

transmise d'un chef à l'autre par le droit d'ainesse, dans une petite contrée où le partage des terres étoit fixé, qui a distingué les tribus des montagnards de toutes celles qu'on connoît dans l'histoire du genre-humain. Les Hébreux avoient des tribus fondées sur la liaison de parenté; mais l'idée patriarchale s'y perdit bientôt par le défaut de succession des patriarches, & l'attachement pour la tribu dans le grand nombre d'individus qui la composoient. Les Grecs & les Romains eurent leurs tribus, mais qui n'étoient distinguées que par les quartiers de la ville qu'elles habitoient : celles des anciens Germains étoient de simples associations de compagnons de guerre, sous un commandant qu'ils choisissoient, & non des sociétés de parens sous un chef de famille auquel ils crussent devoir obéir. Les anciens *Scythes* & les Tartares modernes offrent des tribus de parens; mais leur changement continuel d'habitations fait qu'on n'y trouve point ces arts d'industrie & de civilisation que supposent l'établissement de la propriété des terres & le passage régulier de cette propriété du père au fils. De ces hordes barbares, qui s'établirent violemment dans les provinces Romaines à la chûte de l'Empire, aucune n'avoit un nom commun à tous les individus; parce qu'elles faisoient partie des nations & non des familles. On trouve chez les Irlandois des tribus distinguées par un nom commun que portent les individus, & liées par une parenté commune; mais la règle de succession établie par *Thanistry*, qui donne de la tribu, sûr d'être auffi bien né que fon chef, révéroit en lui fa propre dignité, aimoit fon propre fang dans fa tribu, ne fe plaignoit point de la condition où la fortune l'avoit jeté, & fe refpectoit lui-même. Le chef en revanche lui accordoit une protection également fondée fur la reconnoiffance & fur fon propre intérêt. De-là les montagnards, que des nations plus fauvages qu'eux appeloient fauvages, montroient dans leurs manières la politeffe des cours fans en avoir les vices, & portoient dans leurs cœurs toute le délicateffe du point d'honneur, fans donner dans les travers.

ECOSSE.
Montagnes.

La charrue n'eft pas d'un grand ufage dans un pays raboteux & un climat inconftant, & on fe fert encore moins de l'enclume & de la navette, quand on manque de charbon, & que le fol eft avare des chofes néceffaires à la vie. Les Montagnards ne pouvant donc étendre

au lord le choix de fon héritier, a éteint tout refpect pour le droit d'aîneffe, & a été une fource continuelle de difcorde parmi les membres. Les naturels de l'Amérique forment des tribus qui vivent d'une manière femblable au gouvernement patriarchal; mais, tandis qu'un membre eft uni à l'autre par la parenté, le tout ne fe réunit pas fous un chef, faute de la fubordination féodale, & à caufe de l'extrême indépendance des individus.

l'agriculture & les manufactures, chaque famille labouroit justement autant de terrain , & recueilloit autant de grain qu'il lui en falloit ; & la nature , que l'art ne peut forcer , les destinoit à la vie de pasteurs. Ainsi ils n'avoient pas cet excès d'industrie qui fait de l'homme une machine , & ils en avoient assez pour ne pas tomber dans cette stupidité qui le rabaisse au-dessous des animaux.

Ils vivoient dans des villages bâtis au fond des vallées & sur les bords des rivières. Ils travailloient deux saisons de l'année , l'une à la fin du printemps & au commencement de l'été pour labourer, semer, & amasser de la tourbe pour se chauffer l'hiver , l'autre immédiatement avant l'hiver pour faire leur moisson. Le reste du temps étoit consacré à l'amusement ou à la guerre : s'ils étoient en paix, ils se livroient l'été au plus délicieux de tous les plaisirs pour des hommes qui sont dans un climat froid , & dans un pays qui, prêtant à l'imagination , lui donne un tour romanesque. Ils jouissoient du soleil & du spectacle de la nature dans sa beauté, ne restant jamais dans leurs maisons pendant le jour , & dormant souvent la nuit en plein air, au milieu des montagnes & des bois. Ils passoient l'hiver à la chasse, quand le soleil étoit sur l'horison

&

& s'affemblant le foir autour d'un feu commun, ils fe divertiffoient avec des chanfons,
des contes & des danfes; mais ils ne favoient
pas refter affis jour & nuit à dès tables de jeux
d'adreffe ou de hafard, amufemens qui tiennent
le corps dans l'inaction & l'efprit dans un mouvement déréglé.

On ne voyoit perfonne parmi eux qui n'eût
l'oreille bonne ou même délicate pour la mufique, parce qu'ils en faifoient un continuel
exercice; la multitude par paffion, & un petit
nombre des plus fages, parce qu'ils croyoient
que l'amour de la mufique élevoit le courage,
& adouciffoit en même temps les mœurs de leur
nation. Leur mufique vocale étoit plaintive jufqu'à plonger l'ame dans une mélancolie profonde:
l'inftrumentale étoit vive pour les danfes de
mouvement & guerrière pour les batailles. Quelques-uns de leurs airs préfentoient l'idée grande,
mais naturelle, d'une hiftoire mife en mufique,
telles que les joies d'un mariage, le bruit d'une
querelle, le cliquetis des armes, la fureur d'un
combat, le défordre & la confufion d'une déroute;
le tout couronné par une chanfon funèbre & une
lamentation folemnelle à l'honneur de ceux qui
avoient été tués. La force & les modulations,
artiftement ménagés, de la cornemufe qui

*Tome II.*F

——— étoit leur inftrument de guerre, & dont on jouoit durant toute l'action, exaltoit leur courage dans une bataille jufqu'à la frénéfie.

Aux plaifirs de la mufique ils joignoient ceux de l'hiftoire, de la poéfie, & de l'amour des belles-lettres. Pour nourrir de grands fentimens dans tous les efprits, chaque famille confidérable avoit un hiftorien qui racontoit, & un Barde qui chantoit les exploits de la tribu & de fon chef. Tous les jeunes gens, même dans les dernières conditions, alloient à l'école, non-feulement parce qu'ils n'avoient rien autre chofe à faire à leur âge, mais parce que c'étoit la littérature & non l'ignorance qui marquoit un homme de naiffance.

La rigueur de leur climat, la hauteur de leurs montagnes, l'éloignement refpectif de leurs villages; leur paffion pour la chaffe & la guerre, & le défir de faire & de recevoir des vifites, les obligeoient à de grands exercices du corps. La grandeur des objets qui les environnoient, des lacs, des montagnes, des rochers, des cataractes, donnoit à leur efprit de l'étendue & de l'élévation; car ils ne reffembloient point à ces hommes qui ne connoiffent que le chemin d'un marché d'une ville à une autre; le défaut d'occupations réglées les conduifoit, comme les Spartiates, à la contemplation & aux talens pour la conversation ; talens qu'ils exerçoient en mettant au jour les pensées originales que la nature leur suggéroit, & non en répétant languissamment celles qu'ils tenoient des autres.

Ils s'estimoient eux-mêmes sans dépriser les autres nations. Ils aimoient à sortir de leur pays pour voir & pour entendre, adoptoient facilement les manières des autres & étoient partout insinuans & attentifs ; mais ils revenoient encore plus volontiers chez eux dire ce qu'ils avoient observé, & raconter entr'autres avec étonnement, qu'ils s'étoient trouvés au milieu de grandes sociétés où chaque individu faisoit consister son indépendance à ne pas frayer avec un autre. Ils ne croyoient cependant pas être en droit de haïr ni de mépriser les usages & les manières des étrangers, parce qu'ils étoient différens des leurs. Ils respectoient les grandes qualités des autres nations, & se contentoient de faire sur leurs défauts d'innocentes plaisanteries.

Lorsque les étrangers venoient chez eux, ils ne les recevoient point avec ce cérémonial qui interdit une seconde visite, ni avec cette froideur qui fait repentir de la première, ni avec cet embarras qui met le maître de la

F ij

maison & son hôte également mal à l'aise; mais avec la plus agréable de toutes les politesses, je veux dire une affection simple & cordiale; fiers de donner une hospitalité qu'ils n'avoient point reçue & d'amener à des sentimens plus justes ceux qui pensoient d'eux avec mépris, en leur montrant combien ils méritoient peu d'être méprisés.

Chassés des parties basses de l'Ecosse par une invasion, ils se crurent autorisés de temps immémorial à user de représailles sur les biens de leurs usurpateurs; mais ils ne touchoient point à ceux les uns des autres : desorte qu'aux yeux de ceux qui ne pénètrent point les causes, ils offroient un mélange bisarre de vice & de vertu; car ils appeloient droit & justice ce que nous appelons vol & rapine; mais par l'usage de ces représailles, ils devinrent entreprenants, adroits & hardis.

Comme tous les membres d'une tribu étoient du même sang, tous prenoient pour eux une insulte faite à l'un d'entr'eux. C'est pourquoi ils étoient habituellement en guerre, & delà vient aussi que leur attachement pour leur chef étoit appuyé sur les deux principes les plus actifs de la nature humaine, l'affection pour leurs amis & le ressentiment contre leurs ennemis.

Le fréquent retour de la guerre en tempéroit la férocité. Ils panſoient les plaies de leurs priſonniers avant de panſer les leurs ; & ils reſpectoient & apitoyoient l'étranger dans la perſonne d'un ennemi.

Ils étoient toujours armés complètement, uſage qui, en les familiariſant avec les inſtrumens de la mort, les empêchoient de la craindre ; & qui, par le danger de s'offenſer mutuellement, rendoit le ſimple peuple auſſi poli & auſſi circonſpect dans ſa conduite que la nobleſſe dans les autres pays.

De ces circonſtances combinées, il réſultoit que parmi les montagnards, les rangs les plus hauts comme les plus bas joignoient cette délicateſſe de ſentiment particulière aux premiers dans d'autres nations, à la vigueur & à l'endurciſſement du corps qu'on ne trouve ailleurs que dans les derniers.

Ils regardoient comme leurs plus grandes perfections d'être auſſi modeſtes que braves, de ſe contenter du peu que la nature exige ; d'agir & de ſouffrir ſans ſe plaindre ; d'être auſſi honteux de faire une injure ou un outrage aux autres que de l'endurer de leur part, de mourir avec plaiſir, & de venger les affronts de leur tribu ou de leur pays.

F iij

Leur chriſtianiſme avoit une forte teinture des traditions qui venoient de leurs anciens bardes ; car ils croyoient aux eſprits, & remarquoient les apparences du ciel par la forme des nuées, qui dans un climat variable change continuellement; ils devinoient le préſent & prédiſoient l'avenir. Ils croyoient même que la Divinité avoit communiqué à quelques hommes une portion de ſa preſcience. Avec ce mélange d'opinions ils n'entroient guères dans les diſputes ſur les modifications particulières du chriſtianiſme, & ils ſuivoient avec indifférence la manière du culte que leur chef avoit adopté. C'eſt peut-être à cette même cauſe qu'ils ſont redevables de ce que leurs pays eſt le ſeul en Europe ou la perſécution n'ait jamais pénétré.

Leur habillement qui étoit tout ce qui reſtoit en Europe de celui des Romains, étoit très-convenable à la nature de leur pays & encore plus aux beſoins de la guerre. Il étoit compoſé d'un rouleau de laine légère appelé *plaid*, long de 18 pieds & large de 6, qui enveloppoit négligemment le corps, & dont le pan ſupérieur portoit ſur l'épaule gauche, laiſſant le bras droit en pleine liberté; d'un juſte-au-corps de gros drap & d'une pièce de laine légère prenant autour de la ceinture & qui leur couvroit

les cuisses. Lorsqu'il pleuvoit ils fermoient leur
plaid en plusieurs doubles, & le mettant sur
leurs épaules, ils étoient à couvert comme sous
un toit. S'ils étoient obligés de coucher dehors
sur les montagnes dans les parties de chasse,
ou à la guerre ou à la garde de leurs troupeaux,
ce même long sourtout leur servoit de lit & de
couverture; car trois hommes qui vouloient dormir ensemble, pouvoient étendre trois plis de
cette étoffe sous eux & six au-dessus. Les jar-
retières de leurs bas étoient liées sous le genoux,
pour avoir les jambes plus libres, & ils ne
portoient point de culottes afin de pouvoir es-
calader plus facilement les montagnes. La légèreté & l'aïsance de leurs habits, la coutume
d'aller toujours à pied & jamais à cheval, leur
goût pour les longs voyages, & surtout cette
patience à endurer la faim & toutes sortes de
fatigues, qui portoit encore leur corps en avant
lors même que leurs esprits étoient épuisés,
tout cela leur donna sur les autres nations Eu-
ropéennes la supériorité dans la promptitude
& la continuité des marches. Celles de Montrose
étoient quelquefois de 60 milles en un jour,
sans manger, sans faire de halte à travers les
montagnes, le long des rochers & dans des
terres marécageuses. Dans leurs campemens ils

F iv

étoient experts à ſe faire des lits en un inſtant avec des faiſceaux de bruyères , qu'ils lioient enſemble & qu'ils fichoient debout dans la terre ; invention qui en leur procurant des lits doux & exempts d'humidité, conſervoit leur ſanté où les autres ſoldats perdoient la leur.

Leurs armes étoient un large ſabre, un poignard appelé *durk* , un grand bouclier , un mouſquet & deux piſtolets ; de ſorte qu'ils portoient tout-à-la-fois , l'épée des Celtes , le *pugio* des Romains , la targe des anciens , avec les deux ſortes d'armes à feu qui ſont modernes. Dans une bataille ils jetoient leur *plaid* & le vêtement de deſſous , & combattoient en juſte-au-corps , afin que leurs mouvemens fuſſent plus prompts & leurs coups mieux frappés. Ils s'avançoient vers l'ennemi avec la même rapidité que des dragons qui vont à la charge. Lorſqu'ils en étoient près , ils s'arrêtoient un moment pour reprendre haleine & décharger leurs mouſquets qu'ils jetoient auſſitôt par terre ; faiſant enſuite quelques pas en avant, ils tiroient leurs piſtolets qu'ils jetoient dans le même inſtant à la tête de ceux qu'ils attaquoient; puis ils ſe précipitoient dans leurs rangs le ſabre à la main , l'agitant d'une manière menaçante à meſure qu'ils avançoient , afin de ſubjuguer

l'œil de l'ennemi qu'ils n'avoient pas encore
atteint. Ils ne combattoient pas en lignes longues & régulières, mais en bandes détachées
comme des coins fermes & serrés, leur armée
se trouvant rangée selon les tribus & les tribus selon les familles, si bien qu'il y avoit
une émulation de tribu à tribu, de famille à
famille & du frère au frère. Ils comptoient que
se faire jour dans un corps de troupes réglées
& les vaincre, c'étoit la même chose, parce
qu'il n'y avoit point de troupes réglées qui
fussent capables de leur résister dans un combat corps à corps; & lorsque les rangs étoient
rompus, ils recevoient la bayonnette dans le
bouclier qu'ils tenoient du bras gauche, puis
la détournant ou l'engageant dans le bouclier
même, ils tomboient avec leur sabre sur l'ennemi embarrassé & sans défense; & quand ils
ne pouvoient employer le sabre, ils le poi-
gnardoient avec leurs dagues. Les seuls ennemis qu'ils craignissent étoient la cavalerie, ce
qui venoient de plusieurs causes, de la nouveauté
de l'ennemi, de ce qu'ils n'avoient point de
bayonnette pour recevoir le choc, de ce qu'ils
se voyoient attaqués avec leurs propres armes,
c'est-à-dire avec le sabre; de la taille des chevaux de dragons qui leur paroissoient plus grands

qu'à nous par la comparaison qu'ils en faisoient avec ceux de leur pays, & surtout l'opinion générale dans les classes inférieures des montagnards, que les chevaux de bataille étoient dressés à combattre avec leurs pieds & avec leurs dents.

Malgré tous ces avantages, leurs victoires ont toujours été plus honorables pour eux que décisives pour les autres; une rivière les arrêtoit, parce qu'ils n'étoient point accoutumés à nager, un fort avoit le même effet parce qu'ils ne connoissoient point la science de l'attaque. Leur pauvreté & leur ignorance dans les arts faisoient qu'ils manquoient de canons, de chariots, de magasins; ils parloient un langage inconnu, & ne pouvoient par conséquent tirer leurs ressources que d'eux-mèmes. Quoique le respect pour leur chef les retînt tout le temps qu'ils étoient en campagne, dans cette exacte obéissance qu'on ne peut obtenir des autres troupes que par la rigueur excessive de la discipline, cependant dès qu'ils avoient remporté une victoire, ils croyoient que leur tâche étoit remplie, & la plupart s'en retournoient chez eux raconter leurs faits d'armes & porter leur butin. D'ailleurs un grand nombre étoit obligé de s'y rendre au printemps & pour la moisson,

ou de laiſſer leurs femmes & leurs enfans mourir de faim. Ajoutez que leurs chefs mèmes étoient
ſujets à quitter l'armée pour des points d'honneur & les querelles qu'ils prenoient entr'eux
ou avec d'autres.

Ici reprend la Rélation de M. JONHSTON.

En continuant notre route , nous eûmes le
loiſir d'étendre nos ſpéculations & de rechercher les cauſes des ſingularités qui diſtinguent
généralement les habitans de ces régions ſauvages. Les pays de montagnes contiennent pour
l'ordinaire la race originale , tout au moins la
plus ancienne des habitans ; car il eſt difficile
de les conquérir , par l'impuiſſance de pénétrer
chez eux autrement que par des chemins étroits,
faciles à garder & à défendre par ceux qui occupent les hauteurs. Chaque nouvelle chaîne eſt
une nouvelle forterrſſe où les aſſiégés ont le
même avantage. Si les aſſaillans forcent un paſſage , ou emportent d'aſſaut une hauteur, ils
n'ont encore gagné que du terrain : les ennemis
ont déjà pris la fuite , & ſe font emparés du
rocher voiſin , laiſſant les aſſiégeans dans un
ſtupide étonnement , ne connoiſſant , pour ſe
ſauver , ni les ſentiers détournés entre les pré-

cipices, ni les paſſages au travers des marais aſſez fermes pour les ſoutenir, ſans compter que les montagnards ont une agilité pour grimper & redeſcendre les rochers, qui eſt très-diſtincte de la force & du courage, & qui ne peut s'acquérir que par l'habitude.

Si la guerre n'eſt pas promptement terminée la famine ne tarde pas d'aſſaillir les conquérans, à cauſe de la difficulté de traîner avec ſoi des vivres par des chemins auſſi difficiles & auſſi pénibles, & par l'impoſſibilité de s'en procurer dans le pays. La richeſſe des montagnes conſiſte dans le bétail, qui eſt emmené par les femmes lorſque les hommes ſe mettent en marche : en un mot, la conquête de telles contrées ne peut dédommager de la dépenſe qu'elle exige : auſſi en a-t-on ſouvent tenté l'invaſion, moins par l'ambition d'étendre ſes conquètes que par reſſentiment de quelques inſultes & de pillages, ou pour jouir avec plus de ſécurité d'autres provinces plus abondantes & plus utiles.

Comme les pays de montagnes reſtent long-temps libres avant que d'ètre conquis, il faut auſſi plus de temps pour les civiliſer. Les hommes ſont adoucis dans leurs mœurs par une fréquentation mutuelle & réciproquément utile, & ils s'inſtruiſent par la comparaiſon de leurs idées

avec celles des autres. C'est pour cette raison que
César trouva les parties maritimes de la Grande-
Brétagne moins barbares, à cause de leur commerce avec les Gaules. Aucun étranger n'est
attiré dans un pays stérile & sauvage , par l'es-
poir du gain ni par le plaisir , les habitans de
ces contrées n'ayant rien à vendre & point d'argent pour acheter , ne voyagent jamais , ou ,
s'ils sortent de chez eux , ils y rentrent fort
rarement.

Par le commerce avec d'autres nations , par
une culture lente & graduelle , les parties les
plus civilisées d'un pays changent leur langue.
Alors les montagnards deviennent une nation
distincte & séparée des autres , par la dissem-
blance de leur langage d'avec celui de leurs
voisins ; c'est ainsi qu'en Biscaye on retrouve
encore le *Cantabrien* original , & en *Dalecarlie*
l'ancien *Suédois* ; de même les Gallois & les
montagnards d'Ecosse , parlent encore la langue
primitive des Brétons , tandis que les autres
parties ont adopté d'abord le Saxon , ensuite
à un certain point le François , & formé du
tout une troisième langue. Il n'en faut pas
inférer , que là où on a conservé le langage
primitif on ait aussi conservé les manières primitives , car celles des montagnards sont ordi-

nairement fauvages & rudes, mais cette rudeffe vient plutôt de leur fituation qu'elle ne leur a été tranfmife par leurs ancêtres.

Telle eft la malheureufe difpofition de l'homme, que tout ce qui produit une diftinction quelconque, caufe auffi des rivalités. L'Angleterre, avant d'avoir trouvé d'autres fujets de guerre, a été troublée pendant plufieurs fiècles par des difputes entre les provinces du nord & du midi ; tellement qu'on n'a pu pendant très-long-temps conferver la paix dans l'univerfité à Oxford, qu'en choififfant annuellement un des procurateur ou adminiftrateur de chaque côté de la rivière de *Trent*. Un pays coupé par plufieurs chaînes de montagnes, eft ordinairement divifé en un grand nombre de petites nations ou tribus qui deviennent ennemies les unes des autres par mille caufes différentes, chacune d'elle exalte fes propre chefs, chacune vante la valeur de fes hommes ou la beauté de fes femmes, & chaque prétention à la fupériorité excite la jaloufie, irrite l'amour propre ; on en vient aux injures, qui font repouffées par d'autres encore plus fortes, on prend fa revanche & la dette eft exigée quelquefois avec un trop gros intérêt.

Il y avoit une loi chez les montagnards par

laquelle fi un voleur étoit fouftrait à la juftice, tout homme de la même tribu étoit faififfable à fa place. C'étoit une manière bien irrégulière de rendre la juftice, qui bien que néceffaire dans ces temps de barbarie, ne pouvoit pas manquer d'engendrer des haines, & les haines une fois allumées chez un peuple naturellement pareffeux & peu occupé d'autres objets duroient pendant des fiècles, produifant tantôt des plaintes fourdes, tantôt éclatant par des violences publiques ; les monumens de cette manière violente de procéder, ne font pas rares ; on voit encore la caverne où un des *Campbells* qui avoit infulté les *Macdonalds*, fe retira avec un corps de troupes de fa tribu ; les *Macdonalds* demandèrent l'agreffeur, & ayant été refufés, ils mirent le feu à l'entrée de la caverne, & par ce moyen il fut étouffé avec fes adhérens.

Les montagnards font belliqueux, parce qu'au moyen de ces haines & de ces prétentions, ils fe regardent comme toujours entourés d'ennemis, & préparés à repouffer les incurfions ou à en faire eux-mêmes, ainfi que les Grecs que nous dépeint Thucydide avant qu'ils fuffent policés : les montagnards jufqu'à nos jours alloient conftamment armés & ne quittoient leur poignard, ni pour aller en vifite, ni pour affifter à l'églife.

Les montagnards font enclins au brigandage parce qu'ils font pauvres, & que n'ayant ni manufactures, ni commerce, ils n'ont pas d'autres moyens de s'enrichir. Ils ne fe font aucune peine de piller leurs voifins, parce qu'ils les *regardent* ordinairement comme des ennemis ; & ayant perdu ce refpect de la propriété, qui conferve le bon ordre dans la vie civile, ils *regardent* bientôt comme ennemis tout ce qui n'eft pas leurs amis, & fe permettent de piller & d'envahir tout ce qu'ils ne font pas obligés de protéger.

Au moyen d'une adminiftration légale & rigoureufe, depuis qu'elle a été introduite dans les montagnes, cette difpofition au vol eft infiniment reftreinte : il y a trente ans qu'il étoit difficile de conduire un troupeau dans le pays fans payer dans la nuit le tribut à quelqu'une des hordes dont on traverfoit les terres ; mais actuellement le bétail eft conduit en fûreté, & les étrangers voyagent fans danger & même fans crainte d'être moleftés en aucune manière.

Chez un peuple belliqueux, la qualité la plus eftimable & la plus vantée eft le courage perfonnel, & la promptitude dans l'offenfe comme dans la vengeance eft étroitement liée avec une faftueufe parade de courage. Les montagnards

avant

avant qu'ils fuſſent déſarmés, étoient ſi portés
aux querelles, que les jeunes garçons avoient
accoutumés de ſuivre toutes les proceſſions publiques ou cérémonies de fête & ſolemnité,
dans l'attente d'une bataille qui ne manquoit
jamais d'arriver avant que la compagnie fut
diſperſée.

Les pays de montagnes ſont quelquefois à
une diſtance ſi conſidérable du ſiège du Gouvernement, & d'un accès ſi difficile qu'ils en ſont
preſque hors de l'influence du ſouverain & de
la juſtice nationale. Les loix ne ſont rien ſans
le pouvoir de les faire exécuter, & les arrêts
d'une cour éloignée ne ſont pas d'une exécution facile, ni même toujours promulgués ſans
courir de grands dangers chez un peuple fier
par ignorance, & violent par habitude, ſans la
moindre connoiſſance du ſyſtème général, &
accoutumé à n'avoir de reſpects que pour ſes
propres ſeigneurs. Il a donc été néceſſaire d'é-
riger pluſieurs juriſdictions particulières, & de
confier la punition des crimes & la déciſion
des procès aux grands propriétaires du pays,
qui pouvoient appuyer leurs décrets par la force.
Il réſulte de-là, que de tels juges ſont ſouvent
ignorans & partiaux; mais dans la naiſſance des
établiſſemens politiques, on ne peut pas trouver

Ecossé.
Monta-
gnes.

de meilleur expédient ; & il eſt probable qu'à, meſure que les Gouvernemens avancent vers la perfection , les adminiſtrations de judicature provinciale ſont graduellement abolies dans tous les empires.

En conſéquence ceux à qui l'on confia ainſi la diſpenſation de la loi , n'en reconnurent point pour eux-mêmes ; leurs vaſſaux étoient ſans abri contre les outrages & l'oppreſſion , mais au contraire , condamnés à endurer, ſans réſiſtance , les caprices de leur humeur & les effets de leur rage & de leur cruauté.

Dans les montagnes , quelques grands ſeigneurs avoient une juriſdiction héréditaire ſur leurs comtés , & quelques chefs de tribus ſur leurs propres terres , juſqu'au moment où la conquête finale des montagnes fournit une occaſion d'anéantir toutes ces petites cours locales & de faire jouir ces peuples , juſques dans leurs retraites les plus éloignées & les plus obſcures , du bénéfice d'une loi juſte & égale pour les petits & pour les grands.

Tant que les chefs conſervèrent une certaine apparence de royauté , ils eurent peu d'inclination à conſulter où à appeler aux cours ſupérieures : une diſpute pour une portion de terre, entre deux ſeigneurs puiſſans étoit décidée comme celle qui a pour objet une province entre deux potentats. Ils venoient sur le champ de bataille avec leurs adhérans, & le droit restoit au plus fort : telle étoit la pratique ordinaire de ces temps barbares, à laquelle les rois d'Ecosse purent rarement s'opposer.

Sans remonter plus loin même, que sous les dernières années du règne de Guillaume, il se donna une bataille fameuse à Mull-Roy, plaine au sud d'*Invernefs* entre les tribus de *Mackintosh* & de *Macdodald* de *Keppoch. Macdonald*, chef d'une petite tribu, refusa de payer les droits, exigés par *Mackintosh*, comme son *seigneur suzerain*; ils dédaignèrent l'interposition des juges & des loix, & intéressant chacun leurs adhérens à maintenir la dignité de la tribu dont ils étoient chefs, ils donnèrent une bataille en forme, dans laquelle un nombre considérable des *Mackintosh* perdit la vie, sans qu'aucun des partis remporta une victoire complète ; ce fut la dernière guerre ouverte entre les tribus, de leur propre autorité.

Les seigneurs montagnards faisoient des traités & formoient des alliances entr'eux, les fragmens qui nous en restent peuvent servir à donner quelqu'idée de ces petites royautés. Les termes d'une de ces confédérations, portent, en-

G ij

tr'autres que les deux tribus contractantes, se
secourront , soit qu'elles aient tort ou raison ,
excepté contre le roi.

Les peuples des montagnes forment des races
distinctes & sont très-soigneux de conserver leur
généalogie. Les habitans d'un petit district sont
nécessités à mêler leur sang par des mariages
réciproques , & se combinent ensuite en une
seule grande famille , dont tous les individus
ont le même intérêt à l'honneur & aux disgra-
ces de chacun ; d'où n'ait cette union d'affections , & ce concours d'efforts qui constituent une
tribu. Ceux qui se considèrent comme annoblis ,
par leur famille, se forment une haute idée de leurs
ancêtres , & ceux qui vivent toujours ensemble
dans le même endroit depuis une succession de
générations , conservent l'histoire de leurs pays
avec leurs préjugés héréditaires : c'est pourquoi
tout montagnard parle de ses ancêtres & raconte les outrages qu'ils reçurent à telle ou
telle époque des *méchans* habitans de la vallée
voisine. Telles sont les effets moraux qui résul-
tent du séjour dans un pays montueux & sauvage. Telles étoient les mœurs des montagnards ,
tant que leurs rochers les séparèrent du reste
du monde & conservèrent leur race sans altération & sans mélange ; ces distinctions com-

mencent à difparoître , & ils ne tarderont pas à être entièrement confondus avec le refte de la nation.

Nous quittâmes *Glenelg-Auknasheals* & les *Macraes* dans l'après-midi, & nous vînmes le foir à *Ratiken* fur une hauteur confidérable où l'on parvient avec beaucoup de difficultés , par un chemin très-efcarpé & très-étroit ; il y a actuellement un projet pour une autre route , qui tournera autour du pied de la montagne ; près d'un des précipices , mon cheval fatigué de la roideur de la montée , chancela un peu, & j'appelai, en grande hâte, un de nos montagnards pour le tenir ; c'eft le feul moment de tout notre voyage où je me fois cru en danger.

Après avoir enfin gravi la montagne , on nous dit que nous ferions reçus à Glenelg du côté de la mer , dans une maifon bâtie de murailles , faites de pierre & de mortier , & ornée de fenêtres avec des vîtres. L'image de cette magnificence réveilla notre attention ; enfin nous arrivâmes dans cette fameufe auberge , fatigués & de mauvaife humeur ; nous commençâmes à nous informer de notre fouper & de nos lits.

La lifte négative des provifions étoit confidérable, il n'y avoit ni viande, ni lait, ni pain, ni œufs , ni vin ; nous ne montrâmes pas la

plus grande satisfaction de cette disette, quoiqu'il en soit, il falloit y rester. Nous pouvions
avoir du *Whisky*, & je crois qu'à la fin, les gens
de la maison trouvèrent une volaille & la tuèrent.
Nous avions encore un peu de pain avec nous,
& nous nous préparions à la résignation lorsque
nous reçumes un témoignage éminent de l'hospitalité des montagnards. Nous avions été accompagnés l'espace de quelques milles vers le
soir, par le domestique d'un gentilhomme des
environs, sans beaucoup d'attention de notre
part. Il nous avoit laissé près de *Glenelg*, &
nous n'y avions plus pensé jusqu'au moment
où il revint à nous au bout de deux heures,
avec un présent de rum & de sucre de la part
de son maître. Ce garçon, en arrivant chez lui,
avoit parlé de ses compagnons, & le gentilhomme nommé *Gordon*, connoissant bien la pauvreté de l'endroit, eut cette attention pour deux
hommes dont il n'avoit sûrement jamais sû les
noms, de qui il ne pouvoit attendre en aucun
temps le moindre retour de sa politesse & dont
le besoin seul avoit pu être une recommandation
auprès de lui.

Après notre repas, nous voulûmes faire l'examen de nos logemens, la première chose qui
nous frappa, fut un grand homme noir comme

un cyclope qui s'élança hors d'un des lits qui nous étoient deftinés ; d'autres circonftances, qui ne feroient pas agréables à lire , contri-buèrent à nous dégoûter tout-à-fait. Nous avions été prévenus d'avance par une dame d'*Edinbourg* fur les dégoûts que nous éprouverions à l'afpect des logemens dans les montagnes ; mais encore falloit-il dormir. Nos guides à la fin trouvèrent un peu de foin ; il n'y en avoit point à l'auberge : je leur en fis apporter une botte , que j'étendis dans la chambre , & je me couchai deffus , enveloppé dans ma redingotte. M. *Boswell* , plus délicat que moi , étendit lui-même fes draps , avec du foin deffus & deffous , & coucha ainfi dans du linge , comme un grand feigneur.

Le 20 Septembre, au matin, nous nous trou-vâmes au bord de la mer. Après nous être procuré un bateau, nous quittâmes nos deux guides , en leur promettant de les recommander à ceux de nos amis qui voudroient faire ce voyage , & nous traversâmes à l'isle de *Sky*. Nous prîmes terre à *Armidel*, où nous trouvâmes, fur le rivage, fir *Alexandre Macdonald* avec fon époufe , qui fe préparoient dans ce moment à quitter l'isle pour aller faire leur réfidence à *Edimbourg*. *Armidel* eft une maifon propre, bâtie au même

ÉCOSSE
Monta-
gnes.

Sky-Ar-
midel.

G iv

endroit où les *Macdonald* avoient autrefois une habitation ; elle fut brûlée dans le temps des troubles qui fuivirent la révolution : le verger clos de murs , qui appartenoit à l'ancienne maifon , fubfifte encore ; il eft ombragé de grands & fuperbes frènes d'une efpèce que M. *Janes* (le naturalifte) m'avoit dépeinte comme rare & précieufe. C'eft cette même plantation dont parle le docteur *Campbell* dans fa nouvelle defcription de la Grande-Brétagne ; & elle mérite attention , comme fervant à prouver que l'état actuel de ftérilité & de nudité des isles *Hébrides* , ne doit pas être entièrement reproché à la nature.

Pendant que nous étions à table chez fir Alexandre *Macdonald* , nous fûmes régalés , felon l'ancienne coutume du nord , de la mélodie d'une cornemufe ; chaque chofe dans ces pays - ci , a fon hiftoire particulière. Pendant que le muficien jouoit , un vieillard qui étoit à table , nous raçonta que dans des temps reculés , les *Macdonalds* de *Glengary* , ayant été infultés ou offenfés par les habitans de *Culloden* , & ayant réfolus d'en avoir juftice ou d'en tirer vengeance , ils vinrent un dimanche à *Culloden* , où , trouvant leurs ennemis au fermon , ils les enfermèrent dans l'églife à laquelle ils mirent enfuite le

feu. Et ce que vous entendez , dit-il , est l'air que
la *cornemuse* jouoit pendant qu'ils les brûloient.

Des récits de ce genre , quoiqu'incertains jusqu'à un certain point , méritent l'attention d'un
voyageur , parce qu'ils sont les seuls mémoires
d'une nation qui n'a point eu d'historiens , &
qu'ils font une représentation naturelle de
la vie & du caractère des anciens montagnards.
Sous la dénomination de *montagnards* on comprend en *Ecosse* , tous ceux qui parlent actuellement la langue *Erse* , ou qui ont conservé les
anciens usages , soit qu'ils vivent dans les montagnes ou dans les Isles , & c'est dans ce sens
que j'use du mot , lorsqu'il n'y a pas de raison
particulière pour faire une distinction.

La première chose que j'observai dans l'isle
de *Sky* , fut l'usage des *brogues* , espèce de souliers grossiers , attachés avec des courroies , mais
si lâches , que , quoiqu'ils défendent des pierres ,
ils laissent passer l'eau. Les *brogues* étoient faites
autrefois de cuirs cruds , le côté du poil en
dedans , & on s'en sert encore peut-être dans
les districts reculés ; mais cette sorte de souliers
ne dure que deux jours. Là où les manières sont
un peu rafinées , ils en font actuellement de
peaux tanées avec l'écorte de chêne , comme
dans les autres pays , ou avec celle de bouleau

ou encore avec la racine de tormentille, qui fut conſeillée aux tanneurs Ecoſſois, au défaut d'écorce, il y a environ quarante ans, par un homme à qui le Parlement de ce Royaume accorda une récompenſe. Le cuir de *Sky* n'eſt pas aſſez pénétré de matières végétales ; c'eſt pour cela qu'il ne ſauroit durer long-temps.

Mes recherches ſur les *brogues* me donnèrent de bonne heure un échantillon de la manière dont les montagnards répondent aux informations, & du fonds qu'on doit y faire.

Un jour on me dit que faire des *brogues* étoit un art domeſtique que chacun pratiquoit à la maiſon, & qu'une paire étoit l'ouvrage d'une heure. Je ſuppoſai qu'un homme faiſoit des *brogues*, comme une femme un tablier ; mais on me dit le lendemain que les *brogues* étoient un objet de commerce, & qu'une paire coûtoit un demi écu. On peut ſuppoſer aiſément que l'un & l'autre de ces rapports pouvoient être véritables, & que, dans quelques endroits, on les achète, & dans d'autres, on les fait chez ſoi ; mais ce qu'il y a de ſingulier, c'eſt que ces deux récits me furent faits dans la même maiſon, & à deux jours de diſtance.

Je fus jeté dans la même incertitude dans toutes les recherches ſubſéquentes que je fus

appelé à faire fur des matières plus intéref-
fantes. Celui qui voyage dans les montagnes,
peut aifément orner fon efprit de belles connoiffances, s'il veut s'en tenir au premier rapport. Les montagnards répondent aux queftions qu'on leur fait avec une telle promptitude,
& fi peremptoirement, que le fcepticifme lui-
même eft forcé au filence, & que l'efprit eft
plongé, pour ainfi dire, dans une crédulité irré-
fiftible devant le hardi raconteur; mais, s'il veut
hafarder une feconde queftion, l'enchantement
eft rompu ; car il découvre immédiatement que
ce qui eft dit avec tant de confiance, eft dit
au hafard, & qu'une affertion auffi intrépide
n'eft qu'un jeu ou un faux-fuyant de l'ignorance.

Si les mêmes individus font fi peu d'accord,
avec eux-mêmes, il ne faut pas s'étonner que
les récits d'hommes différens foient fouvent
contradictoires entr'eux. La tradition d'un peuple
ignorant & fauvage doit avoir été, pendant
plufieurs fiècles, recherchée avec négligence,
& rapportée avec peu de foins & d'exactitude.

Des événemens éloignés doivent avoir été
quelquefois confondus enfemble, & les actions
d'un homme attribuées à un autre (il eft vrai
qu'on n'y regarde pas de fi près actuellement
quand on écrit l'hiftoire). Ce feroit affez que

ce qu'il y a encore à obferver & à décrire, le fût exactement & avec jufteffe; mais la converfation des montagnards eft fi lâche & fi découfue, que l'enquéreur eft conftamment tenu en fufpens, & que, reculant au lieu d'avancer, il apprend d'autant moins, qu'il entend davantage.

Dans les Isles, on porte rarement le *plaid*: la loi qui a obligé les montagnards à changer la forme de leur habillement, a été univerfellement mife en exécution dans les lieux où nous avons paffé. Je n'ai vu qu'un feul gentilhomme habillé complètement à l'ancienne mode; encore étoit-ce par occafion, & comme par mafcarade. Les gens du commun peuple ne fe croyant point dans une obligation légale d'avoir des habits, parce qu'ils difent que la loi qui défend les *plaids*, a été promulguée par le lord *Hardwicke*, & n'étoit valable que pendant fa vie; mais la même pauvreté qui leur rendit alors le changement d'habits difficile, les empêche encore d'en changer de nouveau aujourd'hui.

Le *fillibeg*, ou vefte de deffous, eft encore très-commun, & le bonnet prefque univerfel; mais leur ajuftement ne laiffe pas de produire, autant qu'il eft néceffaire, l'effet que la loi s'étoit propofé, qui étoit d'effacer la différence extérieure de l'habillement entre les montagnards

& les autres habitans de la Grande-Brétagne
& par-là, de facilliter, autant que l'habillement
peut y contribuer, la réunion avec leurs co-
fujets.

Nous fommes naturellement attachés à nos
anciens ufages ; & c'eft pourquoi les montagnards
fe refusèrent à quitter le *plaid*, habillement que
tout obfervateur fans préjugé regardera d'ailleurs comme incommode & embarraffant, pendant négligemment fur le corps, il devoit toujours voltiger, ou exiger une main pour le
tenir joint. Les Romains laiffoient toujours leur
robe, quand ils avoient quelque chofe à faire,
& ils la trouvoient fi peu faite pour la guerre,
que le même mot qui fignifioit chez eux cet
habillement, fignifioit la paix.

La plus grande commodité du *plaid*, à ce qu'il
me femble, étoit de pouvoir s'envelopper facilement dedans, lorfqu'ils étoient obligés de s'en-
dormir fans autre couverture.

Dans notre paffage d'Ecoffe à *Sky* nous fûmes
accueillis, pour la première fois, d'une ondée
de pluie : c'étoit là le prélude de l'hiver, & on
nous dit que, de ce moment, il n'y auroit pas
trois jours fans pluie pendant plufieurs mois.
L'hiver ; dans les *Hébrides*, n'eft guère autre
chofe que de la pluie & du vent. Comme ils

Ecosse.
Sky-Ar-
midel.

font environnés d'un Océan qui ne gèle jamais ;
les bouffées qui arrivent jufqu'à eux au travers
de fes eaux, font trop adoucies pour produire
la congélation. Les lacs d'eau falée, ou les gol-
fes qui pénètrent fort avant dans l'isle, n'ont
jamais de glace, & les étangs d'eau douce ne
gèlent jamais à pouvoir porter perfonne, de
même que la neige qui tombe quelquefois, eft
bientôt diffoute par l'air ou par la pluie.

Ce n'eft pas là, ce femble, la defcription
d'un climat bien rude : les mois d'hiver ne laiffent
pas d'y être affez fâcheux, parce que l'été n'y
fourniffant guères plus que la nourriture néceffaire pour la faifon, l'hiver arrive avec fes fri-
mats, & porte la difette dans des familles pour
la plupart bien chétivement approvifionnées.

Coriata-
chan, dans
l'isle de
Sky.

Le troifième ou quatrième jour après notre
arrivée à *Armidel*, nous reçûmes une invitation
pour nous rendre à l'isle de *Baalay*, fituée à
l'eft de *Sky*. C'eft une chofe incroyable que la
promptitude avec laquelle le moindre événement
fe propage dans ces pays confinés, par l'amour
de caufer, qui eft l'effet du loifir & de l'inaction ; & l'on ne peut imaginer le relief que donne
à l'efprit de ces infulaires, dans leur difette ordinaire, un nouveau fujet de converfation. L'arrivée de deux étrangers dans un endroit fi peu

fréquenté excite de la rumeur, & pique la curiofité. Je ne fache pas que nous ayions jamais
pris terre au moindre coin que la renommée
n'y eût déjà préparé notre réception.

Pour nous procurer un paffage commode à
Raafay, il falloit traverfer une grande partie de
Sky ; nous nous fournîmes, en conféquence, de
chevaux & d'un guide. Il n'y a point de route
faite dans les Isles, ni aucune marque par laquelle un étranger puiffe trouver fon chemin :
le cavalier n'y peut marcher qu'ayant à fes côtés
un natif de l'endroit, qui, par l'habitude de
pourfuivre le gibier, de conduire le bétail, ou
d'être employé à de fréquens meffages, ait appris à
connoître les paffages des montagnes, affez larges
pour un cavalier & fon cheval, & où la mouffe
& les *fondrières* font affez fermes pour les porter.
Les marais font très - fatigans, pour ne pas dire
dangereux : pour les éviter on eft obligé de marcher de précipices en précipices, du haut defquels fi on hafarde de jeter les yeux au bas, on
a l'afpect d'un abyme fombre & profond, où l'on
entend le bouillonnement des eaux qui s'y précipitent. Toutes fois la crainte furpaffe ici le danger ; le montagnard marche devant avec précaution, & le cheval, accoutumé au terrain, le fuit
fans prefque fe dévoyer ; quelquefois le chemin

eſt trop eſcarpé pour que le cavalier garde la ſelle ; dans d'autres momens la mouſſe n'eſt pas aſſez ferme pour ſupporter la double charge du cheval & de l'homme : celui-ci alors met pied à terre, & chacun déloge comme il peut.

De telles journées ſont plus ennuyeuſes que longues : peu de milles prennent pluſieurs heures.

D'*Armidel* nous arrivâmes à la nuit à *Coriata-chan*, maiſon ſituée très-agréablement entre deux ruiſſeaux, & adoſſée contre une des plus hautes montagnes de l'Isle. C'eſt la réſidence de M. *Mac-Kinnon*, qui avoit raſſemblé, pour nous recevoir, une compagnie plus nombreuſe & plus élégante que nous ne l'euſſions ſuppoſé poſſible, & qui nous traita avec l'hoſpitalité la plus généreuſe.

Nous ne montâmes pas la montagne derrière la maiſon, le temps étoit rude, & la montagne haute & eſcarpée, ce qui acheva de nous décourager. On nous dit qu'il y avoit un *cairn* ſur cette montagne. Un *cairn* eſt un monceau de pierres jetées ſur le tombeau d'une perſonne de grande naiſſance & de dignité, ou fameuſe par ſes exploits : on dit qu'en creuſant on trouve toujours une urne ſous ces monumens, ce qui ſembleroit prouver qu'ils ont été élevés par un peuple qui avoit accoutumé de brûler les morts : l'uſage d'empiler des pierres ſur les foſſes vient du Nord ; celui de

brûler

brûler les morts exiſtoit chez les Romains ; mais j'ignore à quel tems il faut rapporter l'origine de ces deux actes de ſépulture.

Le tems fut trop mauvais le jour ſuivant pour continuer notre route, mais nous n'avions aucune raiſon de nous en plaindre ; il nous donnoit plus de loiſir pour obſerver les mœurs & les coutumes de ces peuples : nous avions compagnie, & ſi nous euſſions préféré la retraite, nous pouvions avoir des livres : car je ne ſuis pas entré dans une ſeule maiſon (excepté une d'où les habitans avoient délogé) ſans y trouver des livres dans plus d'une langue, & à notre ſervice, ſi nous euſſions ſéjourné aſſez pour en avoir beſoin. La littérature n'eſt point négligée parmi les gens comme il faut des Hébrides.

Je ſuppoſe qu'il n'eſt pas beſoin d'obſerver que dans un pays auſſi peu fréquenté que ces isles, il n'y a point de maiſons où les étrangers ſoient entretenus pour leur argent. Celui qui ſe propoſe de parcourir ces ſolitudes, tâche de ſe procurer quelque recommandation pour les perſonnes qui ont leur habitation près du chemin, ou lorſque la nuit & la fatigue les ſurprennent, il court la chance de l'hoſpitalité générale.

S'il ne trouve qu'une chaumière, il ne doit

guères s'attendre à y trouver autre chose qu'un abri, car ces pauvres habitans n'ont guères plus pour eux-mêmes ; mais si sa bonne fortune le conduit à la résidence de quelque gentilhomme, il pourra désirer que quelqu'orage survienne pour y prolonger son séjour. On trouve cependant une auberge à *Sconsor* dans l'isle de *Sky*, du côté de la mer, où est le bureau de poste pour l'Isle.

Les tables où l'on reçoit les étrangers ne manquent ni d'abondance ni de délicatesse. Un pays si peu habité régorge de volailles sauvages, & j'ai rarement dîné sans cela. On y trouve le gibier de marais en abondance ; quant au poisson, il n'est pas besoin d'en parler ; puisque ces parages en fournissent à une partie de l'Europe.

Il ne manque pas non plus de cerfs & de chevreuils, mais il n'y a pas de lièvres. Les habitans envoyent quantité de troupeaux de bœufs en Angleterre : ainsi cette nourriture n'est pas rare dans leurs maisons ; ils ont de plus des brebis, des chèvres & de la volaille domestique ; mais comme on ne peut rien acheter, chaque famille est obligé de tuer & d'apprêter les viandes, à mesure de besoin ; quelquefois elles sont un peu plus fraîches qu'un *Apicius* ne le prescriroit. On n'y trouve pas sans doute la variété & l'émulation que préfentent les marchés de chair & de gibier en Angleterre; mais pour n'ètre pas excellens, ces objets font bien loin d'ètre mauvais, & celui qui fe plaindroit de la chère de ce pays-ci, feroit plus difficile & plus fenfuel qu'il ne convient à un homme de l'ètre.

Leurs volailles ne font pas engraiffées comme celles des marchands poullaillers de Londres, mais elles font auffi bonnes qu'on les trouve communément ailleurs, excepté les canards qui contractent une odeur de poiffon, en fe nourriffant au bord de la mer. Ces canards femblent ètre une efpèce intermédiaire entre le canard fauvage & le domeftique. Ils font affez apprivoifés pour s'attacher à une maifon, & affez fauvages pour la quitter enfuite tout d'un coup.

Le pain ordinaire eft fait d'avoine ou d'orge; ils font avec la farine d'avoine de petits gâteaux minces, groffiers & durs, dont le palais ne s'accommode pas aifément lorfqu'il n'y eft pas habitué; le pain d'orge eft plus épais & plus doux. Je commençois cependant à manger de tous deux fans déplaifir : leur noirceur frappe d'abord défagréablement, mais le goût n'en eft pas mauvais. Dans la plupart des maifons, on trouve auffi de la fleur de froment, dont on nous auroit fans doute régalé, fi notre féjour eût donné le tems de la paîtrir & de la cuire. Comme ils ne fe fervent pas de levain, leur pain n'eft pas fermenté, ils ne paîtriffent que des gâteaux plats, & jamais des pains tels que les nôtres.

Un homme aux Hébrides, (car je ne puis parler pertinemment du régime des femmes) auffi-tôt qu'il fe lève, avale un verre de *whisky*, quoiqu'en général il ne foient pas buveurs, au moins n'y ai-je jamais vu d'excès ; mais il n'y a point d'homme, fi fobre qu'il foit, qui fe refufe ce petit coup du matin, qu'ils appellent *skalk* (*).

Le mot *whiski* fignifie proprement *eau*, mais il eft appliqué par excellence aux eaux fpiritueufes en général ; celle qui porte ce nom dans le Nord, eft une eau-de-vie d'orge, je n'en ai jamais goûté qu'une feule fois pour effai à l'auberge d'*Inverary*, & je la trouvai préférable à toutes les eaux-de-vie de grain que nous faifons en Angleterre ; elle eft forte fans être piquante, exempte de ce goût & de cette odeur de feu qu'on trouve dans les nôtres. Je n'eus point d'occafion de m'informer de la manière de faire le *whisky*, n'ayant d'ailleurs aucun deffein de contribuer à la perfection de l'art d'empoifonner agréablement.

---

(1) Mot qui leur eft refté des Danois, chez lefquels il fignifie la même chofe.

Peu après le petit coup ou *skalk*, on voit
paroître le déjeûné, repas dans lequel il faut
avouer que les Ecoſſois, ſoit de la plaine, ſoit des
montagnes, nous ſurpaſſent. Le thé & le café
ſont accompagnés non-ſeulement de beurre, mais
encore de miel, de conſerves & de confitures;
& ſi un Epicurien vouloit faire un voyage en
imagination pour la recherche des plaiſirs ſen-
ſuels, dans quelque pays qu'il eût ſoupé, il
devroit venir déjeûner en Ecoſſe.

Dans les isles néanmoins ils ont une habitude
que je ne pourrois pas aiſément ſupporter, c'eſt
de ſouiller leur table à thé par des aſſiettes
chargées de grandes tranches de fromage, de
Chesbire, qui joint ſa vilaine odeur au parfum
du thé, d'une manière fort déſagréable.

Lorſqu'on a beaucoup de queſtions à faire, on
en oublie toujours quelques-unes. J'oubliai de
m'informer comment ils ſe procuroient toutes
ces ſuperfluités exotiques. Je ſuppoſe que les
François leur donnent du vin contre leur laine,
& les Hollandois du thé & du café dans la ſaiſon
de la pêche, en échange contre les proviſions
fraîches dont ils ont beſoin. Leur commerce n'eſt
point gêné, ils n'ont point de douane à payer,
ni d'officier pour exiger les droits, c'eſt pour-

H iij

quoi les objets qui ailleurs ne font chers que par l'impôt, font ici à un prix fort raifonnable.

Le dîner dans les Isles diffère fort peu d'un dîner Anglois, excepté qu'en place de tartes, ils fervent du lait préparé de différentes manières ; cette partie de leur cuifine exigeroit quelque perfection : quoiqu'ils aient du lait, du fucre & des œufs, il y en a fort peu parmi eux qui fachent en faire des *cuflards* (1). Leurs jardins ne préfentent pas une grande variété, mais ils ont toujours quelques végétaux fur leur table, au moins les pommes de terre n'y manquent-elles jamais, & quoiqu'il n'y ait pas long-tems qu'ils les connoiffent, ils en font actuellement leur principale nourriture ; elles ne font pas de la forte qu'on appelle farineufe, mais vifqueufe : quant à leurs ragoûts ; il faut convenir qu'un Anglois a d'abord de la peine à s'en accommoder, mais c'eft affez le cas des compofitions de cuifine de chaque nation, qu'il faut un certain temps aux étrangers pour s'y accoutumer, & que cela ne s'opère que par degrés, quoique j'aie lu un auteur François qui, dans un mouvement d'orgueil national, affure que la cuifine Françoife plaît à tous les étrangers, mais qu'au-

-----

(1) Efpèce de flan c compofé de ces trois fubftances.

cun François ne peut s'accommoder de la cuisine
étrangère.

Le souper est, comme le dîner, abondant &
varié ; la table toujours couverte de beau linge,
est servie, pour l'ordinaire, de cette sorte de
terre couleur de crème, appelée terre de la
Reine : ils se servent de l'argent pour tous
les usages où il est commun en Angleterre, &
je n'y ai trouvé de cuillères de corne que dans
une seule maison. Les couteaux ne sont ni bien
brillans ni effilés ; ce sont des instrumens, à
la vérité, dont il n'y a pas long-temps que les
montagnards font usage : on n'en mettait pas
souvent sur la table avant la prohibition des
armes & le changement du costume. Il y a
trente ans que le montagnard portoit un couteau
comme un compagnon attaché à son poignard,
& lorsque la compagnie étoit assise à table, les
hommes qui avoient des couteaux, coupoient
la viande en petits morceaux pour les femmes,
qui les portoient à leur bouche ensuite avec
les doigts.

Il n'y eut jamais peut-être chez aucune nation
de changement de coutumes & de mœurs aussi
grand, aussi prompt & aussi complet que celui
qui a été opéré dans les montagnes par la dernière conquête & les loix qui la suivirent. Nous

y venions trop tard pour y voir ce que nous attendions, c'est-à-dire, un peuple qui eût une forme particulière & un mode de vivre tout-à-fait inufitée & antique. Les tribus n'ont prefque plus rien actuellement de leur caractère original; leur génie fougeux & féroce est adouci; leur ardeur militaire est éteinte; le fentiment de leur indépendance & leur mépris de tout gouverment font abattus, & leur refpect pour leurs propres chefs est confidérablement diminué. Il ne leur reste guères de ce qui les caractérifoit avant la conquête, que leur langage & leur pauvreté: leur langage est attaqué de toutes parts, d'autant qu'on a établi des écoles dans lefquelles on n'enfeigne que l'Anglois. Quelques perfonnes trouvoient même raifonnable en dernier lieu, de leur refuser une verfion des Saintes Écritures, afin qu'ils ne puiffent conferver aucun monument de leur langue maternelle. On ne doit pas compter parmi les conféquences fâcheufes de la révolution la diminution de la pauvreté: ils commencent à fe familiarifer avec l'argent, & l'efpoir du gain les rendra induftrieux par degrés; mais tel est l'effet néanmoins des derniers réglemens qui ont fuivi la conquête, que ceux qui fouhaïtent de confidérer des vertus fauvages & les grands caractères d'un peuple, doivent, à l'avenir, entreprendre des voyages plus éloignés que celui des montagnes d'Ecosse.

Aussitôt que le mauvais temps cessa, nous apprîmes que le bateau qui devoit nous conduire à *Raasay*, nous attendoit sur la côte. Depuis ce moment-là, la correspondance avec les habitans nous fut facilitée, & notre conversation enrichie par la compagnie de M. *Macqueen*, ministre de *Sky*, dont la politesse & les connoissances méritent autant d'égards que de respect, & qui ne nous quitta plus depuis cet instant, jusqu'à notre départ de *Sky* & des places adjacentes.

Le bateau étoit sous la direction de M. *Malcolm Macleod*, gentilhomme de *Raasay*. La mer étoit calme & les rameurs vigoureux, ensorte que notre passage fut prompt & agréable. Quand nous fûmes près de l'isle, nous découvrîmes la maison du chef d'une construction propre & élégante, & nous trouvâmes M. *Macleod*, le propriétaire de l'isle, avec plusieurs autres gentilshommes qui nous attendoient sur le rivage.

Nous eûmes, comme dans tous les autres endroits, de la peine à aborder : le rocher étoit aigu & tranchant, & un faux pas pouvoit être fort dangereux. Il me semble qu'on auroit pû, ſans beaucoup de travail, tailler le roc en une rampe régulière, & comme il n'y a pas d'autre place d'abordage, je conſidérai cette montée rude & eſcarpée comme une nouvelle preuve de la manière de vivre des habitans endurcis à la fatigue, & qui recherchent peu les commodités de la vie.

Je ne ſais pas toutefois ſi, pendant pluſieurs ſiècles, il n'entroit pas dans la politique militaire que le pays fût d'un accès difficile. Les rochers ſont des fortifications naturelles, & les ennemis, grimpant avec difficulté, devoient être aiſément détruits par ceux qui gardoient les hauteurs au-deſſus d'eux.

L'accueil que nous reçûmes, ſurpaſſa notre attente; nous ne trouvâmes que politeſſe, élégance & abondance. Après les rafraîchiſſe-mens ordinaires, on fit la converſation juſqu'au ſoir, qu'on enleva le tapis. On fit venir les muſiciens; toute la compagnie fut invitée à danſer, & jamais les nymphes ne ſe trémouſ-sèrent avec plus de plaiſir & de gaieté : l'air de fête qui régnoit généralement dans cet en-droit ſi éloigné de ces régions, que l'eſprit eſt accoutumé de regarder comme le théâtre des plaiſirs, frappe l'imagination d'une ſurpriſe agréable, & qui eſt aſſez analogue à celle que produit un passage subit & inattendu de l'obscurité à la lumiere la plus éclatante.

Lorsque l'heure du souper fut venue, la danse cessa, & trente six personnes s'assirent à deux tables dans la même chambre. Après souper, les dames chantèrent des chansons Erses, que j'écoutois comme une assemblée Angloise écoute un opéra Italien, enchanté du son de mots que je ne pouvois comprendre. Je m'informai des sujets des chansons; l'on me dit que l'une étoit un sujet amoureux, & l'autre, une chanson d'adieux, composée par un des habitans des Isles, qui partoit lors de cette fureur épidémique d'émigration, pour aller chercher fortune en Amérique. J'aurois été bien aise de savoir quel sentiment se seroit élevé, à cette occasion, dans le cœur d'un homme qui n'auroit pas été prévenu qu'il falloit s'affliger; mais la dame près de qui j'étois assis, ne fut pas en état de m'en donner l'explication.

M. *Macleod* est propriétaire des isles de *Raasay*, de *Rona* & de *Fladda*, outre un district considérable dans celle de *Sky*: ses états n'ont pas gagné ni perdu un acre dans l'espace de quatre cent ans; il reconnoit pour chef *Macleod* de *Dunvegan*, quoique ses ancêtres aient autrefois disputé la prééminence.

Il ſubſiſte encore ici une des plus anciennes alliances que l'on connoiſſe dans ces pays ; elle dure depuis deux cent ans entre les *Macleod* de *Raaſay* & les *Macdonald* de *Sky* ; en conſéquence de laquelle le ſurvivant hérite toujours des armes du défunt, comme d'un gage naturel d'amitié entre militaires. A la mort de feu ſir *James Macdonald*, ſon épée fut délivrée au ſeigneur actuel de *Raaſay*.

La famille de *Raaſay* eſt compoſée actuellement du Seigneur, de ſa dame, de trois fils & dix filles. Il y a un gouverneur à la maiſon pour les fils, & les demoiſelles ſont élevées par leur mère, qui paſſe pour ſoigner leur éducation avec toute l'habileté poſſible ; & il ſeroit difficile de trouver, dans les pays même les plus policés, des manières plus élégantes, plus honnêtes : & un meilleur ton dans la ſociété domeſtique.

Raaſay eſt la ſeule des Isles de M. *Macleod* qui ſoit habitée : *Rona* & *Fladda* ſervent de pâturages pour les bêtes à cornes, dont un troupeau de cent ſoixante hiverne à *Rona*, ſous la conduite d'un berger ſolitaire. L'isle de *Raaſay* peut avoir quinze milles de longueur ſur deux de largeur. Ces pays-ci n'ont jamais été meſurés, & l'eſtimation par milles eſt vague & arbi-

traire. Nous avons observé dans notre voyage
qu'il y avoit souvent très-peu de rélation entre
la distance nominale & la distance réelle.

Raasay contient à-peu-près cent milles quarrés : nonobstant cette étendue, il n'y a que
très-peu de terrain propre au pâturage ou au
labourage, l'isle étant en général d'un sol âpre,
pierreux & stérile. Le bétail périt souvent en
tombant dans les précipices, & le pays est,
ainsi que les autres Isles, dénué d'ombrage,
mais plutôt par négligence que par sa nature;
car le Seigneur a un verger & une belle &
grande forêt auprès de sa maison. On y trouve
aussi, comme dans tous les pays montueux,
quantité de ruisseaux, un desquels fait tourner
un moulin à bled, & un autre au moins produit de la truite. Je n'ai pas ouï dire que les
rivières ou les lacs d'eau douce des Isles produisent d'autres poissons que la truite & l'anguille.
Les truites que j'y ai vues, ne sont pas grosses
& ont la chair colorée comme celles d'Angleterre. Je ne puis parler de l'anguille, n'en
ayant jamais goûté, & je crois que les habitans
ne la considèrent pas comme une nourriture
saine.

Il n'est pas aisé de fixer les principes qui ont
pu déterminer l'espèce humaine à manger de

préférence certains animaux , & à rejeter les autres; & comme le principe n'eft pas évident , l'effet n'en eft pas uniforme. Ce qui eft regardé comme un met délicat dans un pays , eft abhorré comme dégoûtant par la nation voifine. Les Napolitains n'ont-ils pas refufé , il n'y a pas long-temps , de manger des pommes de terre dans un temps de famine ? Un Anglois ne fe laifferoit pas aifément perfuader de dîner d'efcargots avec un Italien , de grenouilles avec un François , ou de chair de cheval avec un Tartare. Le commun des habitans de *Sky* (je ne fais s'il n'en eft pas de même de tous les habitans des Isles) a non-feulement l'anguille , mais encore le lard en averfion ; enforte que je n'ai jamais vu de cochon aux *Hébrides* , excepté un à *Dunvegan.*

On trouve à *Raafay* de la volaille fauvage en abondance ; mais il n'y a ni daims , ni cerfs , ni lièvres. On pourroit demander pourquoi il n'y en a point ; mais de telles queftions ne mènent à rien. Pourquoi une telle nation manque-t-elle de ce qu'elle pourroit avoir ? Pourquoi ne tranfplante-t-on pas les épices en Amérique ? Pourquoi continuons-nous à tirer le thé de la Chine ? Notre exiftence ne fe perfectionne que par degrés , & partout il y a encore beaucoup à faire : on a essayé plusieurs fois d'y élever du chevreuil ; mais toujours sans succès; il est trop difficile d'y élever les jeunes, & plus encore de prendre les vieux en vie pour les y transporter. Il est plus aisé d'avoir des cerfs & des lièvres : il y en a cependant peu ou point dans l'isle de *Sky* ; ce que les habitans attribuent au ravage qu'y causent les renards : en conséquence, il y a quelques années qu'ils mirent leurs têtes à un prix qu'ils ont augmenté par degrés, à mesure que le nombre en a diminué, depuis trois schellings six sols jusqu'à une guinée, somme si forte dans cette partie du monde, que, dans fort peu de temps, *Sky* sera aussi exempte de Renards, que l'Angleterre l'est de loups. Le fonds assigné pour ces récompenses est une taxe que les fermiers se font imposée sur eux-mêmes, & qui est payée, dit-on, avec beaucoup d'exactitude & de zèle. Les animaux de proie, dans les Isles, sont les renards, les loutres & les belettes. Les renards sont plus gros que ceux d'Angleterre ; mais les loutres surpassent encore plus les nôtres ; j'en vis une à *Armidel* d'une grosseur infiniment au-dessus de celle que je supposai qu'elles pouvoient jamais atteindre ; & M. *Maclean*, l'héritier de *Col*, homme d'une taille ordinaire, me dit qu'il en avoit tué une dont la queue touchoit terre en tenant sa tète à la hauteur de la sienne. Je m'attendois à trouver à la loutre la patte for-mée d'une manière particulièrement propre à nager ; mais à l'examen, je la trouvai à-peu-près semblable à celle d'un épagneul. Comme cet animal se nourrit dans la mer, il ne fait pas un dégat bien visible , & on le tue seulement pour sa fourrure : on en voit quelquefois des blanches.

Dans l'isle de *Raafay*, ils peuvent avoir des cerfs & des lièvres , parce qu'ils n'ont point de renards : quelques dégats , qu'on ne connoissoit point auparavant , ont fait soupçonner qu'on en avoit jeté un dans l'isle par ressentiment ou par malice; & comme cet étranger imaginaire n'a jamais été vu de personne , il est à croire que le dommage a été causé par quelqu'autre bète ; car il n'est pas trop vraisemblable qu'un animal aussi intraitable , & dont la tète pouvoit rapporter une guinée dans l'isle de *Sky* , ait été pris & conservé en vie , uniquement pour le plaisir de l'envoyer méchamment piller dans le voisinage. Le passage depuis *Sky* est trop large pour qu'un renard puisse le tenter à la nage, à moins qu'il ne fût chassé à la mer par des chiens ; encore est-il douteux qu'il eût assez de force pour le traverser. Il est difficile de conjec-turer

turer comment aucune bête de proie a pu s'établir
dans les Isles : dans les pays froids, elles pro-
fitent des hivers rudes & voyagent fur la glace ;
mais ceci eft une folution peu fatisfaifante,
puifqu'on en trouve dans des pays où on ne
peut découvrir aucun moyen pour leur arrivée.

Le bled que produit cette isle eft fort peu
de chofe ; j'y vis la moiffon d'un petit champ,
les femmes coupoient, & les hommes lioient les
gerbes ; les coups de faucille étoient mefurés
par la modulation d'une chanfon de moiffon,
qu'ils chantoient tous à l'uniffon. Les montagnards accompagnent toutes les actions qui fe
font avec un mouvement égal, de quelqu'efpèce
d'air approprié à la chofe, à ce qu'ils difent eux-
mêmes, qui n'a pas grande fignification, mais
qui ne laiffe pas que de produire de la régularité
dans leurs mouvemens & de la bonne humeur.
On peut fuppofer que l'ancienne chanfon que
chantoient les rameurs des anciens fur leurs
galères, pour s'animer au travail, étoit de ce
genre, & les *Hébridiens* ont actuellement une
chanfon de rames ou de rameurs, dont ils font
grand ufage.

Le terrain de *Raafay* paroît plus propre à
entretenir des beftiaux qu'à la culture du bled,

& je fuppofe que les bêtes à corne y font
très - multipliées ; le Seigneur lui-même en
tient un troupeau de quatre cents, dont il
vend annuellement une centaine : il regarde la
vente du bétail comme un article qui lui paie ce
qu'il donne pour la ferme d'un domaine confidérable qu'il fait valoir par lui-même ; & du refte
du produit, il a de quoi fournir fa table, avec
autant de libéralité que d'abondance.

On fuppofe que *Raafay* a été habitée très-
anciennement : on y voit d'un côté de l'Isle des
efpèces de cavernes, dans lefquelles les groffiers
habitans de ces fiècles reculés fe mettoient à
l'abri du mauvais tems. Ces effroyables voûtes
peuvent auffi avoir eu d'autres ufages. On trouve
encore une cavité près de la maifon, appelée
caverne des rames, où, felon la tradition, les
mariniers, après leurs courfes de piraterie, fi
fréquentes dans ces temps barbares, avoient
accoutumé de cacher leurs rames : ce trou étoit
près de la mer, afin qu'un afyle auffi néceffaire
fût à portée, & caché cependant de manière
que les ennemis, s'ils abordoient, ne trouvaffent
rien; encore ne comprend-t-on pas trop à quoi il
fervoit de fouftraire leurs rames à ceux qui, une
fois maîtres de la côte, pouvoient emmener leurs
bateaux.

Une preuve plus frappante encore des mœurs sauvages des premiers poſſeſſeurs de cette iſle, c'eſt qu'on y ramaſſe fréquemment des pointes de flèche de pierre; le peuple les appelle *elfborts*; & il croit qu'elles ont été tirées ſur leurs beſtiaux par les Fées. Elles reſſemblent beaucoup à celles que M. *Banks* a rapporté dernièrement des contrées ſauvages de l'Océan pacifique, & elles doivent avoir été faites par une nation à qui l'uſage des métaux étoit encore inconnu.

La population de cette petite communauté n'a jamais été ſupputée par ſes chefs, & je n'ai pu en obtenir aucune notion poſitive.

Il n'y a pas bien des années que le dernier Seigneur mit ſur pied cent hommes pour une expédition militaire. On ſuppoſe ordinairement que la ſixième partie d'un peuple eſt en état de porter les armes. *Raaſay* auroit donc ſix cents habitans; mais comme il n'eſt pas vraiſemblable que tous ceux qui ſont en état de travailler aux champs, obéiſſent à la ſommation, & que le chef laiſſe ſes états abſolument ſans défenſe, on emmène tous les bras qui peuvent travailler. On peut ſuppoſer que la moitié pût reſter à la maiſon, le nombre total ſeroit donc neuf cents, c'eſt-à-dire, neuf par milles quarrés, degré de population infiniment plus grand que des pays

I ij

auffi ifolés & auffi fauvages ne permettent de l'efpérer. Ils vivent contents de leur pays, fidèles à leurs chefs, & ne font point encore attaqués de la fureur d'émigrer, qui poffède leurs voifins.

Près de la maifon à *Raafay* eft une chapelle ruinée & fans toît, qui a fervi long-temps de cimetière. On voit auprès des Eglifes, dans les Isles, de petits quarrés, clos de pierres, qui appartiennent à des familles particulières, comme lieu de fépulture pour leurs morts.

A *Raafay* il y en a un pour le Seigneur, & un, je penfe, pour quelque famille de collatéraux.

Martin raconte qu'à la mort de l'époufe du Seigneur de l'isle, on élevoit une croix fur fa tombe : nous ne trouvâmes pas le fait véritable. Les pierres fépulchrales qu'on voit autour de la chapelle à une petite diftance, fur plufieurs defquelles il peut y avoir des croix gravées, ne font pas, à ce qu'on croit, des monumens funèbres, mais les anciennes limites du fanctuaire ou du terrain confacré.

Martin n'étoit pas un homme fans lettres. Il étoit habitant de *Sky*, & par conféquent à portée d'être bien informé & de vifiter lui-même fans grande difficulté les endroits qu'il entreprend de décrire : nonobftant toutes ces facilités, il s'eft

souvent laiſſé induire en erreur. il vivoit dans
le ſiècle dernier, où les chefs des tribus avoient
perdu fort peu de leur première influence : on
n'avoit point encore pénétré dans les montagnes ;
il n'y avoit aucune iſſue ouverte aux nouveautés
étrangères, & les inſtitutions féodales influoient
ſur les mœurs de ces peuples de toute leur
force. Il avoit pu en conſéquence retracer le
tableau d'une ſubordination & d'une forme de
gouvernement, oubliées depuis long-temps des
nations plus éclairées & plus civiliſées, & amuſer
ſes lecteurs de pluſieurs coutumes ſauvages, &
d'opinions groſſières, qui ſont abandonnées aujourd'hui, & dont on retrouve à peine les traces ;
mais il n'a pas eu probablement aſſez de connoiſſance du monde en général, pour juger de ce qui
pouvoit mériter ou attirer l'attention des hommes. Il ne ſuppoſa pas qu'une manière de vivre,
qui lui étoit ſi familière, pût être inconnue à
d'autres nations, & qu'il pût procurer le moindre
plaiſir à raconter ce qu'il étoit impoſſible d'igno-
rer dans ſon petit pays.

On ne peut ſuppléer actuellement à ce qu'il
a négligé de faire. Chez les peuples où l'on a à
peine l'uſage de l'écriture, ce qui eſt une fois
hors de la vue eſt perdu pour toujours. Ils penſent fort peu, & ce peu de penſées n'eſt jamais

I iij

occupé par le paſſé, qui ne les intéreſſe, ni par la crainte, ni par l'eſpérance; leurs ſeuls régiſtres conſiſtent dans certaines pratiques & coutumes déterminées par un uſage conſtant; c'eſt pour cette raiſon que les ſiècles d'ignorance ont été des ſiècles d'étiquettes & de cérémonies: les pompes, les proceſſions, les fêtes anniverſaires ont été abandonnées par degré, à meſure qu'on a trouvé d'autres moyens de rappeler les événemens, & de conſerver ſes prérogatives.

Ce n'eſt pas ſeulement à *Raaſay* que la chapelle eſt ſans toit & hors d'uſage; de toutes les Iſles que nous avons parcourues, nous n'avons vu ni entendu parler d'aucune maiſon de prières qui ne fût ruinée & abandonnée, à l'exception de celle de *Sky*. La maligne influence du Calviniſme a détruit en même-temps les cérémonies & la décence; & ſi le ſouvenir des ſuperſtitions papales a été effacé, on peut dire que les monumens de piété ont bien éprouvé le même ſort.

On n'a ceſſé pendant bien des années de blâmer la nonchalente dévotion du clergé Romain; mais quand nous taxons de négligence ceux qui ont bâti des égliſes à grands frais, que dirons-nous de notre zèle actif qui les a laiſſé tomber en ruines?

La décadence de la réligion doit être tôt ou

tard une conféquence de la deftruction des Eglifes, parce qu'étant obligés de faire le fervice
dans des maifons particulieres, il ne peut être
entendu que d'un très-petit nombre de perfonnes ; & comme la plus grande partie des habitans
des Isles ne font aucun ufage de livres, ceux
qui n'ont pas d'occafion de profiter de l'inftruction vocale, vivent néceffairement dans la plus
profonde ignorance.

De ces monumens de l'antique dévotion qu'on
rencontre par-tout dans ces Isles, on a conjec-
turé que le nombre des habitans avoit diminué
dans ces derniers fiecles. Cet argument qui fuppofe qu'on n'a laiffé tomber les églifes en ruine
que parce qu'elles n'étoient plus néceffaires,
pourroit avoir quelque fondement, fi les maifons
où l'on fait le fervice fuffifoient pour le peuple ;
mais à caufe qu'ils n'ont plus actuellement aucune
églife, ces vénérables fragmens ne prouvent pas
que le peuple d'autrefois ait été plus nombreux
que celui d'aujourd'hui, mais feulement qu'il
étoit plus dévôt.

Si quelque circonftance doubloit le nombre
des habitans avec leur principe actuel, il n'y a
pas d'apparence qu'on fit de grands frais pour le
fervice pubic : là où la réligion du pays oblige
de fonder des édifices, leur nombre peut donner

I iv

Ecosse.
Raafay.

une indication, quoiqu'incertaine, de la population ; mais dans un pays où, par un changement de mœurs, les habitans font parvenus à s'en paffer, la décadence de ces édifices ne prouve pas la diminution de fes habitans.

On prétend qu'on trouve de pareilles ruines dans des Isles actuellement inhabitées ; mais je doute qu'on puiffe en inférer qu'elles l'aient jamais été. Tout le monde fait que la réligion, dans le moyen âge, plaçoit tout fon efpoir dans des auftérités folitaires. Une retraite volontaire & cachée étoit le grand acte de propitiation par lequel les crimes étoient effacés & la confcience calmée ; c'eft pourquoi il eft vraifemblable que ces fortes d'oratoires étoient ordinairement bâtis dans des endroits déferts & affurés contre toute efpèce de diftraction.

L'isle de *Raafay*, par elle - même, a peu de chofes qui puiffent retenir un voyageur, fi l'on en excepte la maifon du Seigneur & fa famille ; il eft vrai que cet attrait eft bien fuffifant : cet agréable hofpice, fitué au milieu des vents & des eaux, frappe l'imagination d'une contrariété d'images amufantes. Au dehors, un océan, battu par les orages & les vents, & la terre hériffée de rochers, contre lefquels viennent fe brifer les flots en fureur : au dedans, tout refpire l'abondance, l'élégance & la politesse ; on n'y voit que la beauté animée par les chants & la danse , & j'aurois imaginé vraiment être en *Phéacie* , si j'eusse trouvé un autre *Ulisse* à *Raasay*. HÉBRI-
DES.

Notre bonne fortune nous fit rencontrer à *Raasay* M. *Macleod* , le chef de la tribu , & qui nous invita à sa maison de *Dunvegan*. Dunvegan

Il nous conduisit dans un fort bateau , consf truit en Norwège , sur lequel six rameurs nous ramenèrent à *Sky*. Nous prîmes terre au *Port Re* , ainsi appelé parce que ce fut là que Jaques V , Roi d'Ecosse , aborda lorsqu'il eut la curiosité de visiter ces Isles. Ce port est formé par une espèce de golfe profond & étroit , où nous vîmes un vaisseau qui attendoit les émigrans de *Sky* qui se proposent de passer en Amérique.

En côtoyant *Sky* , nous passâmes près de cette caverne où l'on avoit coutume , selon ce que raconte *Martin* , de prendre des oiseaux pendant la nuit , en faisant du feu à l'entrée. Cette pratique n'existe plus , parce que ces oiseaux , comme cela arrive souvent , ont changé le lieu de leur retraite.

Nous dînâmes ici dans une maison publique , qui est , je crois , la seule auberge de l'Isle , après quoi nous montâmes à cheval , & continuâmes notre route, comme je l'ai déjà décrite, jusqu'à ce que nous arrivâmes à *Kinsboroug*, endroit ainsi nommé par le séjour qu'y fit le Roi Jaques, lorsqu'il aborda au *Port Re*. Nous y fûmes reçus avec l'hospitalité accoutumée, par M. *Macdonald* & son épouse Ladi *Flora Macdonald*, nom qui est appelé à figurer dans l'histoire, si le courage & la fidélité font des vertus. C'est une femme de moyenne taille, qui a de la douceur dans les traits, les manières polies, & une présentation agréable.

Nous envoyâmes nos chevaux nous attendre de l'autre côté du cap, & nous nous épargnâmes une partie de la fatigue de la journée, en traversant un bras de mer. Nous eûmes à la fin assez de peine pour arriver à *Dunvegan*, ayant à traverser des marécages où nous ne pouvions poser le pied qu'avec précaution, ne pouvant nous fier au terrain : en traversant ce marais, j'observai qu'il y avoit une déclinaison sensible, & qu'on pouvoit le dessécher sans beaucoup de dépense ; mais il est vrai que *difficultés* & *dépenses* font des termes rélatifs, qui ont une différente signification, selon les lieux où on les emploie.

Nous arrivâmes à *Dunvegan* avec un grand besoin de repos ; mais nous y fûmes bien récompensés de nos fatigues par la bonne réception que nous y reçûmes. Lady *Macleod*, qui a vécu plufieurs années en *Angleterre*, en étoit nouvellement de retour avec fon fils & quatre filles parfaitement inftruites dans tous les arts de l'élégance méridionale & dans toutes les modes angloifes. Nous nous établîmes donc ici, & la penfée de notre départ ne nuifit point à la jouiffance du moment préfent.

Dunvegan eft une prééminence de roc, qui avance dans une baie à l'oueft de *Sky*. La maifon qui eft la principale réfidence de M. *Macleod*, eft partie ancienne, partie moderne; elle eft bâtie fur le rocher & regarde la mer : elle forme les deux côtés d'un petit quarré, le troifième côté eft occupé par le *fquelette* d'un château d'une antiquité inconnue : on fuppofe que c'étoit une forterefle *norwégienne*, lorfque les Danois étoient maîtres des Isles : il n'eft pas fi endommagé qu'il n'eût été facilement rendu habitable, fans une finiftre tradition reçue dans la famille, que le propriétaire ne furvivra pas long-temps à la réparation de ce donjon. Le grand-père du Seigneur actuel, fe défiant de la prédiction, commença l'ouvrage, mais il l'abandonna bientôt, pour faire un plus mauvais ufage de fon argent.

Comme les habitans des Hébrides ont paffé leur vie pendant plufieurs fiècles dans une attente perpétuelle d'hoftilités , le chef de chaque tribu réfidoit dans une forterelle. Cette maifon - ci n'étoit accelfible que par eau , jufqu'à ce que le dernier propriétaire y ait fait une ouverture du côté de la terre.

Ils avoient autrefois de bonnes raifons pour redouter non-feulement les invafions autorifées par une guerre ouverte, ou les écumeurs de mer, qui doivent avoir été fort communs dans les mers du Nord, mais encore les incurfions & les infültes des tribus rivales , qui, dans la force du Gouvernement féodal, n'attendoient pas la permiffion de leurs Souverains pour fe faire la guerre les unes aux autres. *Sky* a été ravagée par une querelle entre les deux puif- fantes maifons de *Macdonald* & de *Macleod*. Un *Macdonald* ayant époufé une *Macleod* , la ren- voya fur quelque mécontentement, ou peut- être pour caufe de ftérilité. Avant le règne de Jacques V, un Seigneur, dans ce pays - ci , prenoit fa femme à l'effai pendant un certain temps , & il étoit maître de la renvoyer , fi elle ne lui plaifoit pas. Un pareil renvoi ne laiffoit pas que d'être offenfant, & *Macleod*, reffentant cette injure , quelles qu'en puffent être les cir- conftaces, déclara que les noces avoient été célébrées autour d'un feu de joie, mais que la féparation feroit encore mieux éclairée ; & levant une petite armée , il mit le feu au territoire de *Macdonald* , qui , de fon côté , lui rendit fa vifite , & remporta l'avantage.

On nous conta un autre trait , bien propre à faire connoître l'état de défordre effrenné dans lequel vivent ces Infulaires avec leurs voifins. Les habitans de l'isle d'*Egg* ayant un jour rencontré un bateau conduit par des *Macleod* , attachèrent les gens de l'équipage par les pieds & par les mains , & les laifsèrent dans cet état flotter au gré des vents. *Macleod* defcendit à l'isle d'*Egg* pour demander les agreffeurs ; mais les habitans refufant de les rendre , ils fe retirèrent dans une caverne , où ils ne fuppofoient pas vraifemblable que leurs ennemis les fuivifsent : *Macleod* les y étouffa de fumée , & les laiffa couchés morts fur la place , tels qu'ils étoient rangés par famille. La violence du vent nous retint ici pour quelque temps , non pas tout-à-fait contre notre gré & notre convenance. Nous aurions defiré à la vérité d'avoir vifité toutes les isles qu'on voyoit, depuis la maifon, éparfes dans la mer, & j'aurois particulièrement défiré de vifiter celle d'*Ifan* ; mais le gros temps ne nous permit pas de mettre un bateau en mer , & nous fûmes condamnés à refter là dans l'inaction, prêtant l'oreille au changement des vents, excepté lorfque nous pouvions mieux faire, prêtant l'oreille à la converfation des Dames.

Nous avions ici plus de vent que de vagues, & nous fupportions les défagrémens de la tempête, fans jouir da fa magnificence. La mer, étant rompue par une multitude d'isles, n'agit pas avec autant de fracas, & ne brife pas fes flots écumeux comme on le voit fur la côte de *Sullen* : quoique le vent fût très-violent pendant que je fus aux Hébrides, je n'y ai jamais vu de vagues bien hautes.

Le pays aux environs de *Dunvegan* eft rude & ftérile : il n'y a point d'arbres, excepté dans le verger, qui eft un endroit bas & abrité, environné d'un mur. Lorfque cette maifon paroiffoit menacée d'un fiège, on faifoit un puits dans la cour, en perçant le rocher à une certaine profondeur, jufques à ce qu'on trouva de l'eau, qui, quoique près de la mer, n'eft point falée, à ce qu'on dit, quoiqu'elle ait cependant une forte d'âpreté qui la rend d'un ufage médiocre; & la famille eft actuellement fournie d'eau par un ruiffeau qui coule du rocher, & qui forme dans fa chûte deux cafcades fort agréables.

Nous trouvâmes ici quelques traces des

anciennes mœurs, & quelques traditions encore respectées. On conserve dans la maison une corne de bœuf, percée de manière qu'elle contient environ deux pintes, que l'héritier de la famille *Macleod* étoit obligé d'avaler d'un seul trait, comme une preuve de virilité, avant qu'il lui fût permis de porter les armes, & qu'il pût prendre place au rang des hommes faits.

On tient aussi pour constant que le retour du Seigneur à *Dunvegan*, après une longue ab-sence, produit une capture considérable de harengs, & que, si une femme passe le bras de mer qui est entre cette isle & celle qui est vis-à-vis, les harengs désertent la côte. *Boëthius* raconte la même chose d'autres endroits; mais la tradition n'est pas uniforme : les uns disent qu'aucune femme ne peut passer, d'autres disent aucune, excepté de la famille *Macleod*.

Parmi les hôtes que l'hospitalité de *Dunvegan* avoit rassemblés à table, nous trouvâmes le Seigneur & la dame d'une petite isle voisine, dont le nom est proprement *Muack*; ce qui signifie *cochon*. Le propriétaire, n'aimant pas ce nom, a fait ses efforts pour le changer, mais sans effet. Il est d'usage en Ecosse d'appeler les gentilshommes du nom de leurs possessions, comme *Raasay*, *Bernera*, *Loch-Buy* : cette cou-

HÉBRI-DES. Dunvegan

tume eſt néceſſaire dans des pays dont les habitans ſont diviſés en tribus, & où tous ceux qui vivent ſur le même territoire, n'ayant qu'un même nom, le Seigneur doit être diſtingué par quelque addition : celui-ci, par exemple, dont le nom, je penſe, eſt *Maclean*, devroit être régulièrement appelé *Muack* ; mais il trouve cette dénomination trop baſſe pour ſon isle, à plus forte raiſon pour lui ; c'eſt pourquoi il ſe donne le titre d'*isle de Muck*.

Comme que ſoit nommée cette petite isle, elle ne laiſſe pas d'être d'une valeur conſidérable ; elle a deux milles anglois de longueur ſur trois cent quatorze de largeur ; ce qui ne fait guères que neuf cent ſoixante acres anglois. Elle conſiſte ſurtout en terres labourables, dont le Seigneur exploite la moitié par lui-même, & remet le reſte à cent ſoixante habitans, qui le paient au moyen du bled qu'ils exportent. Je ne ſais à quoi monte cette rente, & je ne pouvois pas décemment m'en informer ; mais la proportion de la population au peu d'étendue du terrain eſt telle qu'on pourroit l'attendre à peine du pays le plus fertile. Le Seigneur, ayant tout ſon peuple ſous les yeux, paroît être très-attentif à ce qui peut le rendre heureux. Tout le monde ſait quels ravages fait la petite vérole dans les pays qu'elle

viſite

visite rarement : il a trouvé moyen de désarmer ce fléau , en inoculant quatre-vingt de ses vassaux. La dépense de cette cûre étoit de deux scellings & demi par tête.

Les habitans de *Muack* ne peuvent guères exercer le commerce ni les arts : dans l'occasion on fait venir un forgeron de l'isle d'*Egg* , & six fois l'année , un tailleur du Continent. Cette petite isle auroit bien mérité d'être vue ; mais l'absence du chef ne nous en fournit pas l'occasion. Chaque isle habitée en a quelqu'autre petite attenante , & qui lui est subordonnée.

Muck , quoique petite , en a encore de plus petites autour d'elle , une desquelles n'a de terrain que ce qui est nécessaire à la pâture de trois moutons.

J'avois apparemment goûté à *Dunvegan* du Lothos qui fit oublier leur pays aux compagnons d'Ulysse ; car je ne pensois plus au départ , lorsque M. *Boswell* me reprocha mon indolence & mon oubli. Je n'avois pas grand'chose à objecter pour ma défense ; en conséquence de quoi nous nous arrangeâmes pour continuer notre voyage. *Macleod* nous accompagna à *Ulinish* , où nous fûmes reçus par le *Shenff* de l'isle.

M. *Macquem* fit le voyage avec nous , & dirigea notre attention sur tout ce qui méritoit

Tome II.   K

d'être observé ; nous allâmes voir ensemble un de ces anciens édifices appelés *Dun* ou forts dans le pays : il est de forme circulaire d'environ quarante-deux pieds de diamètre, entouré d'un mur de pierres sans mortier, de la hauteur d'environ neuf pieds : les murs en sont fort épais, allant un peu en diminuant vers le haut, & quoique dans ce pays la pierre ne vienne pas de loin, ils doivent avoir coûté beaucoup de peine à élever. Au dedans du grand cercle, il y a plusieurs petits murs aussi circulaires, qui forment des appartemens séparés : la date & l'usage de ces édifices sont également inconnus : quelques-uns supposent que c'étoit le domicile des anciens chefs des *Macleod*. M. *Macquem* pense que c'étoit plutôt un fort *Danois*. L'entrée est couverte de pierres plates, & conséquemment étroite, parce qu'il étoit nécessaire que ces pierres joignissent d'un mur à l'autre, & si étroit encore que soit ce passage, ces pierres paroissent trop pesantes pour qu'on les y ait placées par le seul secours d'autant d'hommes qui pouvoient en approcher : ils n'ont pu vraisemblablement les élever qu'au moyen de longues pièces de bois placées dessous, auxquelles ils ont pu appliquer une longue file d'hommes pour les supporter. Les Sauvages de tous les

ANCIENS EDIFICES DANOIS

pays ont une patience proportionnée à leur inhabileté, & font contens d'atteindre à leur but par les méthodes même les plus fatigantes.

Si cet édifice a eu autrefois un toit, il a pu être une habitation ; mais, comme on ne trouve dans son enceinte aucun moyen de se procurer de l'eau, ce n'a pu être une forterefse. Les habitans de *Sky*, comme de tous ces endroits, y ont un fingulier penchant à exalter ces fortes de monumens échappés à la deftruction, & à en rapporter l'ufage à quelque chofe d'important, ou à des fiècles fort reculés. Quant à moi, je fuis fort tenté de croire que, dans des temps où ces pays n'étoient affujétis à aucune loi, & où les habitans de chaque montagne voloient les troupeaux de leurs voifins, ces enclos fervoient à protéger, pendant la nuit, le bétail & le berger qui en avoit la garde. Une fois renfermé dans les murs, le troupeau pouvoit être aifément veillé, & défendu auffi long-temps qu'il étoit néceffaire, les voleurs n'ofant pas attendre d'être furpris le matin par la tribu offenfée. L'enclos intérieur, fi ces bâtimens étoient des habitations, fervoit probablement de logement au chef ; s'ils fervoient de retraite aux troupeaux, c'étoit le refuge de leurs gatdiens. De ce *Dun*, on nous mena à

K ij

un autre lieu de sûreté & de refuge : c'est une caverne prolongée à une très-grande distance sous terre ; elle fut découverte en creusant à la poursuite d'un renard. Ces cavernes, dont on en a trouvé plusieurs, & dont beaucoup d'autres sont encore inconnues, ont été formées au moyen de quelques trous entre des rochers, ou quelques petites éminences resserrées. Lorsqu'on ne trouvoit pas une pareille place, on coupoit & on creusoit la terre ; les murs étoient formés en empilant des pierres contre la terre de chaque côté. La caverne est couverte ensuite par de larges pierres, qui la traversent ; ce qui fait qu'elle ne peut jamais être bien vaste. Ces pierres sont encore recouvertes de gason, & on laisse croître l'herbe par-dessus. L'entrée est ordinairement cachée par des broussailles, des arbrisseaux, ou de quelqu'autre manière qui la rend difficile à découvrir.

On nous dit que ces cavernes servoient d'habitations aux grossières peuplades qui ont primitivement occupé ces isles : je suis bien loin d'en être persuadé ; elles sont si basses, qu'aucun homme ne peut s'y tenir debout, & si étroites, que deux personnes ne peuvent s'y promener ensemble : d'ailleurs, leur construction souterraine les rend toujours humides. Je ne pense pas qu'elles aient été faites dans un siècle plus grossier que celui-ci, étant construites avec autant d'art que de pareilles huttes le comportent. Je croirois plutôt que c'étoient des endroits destinés à des circonstances particulières, & où les Insulaires, dans le cas d'une alarme soudaine, cachoient leurs ustenciles, leurs hardes, peut-être quelquefois leurs femmes & leurs enfans.

Nous entrâmes dans cette caverne; mais nous ne pûmes pénétrer jusqu'au fond, & nous en sortîmes sans connoître son étendue. Nous serons peut-être blâmés de cette négligence, comme nous avons blâmé les autres voyageurs; mais le jour étoit pluvieux & le terrain humide. Nous n'avions avec nous ni pioches ni bêches, & si l'amour de l'air l'emporta sur notre curiosité, on ne nous accusera pas en cela de singularité.

Les édifices ruinés ou entiers font les principaux mémoriaux d'une nation ignorante. Nous trouvâmes quelque part, dans notre journée, à peu de distance du chemin, une forteresse à moitié détruite, sur laquelle le ministre, dont la compagnie & l'instruction nous furent si utiles, nous raconta les particularités suivantes : » Les murs, nous dit-il, font ceux d'une place de refuge, bâtie, au temps de Jacques VI, par *Hugues Macdonald*, qui étoit l'héritier le plus

près de la dignité & de la fortune de son Seigneur. *Hugues* étant si près de l'accomplissement
de ses vœux, s'impatienta du délai ; il eut assez
d'art & d'influence, pour engager plusieurs
gentilshommes dans un complot contre la vie
du chef. Il fallut faire une convention avec ceux
qui ne vouloient pas tremper leurs mains dans
le sang uniquement pour l'avancement des
Hugues. Le pacte fut écrit dans les formes, signé
par les conjurés & remis dans les mains d'un
Macleod. Il arriva un jour que ce *Macleod* ayant
vendu du bétail à un marchand boucher. Celui-
ci n'ayant pas d'argent, lui donna un billet pour
paiement. Quelque temps après, la dette fut
acquitée, & le billet ayant été redemandé,
Macleod, qui ne savoit pas lire, délivra, au lieu
du billet, l'acte de la conspiration. Le marchand
ayant lu ce papier ; le livra secrétement à son
Seigneur, qui, étant informé par-là du danger
qu'il couroit, assembla ses amis, & voulut pourvoir à sa sûreté : pour cet effet, il donna une
fête publique, à laquelle il invita *Hugues* & ses
confédérés, qu'il plaça à table chacun entre
deux hommes d'une fidélité à l'épreuve. Alors le
plan de la conspiration fut mis au jour, & chaque
conjuré confroté avec la signature de son nom.
Le chef *Macdonald* se comporta avec une grande

modération; il se contenta de reprocher à *Hugues*
sa déloyauté & son ingratitude, & dit aux confédérés qu'il les regardoit comme des hommes
trompés & mal informées. Il exigea de *Hugues*
le serment de fidélité, & le renvoya avec ses
compagnons; mais ce dernier ne fut pas assez
généreux pour être touché de tant de douceur,
& ne pouvant plus trouver d'appui parmi les
autres gentilshommes; il tâcha d'exécuter son
dessein par des voies plus basses; ses menées
furent découvertes; il fut pris & enfermé dans
un donjeon du château de *Macdonald*, où étant
pressé par la faim, on lui descendit une quantité
de viandes salées : ayant ensuite demandé à boire,
on lui envoya une grande coupe couverte;
lorsqu'il ôta le couvercle, il la trouva vide.
Depuis ce moment-là, personne ne le vit, &
on le laissa périr dans cette obscure solitude.

Nous avions ouï parler d'une autre caverne
du côté de la mer, fameuse par la propriété de
répéter les sons. Après dîner, nous prîmes un
bateau pour aller observer cette curieuse grotte.
Les bateliers, qui me parurent d'un rang au-
dessus du commun des pêcheurs, s'enquirent
d'abord qui nous étions, & sur ce qu'on leur
répondit que l'un de nous étoit *Ecossois*, & l'autre
Anglois, ils demandèrent si l'*Anglois* pouvoit se

K iv

vanter d'une longue généalogie : la converſation étant en langue Erſe , je ne pus trop examiner la réponſe qui lui fut faite à ce ſujet.

Ils prétendirent que nous ne devions attendre aucun événement heureux de notre voyage , l'un d'eux ayant déclaré avoir entendu le gémiſ-ſement d'un eſprit ou revenant Anglois. Ce ne fut qu'au retour que j'entendis parler de ce préſage ; c'eſt pourquoi je ne puis me donner le relief de l'avoir mépriſé.

La mer étoit unie ; nous ne quittâmes jamais les bords, & nous arrivâmes ſans aucun mal-heur à la caverne , à qui nous trouvâmes une apparence ſauvage & déſaſtrueuſe : elle a environ cent quatre-vingt pieds de long , trente dans ſa plus grande largeur , & à-peu-près autant dans ſa plus grande hauteur , à ce que nous pûmes conjecturer. Elle étoit alors à ſec ; mais , dans les hautes marées , la mer s'y élève à la hauteur de ſix pieds : j'y vis ce que je n'avois jamais vu auparavant , les *limpets* & les *muſſels* , eſpèces d'huîtres à écailles , dans leur état natu-rel ; mais je puis aſſurer , comme une nouvelle preuve de la foi qu'on peut ajouter aux bruits populaires , que nous n'y entendîmes point d'écho.

Nous nous promenâmes ſous une voûte cou-

pée naturellement dans le roc , qui nous auroit
plu par fa nouveauté , fi les pierres qui embar-
raffoient nos pieds , nous euffent permis de l'examiner à loifir. Nous vîmes la femence glutineufe
du *kelp* , qui s'attache d'elle-même à la pierre ,
& qui fe forme par le temps en fortes ramifi-
cations.

A notre retour , nous trouvâmes un petit
garçon fur la pointe d'un roc , occupé à pêcher
à l'ameçon le fouper de fa pauvre famille. Nous
dirigeâmes de fon côté ; & lui empruntâmes fa
ligne , avec laquelle M. *Boswell* prit un *cuddi*.
Le *cuddi* eft un poiffon dont j'ignore le nom
philofophique : il n'eft pas beaucoup plus gros
que le goujon ; mais il eft d'un grand ufage dans
ces isles , & il fert non-feulement de nourriture
au petit peuple ; mais on en tire encore de l'huile
pour la lampe. Le *cuddi* eft fi abondant , qu'on
le prend quelquefois comme le *Whitebait* dans la
Tamife , feulement en plongeant un panier dans
l'eau & le retirant.

Si la pêche étoit toujours praticable , ces isles
ne feroient jamais en danger de famine ; mais
malheureufement, en hiver , lorfque les autres
provifions manquent , la mer eft ordinairement
trop agitée pour l'ufage des filets & des bateaux.

D'*Ulinish*, notre première ſtation fut à *Talisker*, maiſon appartenante au colonel *Macleod*,
officier au ſervice de Hollande, qui, dans ce
temps de paix générale, a obtenu permiſſion de
s'abſenter de ſon régiment pendant pluſieurs
années : s'étant deſtiné à la médecine, il eſt
homme de lettres; & ſon épouſe, en l'accom-
pagnant dans ſes différens voyages, a eu occaſion de s'inſtruire dans pluſieurs langues.
Talisker eſt, ſans comparaiſon, de tous les
endroits que j'ai vus, celui qui, par ſa nature,
exclut d'une manière plus particulière toute
eſpèce de gaieté, & où un hermite pourroit le
mieux eſpérer de devenir vieux dans la méditation, & ſans aucune diſtraction ni trouble. Il eſt
ſitué très-près de la mer, mais ſur une côte où
aucun vaiſſeau n'aborde que lorſqu'il y eſt jeté
par la tempête. Du côté de terre, ce ſont des
rochers élevés, d'où pluſieurs ruiſſeaux ſe précipitent en caſcade. Le jardin eſt abrité par des
pins ou des ſapins, qui proſpèrent tellement,
que quelques-uns, qui ont été plantés par les
habitans actuels, ſont déjà épais & élevés.

Nous eûmes le bonheur de trouver ici Mr.
Donald Maclean, jeune gentilhomme, fils aîné
du Seigneur de *Col*, héritier d'une très-geande
étendue de terres, & ſi jaloux d'améliorer ſon

héritage, qu'il eſt allé paſſer un temps confidérable parmi les fermiers d'*Herdfordſhire* & de
Hampſhire, pour obſerver leurs pratiques dans
l'agriculture, & les mettre à profit. Il y a travaillé, de ſes propres mains, aux principaux
ouvrages de la campagne, pour n'être pas trompé
par une fauſſe opinion d'un ſavoir qu'il n'auroit
pas trouvé à ſon retour chez lui, & qu'il n'eût
pu y perfectionner ſans ſa propre expérience.
Si le monde a trouvé juſte d'exalter les voyages
& les travaux manuels du *Czar* de Ruſſie, qu'il
me ſoit permis de faire partager à *Col* ces témoignages d'applaudiſſemens, dans la proportion de
ſes petits Etats avec l'empire de Ruſſie.

Ce jeune homme étoit en partie de chaſſe dans
les montagnes de *Sky*, &, fatigué à la pourſuite
du gibier, il venoit ſe repoſer & coucher à
Taliſker : à la nuit, il lui manqua un de ſes
chiens ; lorſqu'il voulut le chercher le lendemain
matin, il trouva deux aigles occupés à dévorer
ſa carcaſſe.

Col, car je dois lui donner le nom de ſes
poſſeſſions, ayant appris que notre attention
étoit de viſiter l'isle de *Jona*, offrit de nous
conduire à ſon chef Sir *Allan Maclean*, qui vivoit
dans l'isle d'*Inch-Kenneth*, & qui nous procure-
roit un paſſage convenable. Depuis ce moment

là nous formâmes une liaifon, qui, ayant commencée par de fimples politeffes, fut accidentel-
lement continuée par la néceffité, mais qui nous
procura beaucoup de plaifir, & dont j'efpère
qu'il n'eut pas de raifon de fe repentir dans la
fuite.

Le temps reffembloit à une tempête continuelle, & nous étions à épier que quelqu'heureux intervalle nous permît de paffer à *Mull*, la
troifième des Isles *Hébrides*, fituée environ un
degré au fud de *Sky*, pour de-là prendre notre
route par *Inch Kenneth*, où *Allan Maclean* faifoit
fa réfidence, & enfuite nous rendre à *Jona*.

Dans ce deffein, la ftation la plus commode
que nous pouvions choifir étoit *Armidel*, que
Sir *Alexandre Macdonald* avoit quitté, & dont
il avoit laiffé la direction à un gentilhomme, qui
y vivoit comme fon facteur ou fon intendant.

Sur notre chemin pour nous rendre à *Armidel*
étoit *Coriatachan*, où nous avions déjà été ; c'eft
pourquoi nous étions fort encouragés d'y retourner, par la bonne réception que nous y
avions éprouvée ; mais nous étions reftés fi long-
temps à *Talisker*, que la plus grande partie de
notre route fe fit dans l'obfcurité de la nuit.

En voyageant ainfi fans lumière au travers
d'une folitude parfaite, conduit par un guide

de confiance, un efprit qui d'ailleurs n'eft pas trop porté à craindre, peut conferver quelque peu de fa gaîté; mais quelle devroit être la follicitude de celui qui feroit furpris par la nuit, errant parmi les rochers, au travers de leurs afpérités & de leurs crevaffes, fans connoître le pays, & tout feul?

Les fictions qu'on retrouve dans les romans gothiques, n'étoient pas fi éloignées de la vraifemblance, que nous pourrions le penfer à préfent. Dans le fort des inftitutions féodales, lorfque l'univers étoit défolé par des violences & des brigandages, lorfque chaque Baron vivoit dans une forvereffe, les forêts & les châteaux fe fuccédoient les uns les autres, & celui qui cherchoit les aventures, pouvoit paffer rapidement de l'obfcurité de bois ou des marécages les plus fauvages, dans des lieux de plaifance, où tout refpiroit la gaîté, l'abondance & la magnificence; & quiconque, après avoir erré dans les montagnes fans guide, ou fur ces parages fans pilote, fera conduit au milieu de l'incertitude & de la terreur, à l'hofpitalité & à l'élégance qu'on trouve à *Raafay* & à *Dunvegan*, il réalifera tout ce qu'il peut avoir lu dans les contes les plus fauvages & les plus incroyables, fi l'on en excepte cependant les *géans*, les *dragons* & les enchantemens.

Nous arrivâmes enfin à *Coriatachan*, où nous fûmes aussi bien reçus qu'auparavant. Nous y restâmes deux jours, que nous employâmes au profit de notre curiosité. La maison étoit remplie d'une nombreuse compagnie, parmi laquelle M. *Macphurson* & sa sœur se distinguoient par leurs qualités & leur politesse. Il nous invita à aller à *Ostig*, maison peu éloignée d'*Armidel*, où nous pouvions avoir aisément avis de l'arrivée d'un bateau, lorsque le temps nous permettroit de quitter l'Isle.

Nous passâmes quelques jours à *Ostig*, dont M. *Macpherson* est ministre; delà nous repassâmes à *Armidel*, où nous terminâmes nos observations sur l'isle de *Sky*.

Comme cette isle est située au 57e degré, on ne peut pas supposer que l'air y soit fort chaud: un long séjour du soleil sur l'horison occasionne néanmoins quelquefois de très-grandes chaleurs dans des latitudes septentrionales; mais cela ne peut être que dans des lieux abrités, où l'atmosphère est en quelque sorte stagnante, & où la même masse d'air continue à recevoir pendant plusieurs heures de suite les rayons du soleil & & les vapeurs de la terre.

L'isle de *Sky*, ouverte à un vaste océan du

côté de l'oueſt & du nord, eſt rafraîchie pendant
l'été par une perpétuelle ventilation, & réchauf-
fée en hiver par les mêmes vents.

Le climat n'y eſt pas agréable ; la moitié de
l'année on y eſt inondée de pluies. Depuis l'équi-
noxe d'automne juſqu'à celui du printemps, à
peine voit-on deux jours ſecs, excepté lorſque
les pluies ſont ſuſpendues par la tempête ; ſous
un tel ciel on ne peut attendre une végétation
bien abondante.

Leur hiver empiète ſur l'automne, & leur
moiſſon reſte quelquefois ſur la terre noyée par
les eaux de la pluie, & ce n'eſt qu'avec efforts
que l'automne y produit nos fruits les plus prin-
tanniers ; j'y ai cueilli des groſeilles au mois de
Septembre, mais elles étoient petites, & la peau
en étoit dure & épaiſſe.

Leur hiver eſt rarement aſſez rigoureux pour
arrèter la végétation ou pour réduire le bétail à
vivre entièrement des récoltes faites en été.
L'année 1771 fut remarquable par une ſaiſon
fort rude, dont on ſe rappelle ici ſous le nom
du *printemps noir*, & dont l'isle ſe reſſent encore ;
la neige ſéjourna long-temps ſur la terre, calamité à peine connue auparavant ; une partie de
leurs beſtiaux périt de faim, & l'autre fut vendue
avec perte pour la ſubſiſtance des propriétaires.

Mais une choſe que je n'avois jamais lue , & dont je n'avois pas ouï parler auparavant, c'eſt que les vaches qui ſurvécurent étoient ſi maigres & ſi abattues , qu'elles ne recherchèrent point le mâle au temps accoutumé : il périt auſſi quan-tité de chevreuils.

Le ſol a ici, comme dans d'autres contrées, ſes diverſités ; dans quelques parties , ce n'eſt qu'une mince couche de terre , étendue ſur le roc, qui ne produit qu'une bruyère courte & brune , & qui n'eſt peut-être ſuſceptible en géné-ral d'aucune autre meilleure production. Il y a quantité de marais ou terrains bas & mouſſeux, où l'on peut ſuppoſer que le ſol eſt aſſez pro-fond , mais il y eſt trop humide pour admettre la charrue. Nous n'y obſervâmes cependant aucune plante aquatique.

Les vallées & les montagnes ſont également noircies par cette bruyère : on voit çà & là quel-que peu d'herbe , & quelques petits coins plus heureux , qui ſont ſuſceptibles de labourage.

L'agriculture y eſt pénible , & plutôt foible-ment que maladroitement exercée ; leur prin-cipal engrais conſiſte dans les herbes jetées par la mer , lorſqu'ils les font pourrir ſur leurs champs : ils en obtiennent une meilleure moiſſon que celle des montagnards ; ils amaſſent des co-

quilles

quilles de mer fur leurs fumiers; qui, par le
temps, fe réduifant en poudre, donnent une
fubftance très-propre à fertilifer la terre. Lorfqu'ils trouvent une veine de terre dans quelqu'endroit où ils ne peuvent la mettre à profit,
ils la creufent & la tranfportent dans un endroit
plus commode.

Leurs champs font quelquefois fitués dans des
lieux fi étroits & fi embarraffés, parmi les
rochers, qu'il n'y a pas la place néceffaire pour
y mouvoir la charrue. Alors on tourne la terre
à bras d'hommes avec une efpèce de bèche
courbée, d'une forme & d'un poids qui nous
parut fort incommode, & qui feroit bientôt
perfectionnée, dans un pays où l'on pourroit
aifément trouver des ouvriers & les payer. C'eft
une lame de fer étroite, fixée à un manche de
bois pefant, & long d'environ un pied & demi
au-deffus du fer, formant dans le bas un angle
reffemblant à un genou. Lorfque le travailleur
rencontre une pierre, qui eft un grand obftacle
à fon opération, il introduit le fer de fa bèche
deffous, & portant le genou foit l'angle de
l'outil contre terre, il trouve dans ce long
manche un levier d'une grande force. Suivant la
différente manière de faire les terres, les fermes
font diftinguées en *terres longues* & *terres courtes*.

Tome II.   L

Les *terres longues* ſont celles qui permettent l'uſage de la charrue, les *courtes* ſont celles qui ſe tournent avec la bèche.

Le grain qu'ils sèment dans ce ſillon informe eſt de l'avoine ou de l'orge. Ils ne sèment pas l'orge ſans un engrais très-conſidérable, & alors il leur rend dix pour un; produit égal à celui des meilleurs pays; mais la culture en eſt ſi pénible, qu'ils ſe contentent communément d'avoine; & qui pourroit raconter ſans compaſſion que, malgré toutes leurs peines, ils ne recueillent que trois pour un. Ce ſeroit envain qu'on eſpéreroit l'abondance dans un pays où le tiers de la moiſſon eſt réſervé pour la ſemature. Lorſque le grain eſt parvenu à maturité, il ne le coupent pas; mais ils arrachent l'orge, & fauchent l'avoine. Ils n'ont point de voitures à roues; ils font en place une eſpèce de forme de bois, dont les deux pointes de derrière preſſent la terre : c'eſt ainſi qu'ils voiturent quelquefois leurs gerbes, ou dans des paniers ouverts, ou dans des caiſſes arrangées ſur le dos des chevaux.

Il ſemble qu'on ne devroit au moins rien perdre d'une récolte faite avec tant de difficultés & de peines; néanmoins ils ont l'habitude de ſéparer le grain de la coſſe, en ſéchant la paille au feu, & par cette imprévoyance, vraiment digne d'une nation sauvage, ils détruisent un fourage, faute duquel leurs bestiaux peuvent périr.

Par cette pratique, ils gagnent deux petits avantages; ils sèchent leur grain de manière à pouvoir aisément être réduit en farine, & ils évitent d'être volés par les batteurs. Il faut un certain temps pour s'accoutumer au goût que l'avoine, ainsi que les autres graines grillées, contractent par l'action du feu. L'avoine qui a été ainsi dépouillée à la flamme, doit être ensuite séchée au four. Je n'ai point vu de granges à *Sky* : celle que *Macleod* de *Raasay* a bâtie près de sa maison, est construite de manière que l'air y joue continuellement : sans cette précaution, la moisson, qui n'est jamais bien sèche quand on la serre, s'échaufferoit & se gâteroit promptement.

Je ne puis juger de leurs jardins que par leur table. Je n'ai pas observé que les légumes communs y manquassent, & je suppose qu'en choisissant une exposition avantageuse, ils pourroient élever toutes sortes de plantes potagères : ils ne sont pas encore bien recherchés dans celles qu'on cultive d'ailleurs pour les parfums & la beauté, & l'on n'adresse guères de vœux à Flore dans les *Hébrides*. On y recueille un foin court, qu'on coupe fort tard, & l'herbe éprouve si souvent l'alternative de la sécheresse & de l'humidité, que, lorsqu'on le serre, ce n'est qu'une récolte de tiges desséchées, sans odeur & sans goût, bonne pour des bestiaux qui n'ont pas autre chose, mais que des fermiers Anglois rejeteroient.

Je n'ai pas ouï dire qu'on ait jamais découvert aucune richesse souterraine dans les Isles, quoique dans les pays de montagnes on trouve communément des minéraux. On voit dans un rocher, près de *Col*, une veine noire qu'on croit contenir de la mine de plomb ; mais elle n'a jamais été ouverte ni essayée. On trouva, il y a quelque temps, par hasard, dans l'isle de *Sky* une masse d'une matière noire, qui fut incontinent portée chez le possesseur de la terre, qui ne douta pas lui-même que ce ne fût du charbon de pierre ; mais malheureusement ce caillou ne brûla point à la cheminée : au reste les mines de métaux communs ne seroient pas d'une grande valeur dans les Isles, parce que ce qu'il faudroit séparer par l'action du feu, on seroit obligé de l'envoyer dehors, n'ayant ici ni bois ni charbon pour la fonderie ou la forge.

On pourroit peut-être, à force de recherches, découvrir dans cette région pierreuse quelque

peu de marbre; mais ni la curiofité philofophique, ni le commerce induftrieux, n'ont encore
fixé leur féjour dans ce pays, où le fouci de
fatisfaire les befoins du moment préfent & de
fonger à ceux du lendemain, ne laiffe guères
la poffibilité de s'occuper de fantaifies agréables,
ou d'augmenter des connoiffances dont le profit
& l'utilité ne font que dans l'éloignement.

Les habitans des Isles ont trouvé depuis peu
une branche de commerce très-lucrative. Leurs
rochers abondent en foude, plante marine
dont les cendres fervent à faire le verre; ils
brûlent la foude en grande quantité, & l'exportent fur des navires qui viennent régulièrement en faire l'achat. Cette nouvelle fource de
richeffes a confidérablement augmenté les revenus de plufieurs fermes maritimes; mais les
tenanciers, ici comme ailleurs, ne paient cette
augmentation de rentes qu'avec peine, confi-
dérant le gain qu'ils font fur la foude comme
le pur produit de leur travail perfonnel, auquel
le Seigneur ne contribue en rien. Néanmoins,
comme tout homme eft cenfé donner ce qu'il
met en état de gagner, il a certainement autant
de droits fur le profit qu'on retire de ectte
production que fur toute autre chofe trouvée
ou produite fur fes terres. Ce nouveau com-

merce a excité une longue & vive conteſtation entre *Macdonald* & *Macleod*, pour une chaîne de rochers, dont ni l'un ni l'autre n'avoit ambitionné la poſſeſſion avant que la valeur de la ſoude fût connue.

Le bétail de *Sky* n'eſt pas ſi petit qu'on le croit communément, depuis qu'ils ont envoyé en grand nombre leurs bœufs dans les marchés des provinces méridionales, ils ont pris plus de ſoin de leurs races. Ils envoient toutes les années, à des époques fixes, le produit annuel de leurs beſtiaux dans un marché, par un conducteur général, & c'eſt avec l'argent qu'il rapporte aux fermiers que les rentes des terres ſont payées.

Le prix qu'on en attend régulièrement eſt de deux à trois livres par tête : on en a une fois vendu une cinq livres. Leurs bètes ſortent des Isles fort maigres ; mais le marchand ne les offre aux bouchers que lorſqu'elles ſe ſont long-temps engraiſſées ſur les pâturages d'Angleterre.

Parmi leurs bètes noires, on en voit quelques-unes ſans cornes, appelées par les Ecoſſois *vaches humbles*, comme nous appelons en Angle-terre *abeille humble* celle qui n'a point d'aiguillon. Nous ne pûmes découvrir, malgré nos recher-ches, ſi cette différence étoit accidentelle, ou dans l'efpèce. Nous ne fommes pas plus affurés, quoiqu'on nous l'ait dit, qu'il y ait jamais de taureaux fans cornes, & perfonne n'a jugé digne de fes obfervations d'accoupler un mâle & une femelle avec & fans cornes pour connoître le réfultat de cet accouplement.

Leurs chevaux font comme leurs vaches, d'une taille médiocre, & j'ai ouï dire que, dans l'isle de *Barra*, ces dernières étoient fort petites, ainfi que les chevaux dans l'isle de *Rum*, où apparemment on ne prend pas beaucoup de foins pour prévenir ce dépériffement, qui a toujours lieu là où on laiffe accoupler les plus grands avec les plus petits, & où l'accroiffement du jeune animal eft arrêté par le défaut de nourriture.

La chèvre eft l'habitant de la terre le plus général, fi l'on peut parler ainfi ; il s'accommode de tous les climats & de tous les terrains : celles des Hébrides font comme les autres. Je n'ai rien trouvé non plus de remarquable dans leurs brebis.

Dans ces pays ftériles & miférables, on ne perd rien de ce qui peut fervir de nourriture ; on y trait les chèvres & les brebis auffi bien que les vaches : le produit pour une chèvre eft une quarte, & une pinte pour une brebis ; c'eft-

L iv

là du moins ce que j'ai pu favoir de perfonnes qui ne s'en étoient peut-être jamais informées elles-mêmes. Le lait de chèvres eft beaucoup plus clair que celui de vaches, & celui de brebis beaucoup plus épais; on ne boit celui-ci qu'après avoir été bouilli : comme il eft fort épais, il donne beaucoup de *caille*, & le peuple de *Saint-Kilda* en fait de petits fromages.

Les cerfs des montagnes font plus petits que ceux de nos parcs & de nos forêts, & peut-être pas plus gros que notre daim; leur chair n'a pas d'odeur, & elle n'eft pas inférieure en goût à notre venaifon commune. Je n'y ai jamais mangé ni vu de chevreuil.

Ce pays-ci n'eft point propre pour la chaffe régulière : on ne chaffe pas au cerf avec les chiens & le cor; mais le chaffeur, fon fufil en main, quète l'animal, & quand il l'a bleffé, il le fuit à la trace de fon fang. Ils ont une race de chiens gris - tachetés, plus grands & plus forts que ceux dont nous nous fervons pour courir le lièvre, & c'eft la feule efpèce dont ils ufent pour la chaffe. L'ufage des armes à feu a donné à l'homme une fi grande fupériorité fur les autres animaux, que partout où il eft établi, cette partie de la création diminue fenfi-blement; & il y a apparence qu'il n'y aura pas

long-temps du cerf & du chevreuil dans les Isles.
Toutes les bètes fauves feroient détruites depuis
long-temps dans les pays bien habités, fi les
loix ne les avoient pas confervées pour les plaifirs
des riches.

Il n'y a à *Sky* ni rats ni fouris; mais les belettes
y font en telle quantité, qu'on les entend dans
les moifons gratter derrière les coffres & les
lits, comme les rats en Angleterre. C'eft probablement à la domination des belettes qu'ils font
redevables de n'avoir point d'autres de ces animaux deftructeurs; car, depuis que le gros rat
a pris poffeffion de cette partie du monde, il
n'y a pas un navire qui touche à terre, fans
laiffer derrière lui quelque individu de fa race :
il y a peu d'années qu'ils ont commencé à infef-
ter l'isle de *Col*, où ils fe font multipliés faute
de belettes à leur oppofer.

Les habitans de *Sky* & des autres isles que j'ai
vifitées font communément de moyenne ftature,
& j'y ai vu moins de très-grands & de très-petits
hommes qu'en Angleterre : peut-être auffi que,
comme la population y eft moindre, il y a moins
de chance, pour qu'il s'y trouve des fingularités
à cet égard. Les hommes les plus grands que j'ai
vus, étoient dans les premières conditions.
Dans les pays ftériles & pauvres, l'accroiffe-

ment dans la race humaine éprouve les mêmes
obstacles que dans les autres animaux.

Les femmes y sont aussi belles qu'ailleurs ;
mais il ne faut pas chercher la beauté de la peau
ni la fraicheur du teint chez celles du petit
peuple, dont le visage est continuellement exposé
à la rudesse de l'air, & dont les traits éprouvent
souvent l'expression pénible du besoin, & se dur-
cissent par l'intempérie du climat. On trouve
rarement la beauté dans les chaumières ou dans
les atteliers, dans ceux même qui ne se ressen-
tent pas d'une misère réelle : il sembleroit qu'il
soit besoin, pour le parfait développement de
la beauté du visage, du concours d'un esprit
calme & satisfait, ou du sentiment intérieur
de la supériorité.

La force du corps chez ces peuples est proportionnée à la taille; mais l'habitude de courir sur
un terrain rude & inégal leur donne une grande
agilité pour franchir les marais ou grimper les
montagnes. On n'auroit pas pu trouver des
soldats mieux constitués pour les campagnes
d'Amérique; mais, comme ils ont peu de choses
à faire, ils ne sont pas portés à endurer une
longue continuité de travaux manuels ; c'est
pourquoi on les croit généralement paresseux.
N'ayant aucun moyen de se procurer les com-

modités de la vie que le commerce peut fournir,
ils suppléent à leurs besoins par des expédiens
bien insuffisans, & ils endurent mille incommodités auxquelles ils pourroient se souftraire avec
un peu d'industrie. J'y ai vu un cheval portant
la moisson à la maison sur une corbeille ; il avoit
sous la queue, en guise de croupière, un bâton
lié aux deux bouts par une espèce de corde de
paille. Le chanvre croîtroit fort bien dans les
Isles, & ils pourroient faire des cordes ; à
défaut de chanvre, ils en feroient de meilleures
avec du jonc, ou même avec des orties, qu'avec
de la paille.

Leur manière de vivre n'est pas plus propre à
leur assurer une santé constante qu'à leur procurer des maladies particulières. Il y a des médecins aux Isles, qui, je crois, pratiquent tous
la chirurgie, & composent eux-mêmes leurs
ordonnances. On suppose en général qu'on vit
plus long-temps dans les pays où il y a peu
d'occasions de faire des excès ; je n'ai cependant
trouvé ici aucun exemple de vie extraordinaire-
ment longue. L'habitant de la chaumière vieillit
en mangeant son pain d'avoine, comme celui
des villes dans ses repas de tortues ; il est à la
vérité rarement incommodé d'embonpoint ; sa
pauvreté l'empêche d'être écrasé de son propre

poids ; mais il n'eſt pas à l'abri des autres incommodités de l'âge. On entend ſouvent des hiſtoires
de longue vie qu'on eſt plus porté à croire qu'à
examiner : le récit d'une vie de cent ans donne
de l'eſpérance & du courage à celui qui ſe ſou-
tient en tremblant à l'approche de ſon terme
climatérique. La longueur de la vie ſemble avoir
été diſtribuée impartialement entre les diverſes
manières de vivre dans les différens climats. Je
n'ai pas vu dans les montagnes d'exemples plus
frappans de grand âge & de ſanté que dans la
plaine, où je fus un jour préſenté à deux dames
de grande qualité, l'une deſquelles, âgée de
quatre-vingt-quatorze ans, préſidoit à table avec
l'uſage de toutes ſes facultés, & l'autre avoit
atteint ſa quatre - vingt - quatrième année ſans
aucune diminution de ſa vivacité, & avec peu
de raiſons d'accuſer le temps de l'altération de
ſa beauté.

Dans les Isles, comme dans beaucoup d'autres endroits, les habitans ſont de rangs différens, & perſonne n'uſurpe celui d'un autre. Là
où il n'y a ni commerce ni manufacture, celui
qui eſt né pauvre peut rarement devenir riche,
& lorſque perſonne n'eſt en état d'acheter des
biens de terre, celui qui eſt né avec une terre
ne peut détruire l'eſpérance de ſa famille en la

vendant : tel étoit une fois l'état de ces contrées. Il n'y a peut-être pas d'exemple, excepté depuis un siècle & demi, d'une famille dont les biens aient été aliénés, autrement que par la violence ou la confiscation. Depuis que l'argent a été introduit chez eux, ils ont trouvé, comme d'autres, le secret de dépenser plus qu'ils n'ont de revenus, & j'ai vu avec chagrin le chef d'une très-ancienne tribu, qui avoit été contraint par les loix à vendre son isle pour satisfaire ses créanciers. Le nom de la plus haute dignité est *Laird*, dont il n'y a que trois dans la vaste isle de *Sky*, savoir, *Macdonald*, *Maclean* & *Mac-Kinnon*. Le *Laird* est d'origine le propriétaire de l'isle; son pouvoir naturel est fort étendu dans un pays où personne ne subsiste que par l'agriculture, & où les productions de la terre ne passent pas au travers du labyrinthe du négoce, mais directement des mains de celui qui les recüeille à la bouche de celui qui les consume.

Le Seigneur a en son pouvoir tous ceux que le sort a condamnés à vivre sur ses fermes : les Rois, pour la plupart, ne peuvent qu'élever ou dégrader; le *Laird* peut, à son choix, nourrir ou affamer, donner au ôter le pain à son peuple. Ce pouvoir inhérent étoit encore renforcé par les égards de la consanguinité &

& le reſpect attaché à l'autorité patriarchale. Le *Laird* étoit le père de la tribu, & ſes tenans portoient communément ſon nom. A ces principes d'une autorité originelle a été joint, pendant pluſieurs ſiècles, un droit excluſif de juriſdiction & de l'exécution des loix.

On auroit de la peine à comprendre avec quelle force opéroit un pouvoir auſſi multiplié & auſſi étendu ; tous les devoirs moraux ou politiques étoient renfermés dans l'affection & l'attachement au chef, & il n'y a pas beaucoup d'années que les tribus ne connoiſſoient pas d'autres loix que la volonté du *Laird*. Il déſignoit à ſes vaſſaux ceux qu'ils devoient regarder comme amis ou ennemis, à quels rois ils devoient obéir, quelle religion même ils devoient profeſſer.

Lorſque les Ecoſſais prirent les armes pour la première fois contre la ſucceſſion de la maiſon d'Hanovre ; *Lovat*, le chef des *Fraſers* étoit exilé pour crime de viol ; les *Fraſers* étoient auſſi nombreux que zélés contre le gouvernement : on envoya le pardon à *Lovat* qui vint au camp Anglais & toute la tribu déſerta immédiatement pour ſe rendre auprès de lui.

La première dignité après le *Laird* eſt le *Tacksman* ; ou *grand fermier*, il garde une partie du domaine qu'il fait travailler par lui-même, & loue le reſte à des fermiers en ſous ordre ; il faut que le *Tacskman* ſoit un homme capable d'aſſurer au ſeigneur la rente entière de ſes fermes & d'en répondre, & c'eſt ordinairement un de ſes collatéraux ; les *Tacks* ou ſous fermes ont été long-temps regardées comme héréditaies , l'occupant étoit diſtingué par le nom de l'endroit où il réſidoit, ſon état tenoit le milieu entre le premier rang & le reſte du peuple ; il rendoit hommage & payoit les revenus au *Laird*, & les reçoit lui-même de ſes tenanciers ; cet office ſubſiſte toujours dans ſes opérations primitives, mais non dans ſa ſtabilité ancienne.

Depuis que les habitans des isles, non contens de leur genre de vie, ont appris à connoître & à déſirer les richeſſes ; un ancien poſſeſſeur court riſque d'être dépoſſédé par un plus offrant, aux dépens de ſes prérogatives de famille & du droit héréditaire. L'étranger à qui ſon argent a procuré la préférence, ſe conſidère comme quitte de tout, & devient indifférent ſur la gloire & la ſûreté de ſon ſeigneur. L'argent eſt aſſurément d'un grand prix, mais il y a néanmoins bien des avantages qu'il ne peut procurer, & qu'un homme ſage, en conſéquence, ne doit pas céder par attachement pour ce métal.

J'ai trouvé dans ces parties de l'Ecoffe des perfonnes à qui le jugement & l'expérience ne manquoient pas, qui regardoient le *Tacksman* comme un fardeau inutile au pays, comme un frélon qui vit du produit d'un bien, fans avoir eu le droit de propriété, ni le mérite du travail, & qui appauvrit tout-à-la-fois le feigneur & le fermier.

La terre, difent-ils, eft affermée au *Tacksman* douze fols de France fix pences l'acre, & par lui au fermier à dix pences; qu'on laiffe ces derniers traiter immédiatement avec le feigneur: s'il met fa terre à huit pences, il augmentera fon revenu d'un quart, en diminuant la charge des fermiers d'un cinquième.

Ceux qui raifonnent ainfi, me paraiffent ne pas s'embarraffer jufqu'où cette eftime pourroit les conduire, ni voir qu'il ne va pas à moins, qu'à fupprimer tout commerce en gros, qu'à fermer les boutiques de tous ceux qui vendent autre chofe que ce qu'ils font eux-mêmes, & à retrancher tous ceux dont les foins & les profits interviennent entre le manufacturier & le confommateur. Ils pourroient auffi, en allant plus loin encore, donner à entendre que tous ceux qui entreprennent des manufactures confidé-rables, où employant une grande quantité de bras,

bras, se font considérer comme les bienfaiteurs du genre-humain, ne font que des gens qui volent leurs ouvriers d'une main & leurs chalands de l'autre. Si *Crowley*, par exemple, n'eût vendu que ce qu'il auroit pu faire, & que tous ses forgerons n'eussent travaillé que leur propre fer, & de leurs propres marteaux ; il auroit vécu à moins, & eux auroient vendu leur ouvrage plus cher.

Les salaires des directeurs & des commis eussent été en partie épargnés, & en partie divisés, & les clous quelquefois d'un liard meilleur marché par cent : mais si le forgeron n'eût pas trouvé un acheteur tout prêt, il eût abandonné sa forge. S'il se fût trouvé par accident une fois ou l'autre plus de vendeurs que d'acheteurs, les ouvriers auroient été exposés à réduire leur profit à rien en vendant au rabais ; & comme il ne pourroit y avoir de grosses parties dans la même main, on ne pourroit remplir une demande considérable & soudaine ; & il faudroit que celui qui bâtit, attendît que le faiseur de clous fût à même de le fournir ; suivant ce système l'abondance générale consisteroit dans la misère universelle ; l'espérance & l'émulation seroient entièrement éteintes : & comme il faudroit que tout obét au besoin présent & immé-

HÉBRI-
DES.
Ostig.

diat, on n'exécuteroit jamais rien de ce qu'exige des vues étendues, ou de ce qui pourroit produire des conséquences éloignées.

L'état des isles & des montagnes de l'Ecoffe eft auffi inconnu aux habitans de fa partie méridionale que celui de *Bornes* ou de Sumatra. Ils en ont ouï dire quelque chofe, & fuppofent le refte. Ils n'ont aucune notion du langage & des ufages d'un peuple dont ils veulent former les mœurs & améliorer le fort.

Il n'eft rien de plus aifé que de procurer une commodité par la privation d'une autre. Un foldat peut rendre fa marche plus lefte, en jetant fes armes à bas. Il eft facile auffi de fupprimer les *Tacksmans* : '& procurer l'abondance au pays, en diminuant fa population, feroit un procédé économique fort expéditif : mais une abondance, fans individus pour en jouir, contribueroit peu au bonheur du genre-humain.

Comme l'efprit doit gouverner les bras, dans toute efpèce de fociété, l'homme d'intelligence doit diriger l'homme de travail : fi la charge des *Tacksmans* étoit fupprimée, les Hébrides, de leur état actuel, rentreroient dans leur ancienne groffiéreté & leur ignorance. Les fermiers, manque d'inftruction, feroient inhabiles & deviendroient négligens lorfqu'ils ne feroient plus furveillés.

Le *Laird*, dans ſes vaſtes poſſeſſions, qui conſiſtent ſouvent dans des isles éloignées les unes des autres, ne peut pas étendre ſon influence perſonnelle ſur tous ſes vaſſaux, & l'intendant qui n'auroit point de dignité annexée à ſa place, conſerveroit peu d'autorité parmi des hommes accoutumés à ne porter reſpect qu'à la naiſſance, & à regarder le *Tacksman* comme leur ſupérieur héréditaire. Cet intendant, de ſon côté, ne ſauroit avoir le même zèle pour la proſpérité d'un état, dont tout le profit reviendroit au ſeul *Laird*, que celui qui regarderoit cette proſpérité comme la ſouree de la ſienne.

Les ſeules perſonnes de conſidération dans les Isles ſont les *Lairds*, les *Tacksmans* & les *Miniſtres*, qui ſe font fréquemment fermiers pour améliorer leur condition; & ſi les *Tackmans* étoient ſupprimés, ſur qui pourroit-on compter pour répandre quelques lumières, & entretenir des mœurs un peu civiliſées. Le *Laird* réſide toujours néceſſairement à une certaine diſtance de la plus grande partie de ſes terres. S'il y reſte, quelle ſolitude qu'un pareil ſéjour, n'y ayant plus ni ami ni compagnon ! il ſera donc obligé d'aller chercher ailleurs quelque réſidence plus agréable, & de laiſſer ſes fermiers ſur la

M ij

bonne-foi & à la merci d'un homme d'affaires.

Il y a différens ordres de fermiers, ſuivant la quantité plus ou moins conſidérable de terrain qu'ils afferment. Quelquefois les terres ſont données à bail à de petites ſociétés, qui vivent dans un enclos de huttes, appelé *Tenans-Town* (ville des fermiers) : ils ſont tous engagés ſolidairement pour le paiement de leur bail. Ceux-ci emploient de même aux ſoins de leur bétail & au labourage une manière de fermiers au-deſſous d'eux, qui, ayant eux-mêmes une hutte avec un peu d'herbe autour pour un petit nombre de vaches & de brebis, paient leur rente au moyen d'une certaine quantité de travaux, ſtipulée dans leur bail.

Je ne puis parler avec une ſorte de certitude de la condition des domeſtiques, ni du ſalaire attaché aux travaux occaſionnels ; j'ai ouï dire que les filles avoient le ſoin des brebis, & qu'on leur allouoit de filer pour leur habillement : il eſt poſſible qu'elles n'aient point de gages pécuniaires, excepté dans les familles très-opulentes.

Les mœurs, qui juſqu'à préſent avoient été purement paſtorales, commencent à être un peu bigarrées par l'influence du commerce ; mais les nouveautés ne s'introduiſent que par degrés,

& jufqu'à ce qu'un ufage ait pleinement prévalu, on ne peut établir fon opinion avec quelque peu de jufteffe. Tel eft le fyftème de la fubordination dans les Isles ; qui, éprouvant peu de variations, ne peut procurer des remarques bien piquantes, ni tenir long-temps l'efprit en contemplation.

Les habitans jouirent pendant long-temps d'une efpèce de bonheur ; mais cette forte de bonheur étoit fondée fur un mélange confus d'orgueil & d'ignorance, une indifférence pour des plaifirs qu'ils ne connoiffoient pas, une vénération aveugle pour leurs chefs ; & une forte conviction de leur propre importance.

Leur orgueil a été écrafé par la main appefantie d'un vainqueur vindicatif, qui a fait fuccéder à fes rigueurs des loix qu'on ne fauroit appeler cruelles ; mais qui n'ont pas laiffé de caufer beaucoup de mécontentement, parce qu'elles portent fur des objets extérieurs, & qu'elles préfentent à tous les regards le fpectacle de l'affujétiffement. On a de tout temps regardé comme humiliant & pénible d'être forcé à changer d'habillement.

Les chefs ont déjà perdu beaucoup de leur influence depuis qu'ils ont été privés de leur jurisdiction ; & comme leurs mœurs patriar

M iij

chales dégénèrent chaque jour en une sordide
rapacité, ils perdront bientôt le peu de prépon-
dérance qui leur reste. La dignité qui dérivoit
de l'opinion de leur importance militaire, est
anéantie par la loi qui les a désarmés.

Un vieux gentilhomme, se plaisant dans le sou-
venir de jours plus heureux, nous disoit qu'il
y a quarante ans, le chef de la tribu ne se pro-
menoit jamais sans être accompagné de dix ou
douze de ses gens décorés de leurs armes bril-
lantes. Cette populace guerrière est actuellement
dissipée ou dépouillée ; le chef a perdu sa contenance formidable, & le montagnard se promène parmi ses bruyères, sans armes & sans
défense, avec l'air soumis & pacifique d'un pay-
san François ou d'un journalier Anglois.

Leur ignorance diminue tous les jours, mais
leurs connoissances ne leur servent encore qu'à
leur faire voir ce qui leur manque ; ils sont
actuellement à ce période de civilisation où l'on
sent la gêne de la discipline, sans appercevoir
encore les avantages de l'instruction.

La dernière loi par laquelle les montagnards
ont été privés de leurs armes, a été suivie de
son exécution, au-delà de toute attente. Les
réglemens, faits précédemment au même sujet,
n'avoient eu que de foibles succès. Il étoit aisé

de cacher les armes, & cela peut-être même étoit
facilité par la connivence des exécuteurs de la
sommation : il y avoit une sorte de tendresse & de
partialité d'une part, & de l'obstination de l'autre ; mais la loi qui suivit la victoire de *Culloden*,
trouva toute la nation abattue & intimidée ; les
informations furent données sans danger, & les
armes recueillies avec une telle rigueur, que
chaque maison fut dépouillée & laissée sans
défense. On ne pouvoit trouver d'injustice au
désarmement d'une partie des montagnards.
Tous les Gouvernemens ont incontestablement
le droit de désarmer ceux qui s'arment contre
eux ; mais les tribus, demeurées loyalistes, mur-
murèrent avec quelqu'apparence de justice, de
ce qu'après avoir défendu la cause du Roi, on
les mettoit hors d'état pour l'avenir de se défendre eux-mêmes, & de ce qu'on confisquoit
des épées si légalement employées : leur cas,
sans doute, étoit fort dur, mais en politique
on se contente que le bien domine, parce qu'il
ne peut jamais être complettement opéré.

C'est une chose à examiner, si le désarmement
d'un peuple ainsi divisé en tribus, & éloigné
du siège du gouvernement, produit plus de
bien que de mal. Le pouvoir souverain, dans
une communauté quelconque, n'a le droit de

M iv

dépouiller les individus, & même les ſociétés
ſubalternes de la prérogative de ſe garder & de ſe
défendre elles-mêmes, qu'autant qu'il a lui-même
les moyens de les défendre ; en conféquence,
là où le gouvernement ne peut agir, il doit
confier aux ſujets le ſoin d'agir par eux-mêmes

Les Isles couroient riſque d'être ravagées par
le fer & le feu, avant que le Souverain fût averti
de leur danger. Une bande de voleurs confédérés, telle que celle qui a été découverte
dernièrement dans les montagnes, pourroit
mettre tout le pays à contribution. L'équipage
ſeulement d'un petit corſaire aborderoit, ſans
coup férir, à la partie la plus abondante des
Isles, & y commettroit les excès les plus affreux,
ſans craindre d'être réprimé. Un des chefs de
Sky nous obſervoit que cinquante hommes armés
pouvoient ravager le pays ſans réſiſtance. Des
loix qui expoſent les ſujets de cette manière,
contreviennent formellement aux premiers principes de tout contrat ſocial, en exigeant obéiſ-
ſance, ſans accorder protection.

Je ne connois point de ſatisfaction plus grande
& plus noble, que celle qu'on reſſent à l'aſpect
d'une petite nation faiſant ſes récoltes & laiſſant
paître ſes troupeaux dans une entière ſécurité,
chez laquelle, au mépris des murs & des retran-

chemens, chacun dort paifible à côté de fon
épée, où tous viennent enfemble, aux approches
de la première hoftilité , à l'appel du combat,
comme à celui d'une fète militaire , & qui, s'en
remettant du foin de leurs troupeaux à ceux que
l'âge ou la nature rendent incapables d'autres
travaux, cherchent l'ennemi avec cette paffion
de la gloire, qui agit fi fortement fur les hommes,
lorfqu'ils combattent fous les yeux de ceux dont
ils regardent l'approbation ou le blâme comme
le plus grand de tous les biens ou de tous les
maux.

Tel étoit la fituation politique des montagnes
au commencement de ce fiècle ; chaque homme
étoit un foldat qui participoit à la confiance générale , & qui étoit intéreffé lui-même à l'honneur de la nation. La perte de cet efprit ne fauroit être fans doute compenfée que par de grands
avantages.

Il vaudroit auffi la peine de rechercher fi une
grande nation doit être entièrement livrée au
commerce ? Si au milieu de l'incertitude des
chofes de ce monde on peut donner trop d'attention à une manière d'être heureux fans rif-
quer de perdre les autres ? S'il n'eft pas des
occafions où l'orgueil des riches peut avoir
befoin de la protection & du courage des autres ?

Si, en un mot, dans la ſuppoſition qu'il eſt
néceſſaire d'entretenir l'eſprit militaire dans
quelque partie de l'empire, on peut le faire
avec plus de commodités que dans une province
reculée & peu précieuſe, où il ne peut produire que du mal, & d'où l'on tireroit promptement des ſecours au premier beſoin.

Il faut avouer néanmoins qu'un homme qui
ne ſauroit placer l'honneur que dans les ſuccès
de la violence, eſt un animal fort incommode,
& pernicieux en tems de paix, & qu'il eſt impoſſible que le caractère martial ne prévaille chez
tout un peuple qu'au détriment de toutes les
autres vertus.

L'habitude de réſoudre toutes les queſtions
par la force, donne peu de diſpoſition à la douceur & à l'équité. Tous les effets de l'amitié,
avec une pareille manière de vivre, ſont reſ-
treintes à produire des confédérations pour envahir, ou des traités de défenſe ; le fort ne peut
proſpérer que par la force, & le foible que par
la ruſe.

Juſques au moment où les montagnards perdirent leur férocité avec leurs armes, ils ſe per-
mettoient les uns envers les autres tout ce que
la malice pouvoit ſuggérer, & l'exécutoient avec
la plus grande promptitude. Toute inſulte étoit

fuivie d'une vengeance & d'un meurtre , & un homme ne fe trouvoit jamais dans une nombreufe affemblée , formée à quelle occafion que ce fût, avec la certitude de retourner chez lui fans bleffure. S'ils font expofés à préfent à des hoftilités étrangères , ils peuvent parler du danger , mais ils l'éprouveront rarement ; s'ils ont perdu l'efprit belliqueux , ils ont auffi perdu cette humeur querelleufe qui les caractérifoit.

La mifère générale ne tient pas du moins en partie de ces grands maux qui accablent les peuples , mais de ces vices fecrets qui attaquent fourdement & minent les fondemens de la profpérité publique.

Une invafion eft néceffairement une chofe rare, tandis que des animofités domeftiques ne donnent aucun relâche.

L'abolition des juftices locales , qui ont appartenu pendant tant de fiècles à leurs chefs , a auffi fon bon & fon mauvais côté ; la conftitution féodale avoit pouffé diverfes branches qui tenoient toutes à cette forme de gouvernement : liée elle-même à la nature d'un pays divifé par des chaînes de montagnes & coupé de paffages difficiles , au travers defquels la juftice nationale ne pouvoit guères fe frayer un chemin , le pouvoir de décider les différends , & de punir les

offenfes (car il faut toujours qu'un tel pouvoir
exifte) étoit confié aux *Lairds*, que le peuple
confidéroit comme fes juges naturels

On ne peut fuppofer que le propriétaire groffier d'un pays de rochers, fans étude & fans
lumières, fût merveilleufement propre à réfoudre des queftions bien embrouillées, ou à mettre
une jufte proportion entre la peine & le délit ;
mais plus il fuivoit fes caprices dans fes jugemens, plus il tenoit fes vaffaux dans la dépen-
dance. La prudence & l'innocence n'étoient
point en sûreté fans la faveur du chef, & les
crimes pouvoient fe commettre fans crainte,
lorfqu'il étoit réfolu d'avance d'abfoudre le
criminel.

Lorfque les chefs fe trouvèrent être des
hommes vertueux & inftruits, la convenance de
cette judicature domeftique étoit confidérable.
On n'avoit pas befoin de voyages pour obtenir
juftice, & on n'obtenoit aucun délai par artifice.
Le caractère des plaideurs, leurs alliances, leurs
intérêts, tout étoit connu de la cour, & elle ne
tardoit pas à découvrir la fauffeté des prétentions mal fondées. La fentence, une fois pro-
noncée, ne pouvoit être éludée ; le pouvoir du
Laird écartoit l'embarras des formalités, & l'intérêt ni les ftratagêmes ne pouvoient éluder la
juftice.

Je ne doute pas que depuis l'établissement des Juges qui font leur *circuit* à termes fixes dans le pays , les jugemens ne foient prononcés avec plus de fageffe & d'équité ; ils fe plaignent feulement de ce que les procès font devenus plus embarraffans , & de ce que les magiftrats font en trop petit nombre , & par conféquent trop éloignés pour la convenance générale.

Les plus petites de ces Ifles n'ont point chez elles d'officier légal. Je demandai un jour fi un crime s'y commettoit, de quelle autorité on faifiroit le coupable : on me répondit que le *Laird* exerceroit fon droit ; droit qu'il feroit alors obligé d'ufurper , mais que la néceffité lui affureroit, & qui par cette raifon eft auffi exercé, quoiqu'en moindre degré , par d'autres propriétaires inférieurs , lorfqu'ils ne peuvent obtenir une juftice légale.

Dans les procès importans, on n'a plus heureufement à redouter ou à efpérer l'injuftice ou la faveur. Les routes font fûres dans les mêmes endroits où un voyageur ne pouvoit paffer il y a quarante ans , fans être accompagné. Les procès ne fe décident plus par l'épée, & le petit eft auffi à couvert des entreprifes de l'homme puiffant que partout ailleurs. Nul fyftème politique n'a jufqu'ici placé le riche & le pauvre fur un pied absolument égal vis-à-vis des tribunaux : peut-être enfin l'expérience, ajoutée à l'expérience, parviendra-t-elle à ce but si désirable !

Ceux qui ont joui long-temps du pouvoir & des dignités, ne les abandonnent pas sans équivalent. Le gouvernement a payé aux chefs, en échange de leurs privilèges, une somme plus forte peut-être que plusieurs d'eux eussent jamais possédé auparavant, & qui n'a pas manqué d'exciter la soif des richesses, dont on leur enseignoit si bien l'usage. Le pouvoir & les richesses se suppléent aisément l'un par l'autre. Le pouvoir nous rend capables de satisfaire nos désirs sans le consentement d'autrui, les richesses nous mettent à même d'obtenir ce consentement. Le pouvoir considéré simplement est obligé de prendre de l'un pour accorder à l'autre : avec les richesses nous ne prenons que sur nous-mêmes ce que nous donnons aux autres. Le pouvoir a des attraits pour l'homme violent & fier, les richesses plaisent mieux à l'homme timide & tranquille, c'est pourquoi la jeunesse vole à l'un, & les vieillards rampent ordinairement vers l'autre.

Les chefs, une fois dépouillés de leur prérogatives, tournèrent leurs vues du côté de l'amélioration de leurs revenus, & s'attachèrent

à gagner en rentes ce qu'ils perdoient en hom-
mages. Le fermier, qui eft bien éloigné de s'appercevoir que fa condition eft devenue meilleure
dans la même proportion que celle de fon Seigneur eft empirée, ne comprend pas aifément
pourquoi fon induftrie eft taxée plus haut que
ci-devant; il refufe de payer, & on le chaffe.
Le terrain eft loué à un étranger, qui apporte
peut-être un capital plus fort, mais qui, prenant
la ferme à fa jufte & pleine valeur, traite d'égal
à égal avec le Seigneur, & ne le confidère que
comme faifant une fpéculation fur fes biens.
Par ce moyen, le domaine s'améliore; mais la
confidération ceffe, & la tribu fe diffout infenfiblement.

Il paroît qu'on penfe communément que
les rentes des terres ont augmenté trop &
trop promptement. On doit faire quelque attention au préjugé : ceux qui jufqu'à préfent ont
peu payé, fe perfuaderont difficilement de payer
beaucoup, quoiqu'ils puiffent le faire. Comme
le terrain s'améliore graduellement, & que la
valeur de l'argent diminue, la rente peut augmenter, fans que pour cela le fermier en ait
moins de profit. Toutefois eft-il néceffaire,
dans ces pays où la perte d'un fermier eft un
plus grand mal que dans un pays peuplé, de ne

pas conſidérer ſimplement ce que la terre peut produire, mais avec quel degré d'habileté l'habitant peut la faire valoir. Un certain fonds ne peut donner qu'un certain produit, & ſi le fonds eſt doublé ſans que le produit augmente, le fermier n'en eſt pas plus riche.

Les propriétaires des terres, dans les montagnes, pourroient ſouvent peut-être augmenter leurs revenus, en ſubdiviſant leurs fermes, & en n'allouant à chaque occupant qu'autant d'acres qu'il pourroit en faire travailler avec quelque profit ; mais ils manquent de monde pour cela. Quelle que puiſſe en être la cauſe, il ſemble qu'il régne actuellement dans les montagnes un mécontentement général : cet attachement dont chaque individu faiſoit autrefois profeſſion pour le chef de ſon nom, eſt actuellement preſque ſans effet, & celui qui vit à regret dans ſa patrie, écoute avec plaiſir ce qu'on lui raconte de ces isles fortunées, de ces heureuſes contrées, où chacun peut avoir une portion de terre en propriété, & manger le produit de ſon travail, ſans avoir à rendre compte à un ſupérieur.

On ſait parfaitement que ceux qui ont obtenu des gratifications en terres en Amérique, ont cherché à y attirer des colons des quatre coins du globe, & entr'autres pays où l'oppreſſion pouvoit produire un déſir d'émigration, leurs émiſſaires n'ont pas manqué d'eſſayer l'effet de leur éloquence dans les isles d'Ecoſſe : il n'eſt pas étonnant qu'ils y aient réuſſi dans un temps où les tribus ſe ſéparoient de leurs chefs, & où des exactions nouvelles aigriſſoient les eſprits.

On peut demander ſi les maux occaſionnés par l'émigration furent d'abord remarqués : ceux qui s'en allèrent les premiers, étoient aſſurément bien pardonnables ; mais les rélations, vraies ou fauſſes, envoyées par les derniers aventuriers, engagèrent beaucoup de monde à les ſuivre, & des cantons entiers formèrent des aſſociations pour quitter ; & partir de cette manière n'étoit point pour eux un exil. Celui qui s'expatrie ainſi, emporte tout ce qui rend la vie agréable ; il change ſon pays natal contre un climat plus doux, & reſte environné de ſa parenté & de ſes amis ; il emmène avec lui leur langage, leurs opinions, leurs chanſons nationales & les fêtes tranſmiſes par leurs ayeux ; ils ne changent que le lieu de leur ſéjour, & ce changement leur eſt avantageux.

Tel eſt l'effet réel de l'émigration, ſi ceux qui partent enſemble, s'établiſſoient dans le même lieu, & conſervoient leur ancienne union ;

mais quelques-uns racontent que ces hardis aventuriers, qui vont découvrir des régions inconnues, après un voyage égayé par de beaux rêves
de fortune & de félicité, ſont enfin diſperſés
dans des forêts ſauvages & déſertes, où leurs
premières années ſe paſſent à mettre le terrain
en état d'être labouré, & que tout l'effet de
leurs entrepriſes ſe réduit à avoir plus de peine
& une auſſi grande pauvreté.

L'une & l'autre de ces rélations peuvent être
fauſſes. Ceux qui ſont partis, tâchent, par toutes
ſortes d'artifices, d'attirer les autres auprès
d'eux, parce que leur nombre étant plus grand,
ils ont plus de facilité à ſe tirer d'affaire. Lorſqu'on commença à peupler la *Nouvelle Ecoſſe*,
je me ſouviens d'une lettre publiée ſous le nom
d'un nouveau planteur, qui s'extaſioit ſur ce
que le climat lui retraçoit le ſouvenir de l'Italie.
Les Hébridiens reçoivent probablement de ſem-
blables renſeignemens de leurs correſpondances
d'outre mer, mais par un pareil motif d'intérêt, & peut-être ſans plus de vérité, les propriétaires des Isles ne manquent pas de répandre
les récits des miſères & de la vie dure qu'on
mène en Amérique, pour que le peuple reſte
ſatisfait de ſa condition actuelle.

On devroit s'occuper avec ſoin des moyens

d'arrèter cette épidémie d'émigration, qui étend ſa contagion de vallée en vallée. Dans un pays plus fertile, la perte d'un individu n'a d'autre effet que de faire place à un autre; mais dans les *Hébrides*, la perte d'un habitant fait un vide durable, parce qu'aucun homme, né dans une autre partie du monde, ne les viendra choiſir pour le lieu de ſa réſidence, & une isle, une fois dépeuplée, reſtera un déſert auſſi long-temps que la facilité avec laquelle on voyage actuellement donnera à un homme mécontent de ſon pays le choix de s'établir partout où il juge à propos.

Qu'on cherche à découvrir ſi le premier motif de ceux qui battent ainſi des aîles, & qui enrô-lent pour emmener un eſſaim, eſt de courir après de nouveaux biens, ou d'éviter des maux réels : s'ils ſont mécontens de cette partie du globe que la naiſſance leur a allouée, & qu'ils ſoient réſolus à ne plus vivre dans la privation des jouiſſances qu'on trouve dans de plus heu-reux climats; ſi un ſoleil chaud & brillant, un ciel calme, des champs fleuris, & des jardins odoriférans & délicieux, ſont l'objet de leurs ſoupirs, je ne ſais pas alors quelle éloquence ſera capable de leur perſuader de reſter chez eux.

HÉBRI-
DES.
Oſtig.

N ij

Mais, s'ils ſont chaſſés de leurs pays par des maux réels, s'ils ſont rebutés par de mauvais traitemens, vrais ou imaginaires, il conviendroit de redreſſer leurs griefs & d'appaiſer leur reſſentiment ; puiſque, s'ils ont été juſqu'à préſent des ſujets indociles, ils ne réformeront pas leurs principes par leur commerce avec les Américains.

Pour engager à ſervir l'armée, on a penſé qu'il ſeroit convenable de leur y permettre leur habit national. Si cette conceſſion étoit propre à produire quelqu'effet, on pouvoit aiſément la faire. Cette diſſemblance de coſtume, qu'on ſuppoſoit être une barrière entr'eux, & le reſte de la nation les auroit de même empêchés de s'unir avec les peuples de *Penſylvanie* & de *Connecticut*. Si la reſtitution de leurs armes peut les réconcilier avec leur pays, qu'on leur laiſſe ces épées qui ne ſont pas plus à craindre chez eux que tranſportées dans les Colonies. Si c'eſt, enfin, l'augmentation de la rente des terres qui les fait fuir, je ne ſais pas ſi le bien général ne requerroit pas de reſtraindre, pour un temps, les ſeigneurs propriétaires dans leurs demandes : dût-on les dédommager de leur perte par des penſions équivalentes ?

Appaiſer un ſoulèvement en obligeant le peuple

de s'en aller, & gouverner paifiblement fans
avoir de fujets, eft un expédient qui n'exige
pas des vues politiques bien profondes.

Adoucir les plus irrités, convaincre les opi-
niâtres, & ramener ceux qu'égare le reffentiment
ou l'erreur, exige des efforts vraiment dignes
d'un homme d'état; mais quel relief l'amour
propre d'un légiflateur peut-il recevoir, quand
il voit que là où il y avoit autrefois des révoltes,
il a fait maintenant un défert.

On a fouvent agité, fans la réfoudre, la queftion : pourquoi ces régions feptentrionales, dont
les armées accablèrent autrefois l'Empire romain,
font aujourd'hui fi chétivement peuplées ?

La queftion fuppofe ce que je ne crois pas
vrai ; c'eft que ces pays aient eu une fois plus
d'habitans qu'ils n'en pouvoient contenir, &
qu'ils refluoient par néceffité.

C'eft juger des mœurs & des coutumes de
tous les pays & de tous les fiècles par les nôtres.
Lorfqu'on vivoit dans une condition peu ftable,
& avant qu'il y eût une communication établie
entre les provinces éloignées ; les émigrations,
chez les nations fauvages de l'Europe, étoient
l'effet du caprice & des circonftances. Un hardi
faifeur de projets entendoit parler d'une côte
fertile & inhabitée : il y tranfportoit une colo-

nie. Un chef, renommé par ſa bravoure, raſ-
ſembloit une troupe de jeunes gens, & les
menoit avec lui pour tenter la fortune.

Quand Céſar arriva dans les Gaules, il trouva
les Helvétiens qui ſe préparoient à quitter leur
pays ſans aucun but fixe, & s'étant oppoſé à
leur réſolution, ils allèrent s'établir de nouveau
chez eux où ils étoient ſi éloignés de manquer
de rien, qu'ils avoient accumulés pendant trois
ans des proviſions pour leur marche.

La réligion des peuples du Nord étoit militaire : lorſqu'ils ne pouvoient pas trouver des
ennemis, c'étoit un devoir pour eux de s'en
faire. Ils s'en faiſoient : ils voyageoient pour
chercher des dangers, & couroient volontiers
la chance de l'empire ou de la mort.

Lorſque leurs troupes étoient nombreuſes,
c'eſt qu'elles avoient été levées dans des pays
d'une grande étendue : & ſans une grande ſura-
bondance d'habitans, on peut lever de grandes
armées partout où chaque homme eſt un ſoldat;
mais leur véritable nombre n'a jamais été connu.

Leurs Hiſtoriens étoient de la nation con-
quiſe, & la honte peut les avoir engagé à écrire
qu'ils avoient été accablés par la multitude. Les
calculs ſont de pratique moderne ; l'ancienne
méthode étoit de ſuppoſer, & quand on ſuppoſe
on exagère toujours.

C'eſt ainſi que l'Angleterre a retenti pendant pluſieurs années des exploits de ſept mille montagnards employés en Amérique. J'ai ouï dire à un officier Anglais, qui n'étoit pas trop prévenu pour eux, que leur conduite militaire avoit mérité de très-grands éloges ; mais que leur nombre avoit été fort exagéré. Un miniſtre du pays m'aſſura qu'on n'auroit jamais trouvé ſept mille hommes dans les montagnes, qui n'en ont jamais contenu plus de douze mille.

Ceux qui allèrent faire la guerre en Amérique marchèrent à leur deſtruction. Du vieux régiment montagnard, compoſé de douze cent hommes, il n'y en eût que ſoixante-ſeize qui revirent leur pays natal.

Ces Eſſaims de Goths ont du moins été multipliés avec une égale libéralité ; & une preuve évidente que leur nombre ne fit pas une grande ſenſation dans les pays où ils s'établirent, c'eſt le peu de mots que les provinces ont conſervé des langues du Nord.

Ce n'eſt point par défaut de place qu'ils quittoient leur pays ; car il étoit couvert de forêts d'une grande étendue ; & le premier effet d'une population ſurabondante eſt la deſtruction des bois. A meſure que les Européans ont peuplé

N iv

l'Amérique, les terres en ont été graduellement
dépouillées.

Je ne prétends pas dire que la néceffité & le
befoin n'ait jamais eu aucune part dans leurs
expéditions. Une nation dont l'agriculture eft
défectueufe & mal-adroite, peut-être chaffée
par la famine. Un peuple de chaffeurs peut avoir
épuifé fa chaffe. J'affirme feulement que les
régions du Nord, lorfque leurs habitans firent
leurs irruptions chez les Romains, n'étoient
pas peuplées en proportion de leur étendue, &
de leur fertilité. Il refte toujours quelques marques évidentes de population dans un pays qui
a été une fois fort habité, quoiqu'il ne le foit
plus : mais nous ne connoiffons rien de la *Scan-
dinavie* & de la *Germanie*, fous ce rapport dans
l'antiquité, que comme ayant eu des forèts plus
étendues & moins de terres cultivées.

Il réfulte de la conduite actuelle des montagnards, qui, dans quelques endroits, menacent
d'une défertion totale, qu'il peut y avoir d'autres caufes de cette difpofition que le manque
de place. Le nombre de ceux qui ont déjà quitté
le pays, quoique peut-ètre auffi amplifié, eft
très-confidérable, & tel que s'ils s'en fuffent
allés enfemble, & qu'ils fe fuffent arrangés fur
un certain plan d'établiffement, ils auroient pu

fonder un état indépendant au cœur du continent occidental , & ce n'étoit point la portion
la plus baſſe & la plus indigente du peuple. Pluſieurs propriétaires de biens conſidérables y ont
emmenés avec eux leur train de labourage &
leurs domeſtiques ; & s'ils euſſent continué
leur régime féodal , ils auroient pu établir de
nouvelles tribus dans un autre hémiſphère.

Je crois pouvoir raiſonnablement conclure
qu'on peut attribuer ce déſir de déſertion des
montagnards, immédiatement à leurs Seigneurs,
d'autant mieux que quelques *Lairds*, plus pru-
dens & moins avides , ont bien ſu prévenir la
dépopulation de leurs terres. A *Raaſay*, il n'y a
qu'un ſeul homme qui ait été débauché, & à
Col, je n'ai trouvé perſonne enclin à s'expatrier.

Le voyageur qui arrive ici de contrées opu-
lentes pour exercer ſes ſpéculations ſur ces reſtes
de la vie paſtorale , ne ſera pas fort ſurpris que
les montagnards, en général, n'aient qu'un mé-
dicore attachement pour leur pays natal , n'y
trouvant aucun avantage ni jouiſſance phyſique
qu'ils ne puiſſent aiſément ſe procurer , en quel
lieu qu'ils portent leurs pas.

Les habitations aux *Hébrides* peuvent être
diſtinguées en huttes & en maiſons : par une
maiſon j'entends un bâtiment avec un étage

au-deſſus du rez-de-chauſſée ; par *hute*, une habition où il n'y a qu'un rez-de-chauſſée. Le *Laird*
qui demeuroit autrefois dans un château, vit
actuellement dans une maiſon qui, pour l'ordinaire, eſt aſſez propre, mais rarement ſpacieuſe
ou ſplendide.

Les *Tacksmens* & les miniſtres, ont communément des maiſons; & partout où il y a des maiſons, un étranger trouve toujours un bon accueil : ainſi, aux autres maux qui réſulteroient
de l'aboliſſement des *Tacksmens*, on peut ajouter
l'inévitable ceſſation de l'hoſpitalité, ou une
augmentation de charge inſupportable pour les
miniſtres.

On ne peut pas dire grand-choſe des maiſons,
elles ſont petites : & comme ils ont rarement des
occaſions de faire leurs proviſions, ils ſont obligés de multiplier les endroits où ils les reſſer-
rent, ce qui remplit leurs maiſons de choſes fort
hétérogènes. On ne ſauroit ſans ingratitude leur
reprocher le manque de propreté ; leurs domeſtiques ayant été élevés ſur la terre toute nue,
regardent un plancher, comme qu'il ſoit, comme
très-propre ; & la ſucceſſion continuelle d'hôtes,
qui ne ſont pas de la plus grande élégance, ne
leur permet guères de tenir leurs appartemens
bien propres.

Il y a dans la claſſe des *huttes* une gradation
à compter depuis l'antre ſale & obſcur, juſqu'à
l'habitation commode. Le mur d'une hutte ordinaire eſt toujours fait ſans mortier, en arran-
geant adroitement les pierres les unes ſur les
autres ; quelquefois c'eſt un double mur, dont
l'interſtice eſt rempli de terre, ce qui empêche
complètement l'air de pénétrer ; d'autres fois les
murs ſont faits de gaſons, liés enſemble par une
eſpèce de claie faite de jeunes branches d'arbres.
Dans les huttes de la plus chétive eſpèce, la
première chambre eſt éclairée par la porte, & la
ſeconde par un trou, qui ſert à donner eſſor à la
fumée : on fait ordinairement le feu au milieu :
mais il y a des huttes qui ſervent d'habitations
à des gens d'un ordre plus élevé, quoiqu'elles
n'aient qu'un ſeul étage, dont les murs ſont liés
avec du mortier, avec des fenêtres & un plancher. Celles-ci ont toutes des cheminées, &
quelques-unes même des grilles pour le charbon.

La maiſon & les ameublemens ne ſont pas
toujours merveilleuſement aſſortis. Un jour
ayant manqué le paſſage par un vent contraire,
nous fûmes conduits à la hutte d'un gentilhomme, où, après un ſouper où rien n'avoit
manqué, lorſque je fus conduis à ma chambre,
je trouvai un lit fort élégant de toile de coton

des Indes, garni de fort beaux draps ; le traite-
ment étoit flatteur, mais lorfque je fus déshabillé, je fentis mes pieds dans un bourbier ; le
lit portoit fur le terrain tout nud, qui avoit été
converti en boue par le cours des eaux de la
pluie.

Dans les pays où il n'y a que des pàturages,
la condition du bas peuple eft affez miférable :
dans ceux de manufactures, ceux qui n'ont
point de propriété, peuvent avoir des talens ou
de l'induftrie, qui les rendent néceffaires & les
fortent de la pauvreté ; mais là où les troupeaux
& les champs font toutes les richeffes, il y a
toujours plus de bras que de travail, & ce travail encore eft-il d'un genre où l'on ne peut pas
trop fe diftinguer par plus d'induftrie ou de dex-
térité. En conféquence, celui qui eft né pauvre,
ne peut jamais devenir riche ; le fils fe contente
d'occuper la place qu'occupoit fon père, & ne voit
rien qui puiffe lui procurer dans la vie le moindre
avancement.

Les petits fermiers & les payfans qui travail-
lent à la terre vivent dans de miférables cabanes,
qui ne leur fervent guères que d'abri contre
les orages. On dit que les payfans de Norwège
font eux - mêmes tous leurs meubles & leurs
uftenfiles. Dans les Hébrides, quelle que pût

être leur induſtrie, le manque de bois ne leur laiſſeroit aucuns matériaux. Ils ſe contentent probablement de ceux qu'ils peuvent faire avec des pierres de différentes formes & de différentes grandeurs.

Leur nourriture ne vaut pas mieux que leur logement : il eſt rare qu'ils mangent de la viande. Il n'y a point de marchés, enſorte que chacun ſe nourrit de ſon propre fonds. Le grand effet de l'argent eſt de diviſer les propriétés en petites portions. Dans les villes, celui qui a un ſchelling, peut ſe procurer une pièce de viande ; mais là où il n'y a point de commerce, pour manger du mouton, il faut en avoir un à tuer.

Dans la belle ſaiſon, ils ne manquent jamais de poiſſon ; mais je ne penſe pas qu'aucun homme en faſſe jamais volontiers ſon unique nourriture ; il ſe nourriroit plutôt de racines ou de graines.

Le ſeul feu dont ils faſſent uſage eſt la tourbe ; leurs bois ſont tous conſumés, & ils n'ont point encore trouvé de charbon de pierre. Ils tirent leur tourbe des marais, depuis un juſques à ſix pieds de profondeur : celle qui eſt le plus près de la ſurface eſt réputée la meilleure ; c'eſt une terre noire, liée par les fibres de quelques végétaux. Je ne ſais pas ſi la terre en eſt bitumineuse, ou si ces fibres seulement étant combustibles, mettent en feu la terre qu'elles contiennent, & en forment une masse embrasée.

La chaleur que donne la tourbe, n'est ni forte ni durable ; les cendres en sont jaunâtres & abondantes. Lorsqu'ils la tirent du marais, ils la coupent en pièces quarrées, qu'ils mettent sécher en piles derrière leurs maisons. Dans quelques endroits, elle exhale une odeur malfaisante, pareille à celle du charbon de bois, dont se servent nos forgerons.

La méthode la plus ordinaire de faire le feu de tourbe est de l'entasser tout simplement sur la terre, & d'y mettre le feu ; mais il brûle mieux dans les grilles, & c'est ainsi qu'on s'en sert dans les meilleures maisons. On croit communément que la tourbe recroît là où elle a été coupée : que le fait soit connu ou non de ceux qui l'assurent, il n'est pas sans vraisemblance, puisqu'elle est composée de matières végétales.

Il y a des moulins à eau dans les isles de *Sky* & de *Raasay* ; mais là où ils sont trop éloignés, les femmes de la maison moulent leur avoine avec une espèce de moulin à bras, qui consiste en deux pierres d'environ un pied & demi de diamètre, dont l'inférieure est un peu convexe, de manière à s'ajuster à la concavité de

celle de deſſus. Dans le milieu de la pierre ſupérieure, il y a un trou rond, & au côté, un
long manche. Celle qui moud, verſe le grain
graduellement dans le trou, d'une main, &
tourne la pierre de l'autre avec le manche.

Le grain gliſſe au bas de la convexité de la
pierre inférieure, {& par le mouvement de la
ſupérieure, il eſt broyé dans ſon paſſage. On
trouve ces pierres dans *Lochabar*.

Les Isles préſentent peu d'occaſion de plaiſir,
excepté au vigoureux chaſſeur, habile à franchir
les fondrières & les marécages, & à grimper les
montagnes. La diſtance d'une famille à l'autre,
dans un pays où les voyages ſont difficiles &
pénibles, rend les fréquentes viſites imprati-
cables; auſſi durent-elles pluſieurs jours, & ſe
font ordinairement par eau. Je n'y ai jamais
vu néanmoins de bateaux fournis de bancs, ni
même rendus commodes par la moindre addition
à leur ſtructure originelle & indiſpenſable. On ne
s'apperçoit point des commodités de la vie là où
on n'en a jamais uſé.

Ils ont long‑temps regardé la cornemuſe
comme un plaiſir & un adouciſſement à leurs
peines; mais entr'autres changemens introduits
par la dernière révolution, on peut commencer
à compter l'abandon de cet inſtrument. Quel‑

ques-unes des familles principales entretiennent encore un joueur de cornemuse, dont l'office étoit anciennement héréditaire : *Macrimmon* l'exerçoit chez les *Macleod*, & *Rankin* chez les *Maclean* de *Col*.

Les airs de cornemuse font tranfmis par tradition. Il y avoit à *Sky*, de temps immémorial, un collège, ou société de joueurs de cornemuse, fous la direction d'un *Macrimmon*, qui n'a pas encore tout-à-fait ceffé : il y en avoit un autre dans *Mull*, dirigé par *Rankin*, qui a expiré il y a environ feize ans. C'étoit dans ces collèges, dans le temps au moins que l'on alloit apprendre à en jouer, qu'on nous a donné, à dîner, le divertiffement de la cornemuse à *Armidate*, à *Dunvegan*, & dans l'isle de *Col*.

La converfation des habitans des Isles n'a rien de particulier; je n'y ai point trouvé cette curiofité queftionnelle dont ils ont la réputation, & je foupçonne qu'elle leur a été donnée trop légérement. Un étranger, attiré par fa propre curiofité, arrive dans un pays où l'on en voit rarement; il importune tout le monde par des queftions, dont on ne peut deviner le motif, & il contemple avec furprife des chofes que ces gens ayant continuellement fous les yeux, ne regardent pas comme dignes d'admiration. Il a

pour

pour eux l'air d'un être de l'autre monde, & il trouve singulier que ces gens, à leur tour, s'informent d'où il vient & où il porte ses pas.

Les Isles furent long-temps sans ressources pour l'éducation de la jeunesse ; & il n'y avoit que les enfans des gentilshommes qui reçussent quelques notions de littérature. Il y a actuellement des écoles paroissiales, pour l'entretien desquelles les seigneurs de chaque district paient une certaine contribution.

Dans ces écoles on enseigne à lire aux enfans ; mais, par les loix de leur institution, ils ne peuvent apprendre que l'Anglois ; ensorte que les natifs du pays se donnent bien de la peine pour une langue qu'ils n'ont jamais occasion de parler ni d'entendre. Si une paroisse contient plusieurs isles (comme cela arrive souvent) l'école ne pouvant être que dans une, elle ne peut être utile aux autres : c'est le cas de l'isle de *Col*, dont les habitans ne laissent pas pour cela d'être aussi éclairés que ceux des autres Isles, parce que cette privation d'école est suppléée par un jeune gentilhomme, qui, pour sa propre instruction, fait toutes les années à pied le voyage au travers des montagnes, pour profiter du cours d'étude d'*Aberdeen*, & qui, à son retour, emploie le temps des

Tome II.   O

vacances à enfeigner à lire & à écrire aux jeunes gens de fon pays.

Dans l'isle de *Sky*, il y a deux écoles pour la grammaire, où l'on prend en penfion des jeunes gens deftinés à recevoir une éducation régulière & complète. Le prix de la penfion eft de trois à quatre livres dix fols fterlings par année, & celui de l'inftruction un demi écu par quartier; mais ces écoliers font des oifeaux de paffage, qui ne vivent à l'école que l'automne; car en hiver, on ne pourroit raffembler dans un même lieu des provifions pour un fi grand nombre. Cette difperfion périodique démontre mieux que toute autre chofe la difette de ces pays.

N'ayant point ouï parler d'aucune penfion de jeunes demoifelles depuis *Invernefs*, je fuppofe qu'elles reçoivent généralement une éducation domeftique: les plus âgées de chaque famille de confidération font envoyées dans le monde, & peuvent contribuer par les connoiffances qu'elles y acquièrent, à l'éducation de leurs jeunes fœurs.

Les femmes font obligées ici de cultiver les talens utiles comme les connoiffances agréables: ce qui leur manqueroit de ce côté-là feroit rarement fuppléé par une fortune confidérable. Aucune demoiselle, fi elle n'eft fille d'un Laird, ne peut efpérer une dot de cent livres fterlings. Ils ne donnent pas fouvent des dots en argent : on demande combien de vaches une jeune perfonne apporte à fon mari ; un riche parti en a de dix à quarante ; mais deux vaches font une fortune honnête pour celles qui ne prétendent à aucune diftinction.

La réligion des Isles eft celle de l'églife d'Ecoffe : ceux des habitans avec qui j'ai eu quelque converfation, m'ont tous paru inclinés pour la lithurgie Angloife; mais ils font obligés de maintenir le miniftre établi ; & le pays eft trop pauvre pour fournir à l'entretien d'un autre, qui feroit obligé de vivre abfolument des contributions de fes auditeurs ; c'eft pourquoi ils fe contentent de leur culte, & y affiftent auffi fouvent que les vifites du miniftre ou la poffibilité du voyage leur en donne l'occafion, & ils n'auroient pas affurément raifon de fe plaindre de l'infuffifance de leurs pafteurs ; car je n'en ai vu aucun dans les Isles qui ne m'ait paru auffi recommandable par fes connoiffances que par la régularité de fes mœurs. J'en ai trouvé plufieurs avec lefquels je ne pouvois converfer fans fouhaiter qu'ils ne fuffent pas presbytériens.

HÉBRI-
DES.
Ortie.

O ij

L'ancienne rigueur du puritanifme eft actuellement fort relâchée, quoiqu'ils ne foient pas
tous également éclairés. J'ai rencontré quelquefois des préjugés dangereux ; mais c'étoit toujours les préjugés de l'ignorance.

Les miniftres dans les isles font parvenus à
un degré de connoiffances qu'on peut admirer
à jufte titre dans des hommes qui n'ont aucun
autre motif d'étudier, qu'une généreufe curiofité ; ou ce qui eft encore plus précieux, le défir
de fe rendre utiles, ils y joignent tant de politeffe & d'élégance, qu'il n'y a que des efprits
naturellement difpofés à ces qualités, qui aient
pu s'y former dans un cercle auffi borné que
celui dans lequel ils vivent.

Il faut efpérer que la raifon & la vérité pré-
vaudront à la fin. Les plus éclairés, d'entre les
docteurs Ecoffais, admettroient volontiers notre
formule de prières, fi le peuple le fouffroit. Le
zèle, ou pour mieux dire la rage des *affemblées*,
a fes différens degrés. Dans quelques paroiffes
on fouffre l'oraifon dominicale : dans d'autres
elle eft encore rejetée comme un formulaire, &
celui qui en feroit une partie de fon invocation
courroit rifque d'être regardé comme infecté
d'héréfie.

Le principe qui fit rejeter autrefois aux Presbytériens toute prière qui n'étoit pas faite sur-le-champ ; ce principe n'est plus admis aujour-d'hui. Le ministre, dans l'effusion de son oraison, attendoit l'effet d'une inspiration immédiate, peut-être même sensible : & c'est pourquoi il croyoit de son devoir de ne pas penser d'avance à ce qu'il avoit à dire. Actuellement on convient universellement que les hommes s'expriment dans leurs prières, comme dans les autres occasions, selon la mesure générale de leurs connoissances & de leur habileté. Quelqu'idée que chacun puisse avoir de la forme de culte prescrite par un autre, il ne peut s'empêcher de convenir qu'il composera lui-même, au moyen d'un peu d'étude & de méditation, une meilleure prière que celle qu'il seroit obligé de tirer de sa tête au premier besoin ; & s'il a quelque espérance d'un secours surnaturel, pourquoi ne le recevroit-il pas aussi bien en écrivant qu'en parlant.

Dans la grande variété de talens, accordés aux hommes, il doit arriver que quelques-uns ne peuvent composer sur-le-champ que des prières très-imparfaites : ensorte que dans la chaleur & l'emportement des disputes théologiques, si la lithurgie publique étoit laissée au jugement de chaque ministre, l'assemblée courroit souvent risque d'être scandalisée, ou entraînée dans l'erreur.

Il exifte encore en Ecoffe, comme parmi nous, une défiance inquiète des machinations des *papiftes*, & une habitude de crier qu'il font dé nombreux profélytes à leur réligion catholique. Ces bruits font, je crois, également faux dans les deux parties de l'Isle. Le papifme n'eft profeffé qu'à *Egg* & *Canna*, deux petites Isles dans lefquelles la réformation n'a jamais été admife.

S'il y a des miffionnaires employés dans les montagnes, leur zèle leur donne des droits au refpect même de ceux qui ne penfent pas favorablement de leur doctrine.

Je n'ai pas été fort curieux de m'inftruire des opinions politiques des habitans des Isles; & je ne les ai pas trouvé bien empreffés de nous les faire connoître. Leur converfation eft décente, & ils ne cherchent jamais à offenfer. Ils dédaignent de boire à la fanté de leur parti, & perfonne n'eft mortifié à leurs tables. Je n'ai jamais ouï une fanté propofée par un montagnard qui n'eût pu circuler librement jufque dans l'enceinte du palais du Roi.

Un gouvernement légal a encore pour eux quelque chofe d'étrange & de nouveau, à quoi ils ne peuvent pas parfaitement s'accoutumer. Ils confervent encore parmi eux cet efprit qui les portoit à en appeler à leur épée dans leurs différends. Un fermier de *Scalpa*, petite Isle appartenante à *Macdonald*, ne s'embarrassoit point de payer sa rente : lorsque le seigneur parla d'exiger son paiement, le fermier déclara qu'il étoit résolu à garder la ferme, & continua à y faire paître ses troupeaux comme sur sa propre terre, jusqu'à-ce que le chérif fût forcé de le déloger par la force.

Les diverses sortes de superstitions qui étoient admises ici comme dans tous les pays d'ignorance, sont presque extirpées par les soins des ministres.

Il y a bien des années qu'on n'entend plus parler de l'enchanteur *Browuy*, dont Martin fait mention. *Browuy* étoit un enchanteur laborieux, qui travailloit beaucoup, disoient-ils ; s'il étoit nourri & traité avec douceur : actuellement ils ne lui paient point de gages, & ils se contentent de travailler par eux-mêmes.

Il y a trente-trois ans que dans l'isle de *Troda* on faisoit tous les samedis un présent de lait pour *Greogach*, ou *le vieux homme à longue barbe*. Que *Greogach* fût courtisé pour ses bontés, ou redouté comme terrible ; & si en lui donnant du lait, ils avoient envie d'en obtenir des faveurs, ou d'éviter des maux, c'est ce dont je ne me suis pas informé. Le ministre qui a aboli cette pratique absurde est encore vivant.

O iv

Ils ont encore parmi eux un grand nombre
de charmes & d'enchantemens pour la cûre de
différentes maladies : ce font des invocations qui
leur ont été tranfmifes peut-être dès le temps
du papifme, & qui tomberont en défuétude par
l'accroiffement des connoiffançes.

Ils ont certaines opinions qui ne peuvent pas
être rangées pofitivement dans la claffe des
fuperftitions, parce qu'elles n'ont de rapport
qu'à des effets naturels. Ils font perfuadés, par
exemple, qu'ils fe procurent une meilleure
récolte de grain, en femant pendant que la lune
croît. La lune a une grande influence dans la
philofophie vulgaire.

Je me rappelle d'un précepte configné annuellement dans un de nos almanachs Anglois, qui
étoit *de tuer les cochons lorfque la lune croît, pour
avoir du lard plus tendre.*

Nous aurions paffé pour fort peu curieux
affurément, fi nous n'euffions pas examiné avec
le foin le plus particulier la queftion du don de
fecond fight, ou de *feconde vue.* On doit défirer
de mettre au jour la vérité, ou de découvrir
la fauffeté d'une opinion reçue pendant des
fiècles par tout un peuple, & établie chez fes
defcendans par une fuite fucceffive de faits.

Le *fecond fight*, ou *feconde vue*, eft ou une

impreſſion donnée par l'eſprit aux yeux, ou par les yeux à l'eſprit, au moyen de laquelle les objets éloignés ou futurs ſont apperçus & vus comme s'ils étoient préſens. Un homme en voyage, loin de chez lui, tombe de ſon cheval; un autre, que je ſuppoſe à l'ouvrage aux environs de la maiſon du premier, le voit baigné dans ſon ſang, & ſe repréſente même ordinairement le payſage & l'endroit où l'accident arrive. Quelquefois ce ſera en conduiſant ſon bétail, en promenant ſon oiſiveté, ou ſe tenant aſſis au ſoleil, qu'il eſt ſubitement frappé de l'apparition d'une noce ou d'une proceſſion funèbre : il compte même les perſonnes du deuil, ou de la fête; s'il les connoît, il dit leurs noms; s'il ne les connoît pas, il dépeint leurs habillemens. Par cette faculté les choſes abſentes ſont vues au moment où elles arrivent. Quant à celles qui doivent arriver, je ne ſais s'ils ont des règles pour déterminer le temps qui doit s'écouler entre la prédiction & l'événement.

Cette faculté paſſive, car on ne peut pas l'appeler un pouvoir, n'eſt ni volontaire, ni conſtante. Ces apparitions ne ſont point à volonté. On ne ſauroit ni les commander, ni les retenir, ni les rappeler; l'impreſſion en eſt ſoudaine & l'effet ſouvent très-pénible.

Par l'expreffion de *fecond fight*, ou *feconde vue*; il femble qu'on entend un moyen de voir ajouté à celui que la nature nous a accordé généralement : en langue *Erfe*, il eft appelé *Taifch*, ce qui fignifie à-peu-près *fpectre* ou *vifion*; je ne fais (& il eft vraifemblable que jamais montagnard ne s'en eft enquis), fi, par le terme de *Taifch*, traduit par *fecond fight*, ils entendent la faculté de voir, ou la chofe vue.

Je ne trouve pas qu'il foit vrai, comme on le rapporte, que le *fecond fight* ne reçoive d'autres impreffions que des apparences finiftres & malheureufes. Le bien femble avoir part auffi à ces vifions dans la même proportion qu'on le rencontre dans la vie réelle : prefque tous les événemens remarquables ont le mal pour bafe, & font des maux qu'on éprouve, ou qu'on évite. Nos fens font infiniment plus frappés de nos fouffrances que de nos jouiffances, ce qui fait que les idées de peines prévalent dans prefque tous les efprits. Qu'eft-ce que la faculté de fe reffouvenir, qu'un moyen de faire revivre nos chagrins & nos malheurs, & l'hiftoire qu'eft-elle autre chofe qu'un tableau de guerres, de trahifons & de calamités! La mort qui eft regardée comme le plus grand des maux, arrive à tout le monde. Le plus grand bien, dans quoique que ce foit qu'on le faffe confifter, n'eft le partage que du petit nombre.

On doit s'attendre naturellement à ce que la mort foit souvent l'objet de ces visions, puifque c'eft un événement fréquent & important ; mais ils ne laiffent pas de voir auffi des incidens plus agréables.

Un gentilhomme du pays me difoit qu'ayant une fois entrepris un voyage hors de fon Isle, un de fes domeftiques de labourage avoit prédit fon retour, & défigné la livrée de fon valet qu'il n'avoit jamais porté à la maifon, & que fon maître lui avoit donné dans le cours du voyage occafionnellement & fans deffein prémédité.

Notre curiofité étoit aiguifée & nos recherches fréquentes. La liberté franche & la gaîté de M. *Boswell* rendoient tout le monde communicatif, & nous entendîmes plufieurs hiftoires de ces apparitions aëriennes qui avoient été plus ou moins vives & diftinctes.

On entend dire communément dans les pays bas de l'Ecoffe, que l'opinion de la feconde vue, ou fecond *fight*, prend le même chemin que les autres fuperftitions, & que fa réalité n'eft plus admife que par la partie la plus groffière du peuple. J'ignore jufqu'à quel point elle

a pu jamais prévaloir, ou quel degré de croyance
elle a perdu. Les habitans des Isles de tout
état & de tout rang l'admettent univerſelle-
ment, excepté les miniſtres qui la déſavouent,
& qui ſont accuſés de la déſavouer par eſprit
de ſyſtème & contre leur conviction. Un d'eux
me dit avec franchiſe qu'il étoit venu à *Sky*
dans la réſolution de n'y pas croire. Il ne
manque pas en effet de fortes raiſons de rejeter
cette opinion, & elles ſe préſentent d'elles-
mêmes.

Cette faculté d'appercevoir des événemens
hors de la portée de la vue eſt locale, & pour
l'ordinaire inutile : c'eſt une atteinte à l'ordre
commun des choſes, ſans qu'on en puiſſe donner
aucune raiſon, & ſans aucun avantage ſenſible.
Elle n'eſt allouée qu'à un peuple très-peu éclairé,
& même pour l'ordinaire, à la partie de ce
peuple la plus pauvre & la plus ignorante.

A ces objections qu'on oppoſe avec confiance,
on peut répondre qu'il n'appartient pas à un
être auſſi borné que l'homme, auſſi incapable
d'embraſſer dans ſes ſpéculations le ſyſtème de
l'univers, de prononcer ſi une choſe eſt convenable ou non, ſi elle a dû entrer ou non dans
le plan général. Avec une intelligence auſſi limi-
tée, ne pouvant poſer aucun principe ſolide,

quelle conféquence affurée pourrions-nous en
déduire ? La faculté de feconde vue n'eft mer-
veilleufe que parce qu'elle eft rare ; car, confi-
dérée en elle-même, elle n'implique pas plus de
difficultés que les fonges ; peut-être même que
l'exercice régulier de la faculté de penfer : chez
toutes les nations & dans tous les fiècles on a
cru qu'il pouvoit y avoir des impreffions qui
fe communiquoient ou frappoient l'imagination
d'une manière inconnue. On en a cité des exemples d'une telle évidence, que ni *Bacon* ni *Bayle*
n'ont pu y réfifter : ces impreffions foudaines,
confirmées enfuite par l'événement, ont été
éprouvées par plus d'une perfonne, & tous ceux
qui ont été dans ce cas, ne les ont ni avouées
ni publiées. La faculté de feconde vue eft feulement plus commune dans les Isles, mais elle
n'eft nulle part totalement inconnue, & là où
nous ne trouvons pas des exemples & des faits
fuffifans pour nous décider, nous devons favoir
nous rendre à la force des témoignages. Ceux
qui prétendent à cette faculté, n'en ont jamais
efpéré ni tiré aucun profit. C'eft une affection
involontaire, dans laquelle l'efpérance ni la
crainte ne paroiffent avoir aucune part. Ceux qui
en font profeffion ne s'en glorifient pas comme
d'un privilège aux yeux des autres ; ils ne jouif-

ſent d'aucune diſtinction avantageuſe ; ils ne
ſont donc point tentés de feindre , & leurs auditeurs n'auroient aucun motif d'encourager
l'impoſture.

Il n'eſt pas facile de diſcourir avec ces *voyans* :
il y en a un vivant à *Sky* , avec qui nous aurions
été bien aiſe de converſer ; mais il eſt ignorant
& groſſier , & ne ſait pas un mot d'*Anglois*.

Il y a ſi peu de perſonnes riches dans ces contrées en comparaiſon des autres , que , ſi cette
faculté eſt diſtribuée par le haſard , elle ne peut
être accordée que rarement à un homme bien
élevé. Cela eſt cependant arrivé quelquefois. Il
y a actuellement un gentilhomme dans les montagnes, doué de *ſeconde vue* , qui ſe plaint des
terreurs auxquelles il eſt expoſé.

Cette faculté n'eſt pas toujours une préſcience:
ceux qui en ſont doués , ſont quelquefois frappés
d'images, dont l'événement ſeul leur donne
l'explication. Ils diſent ce qu'ils ont vu à d'autres , qui , dans ce moment-là , n'en ſavent pas
plus qu'eux , mais qui peuvent devenir dans
la ſuite des témoins très-ſuffiſans par la comparaiſon de l'événement avec le récit qui l'a précédé.

Il auroit fallu plus de temps que nous n'en
avions pour recueillir un nombre de témoi-

gnages fuffifant pour la fatisfaction du public,
ou même pour la nôtre. Il y a contre cette
opinion une apparente analogie de chofes vues
confufément & mal conçues, & en fa faveur,
le cri de toute une nation convaincue qu'elle eft
bien fondée; conviction cependant qui pourroit
fe réduire finalement à un préjugé de tradition.
Je n'ai jamais pu parvenir jufques à avoir cette
conviction; je fuis arrivé feulement au point
d'être difpofé à l'avoir.

Comme on ne retrouve plus dans les Isles
que des traces de ces mœurs & de cette manière
de vivre particulière, & diftincte de celle des
nations dont l'idée avoit fi fort flatté notre
imagination, nous voulûmes au moins nous
dédommager par les récits qu'on voudroit nous
faire des temps paffés; mais nous ne tardâmes
pas à voir quelle efpèce de mémoires on peut
attendre d'un peuple plongé dans l'ignorance,
& qui paffe fa vie dans les misères de toute
efpèce, où chaque matinée fe confume à chercher des expédiens pour le foir, & dont toutes
les peines & les jouiffances de l'efprit dérivent
de la crainte de l'hiver, de l'attente du printemps, des caprices de fes chefs & des mouvemens des tribus voifines; dans un pays où
l'ignorance n'a rien de honteux, où l'on ne

reconnoît point la gloire attachée aux connoiffances, ni la curiofité de s'inftruire, ni la
vanité de communiquer fes idées.

Les chefs, à la vérité, furent exempts de
cette pauvreté urgente & de ces peines jour-
nalières, & c'eft dans leurs maifons qu'on a
confervé le peu qui nous refte des fiècles paffés ;
mais ces chefs étoient quelquefois ignorans &
nonchalans, quelquefois agités par les troubles
& les diffenfions ; & une génération d'ignorance
fuffit pour effacer toute la fuite d'une hiftoire
qui n'a point été écrite. Les livres font de fidelles
dépofitaires qui peuvent être négligés, ou même
oubliés pour un temps, mais qui font toujours
prêts à communiquer leur inftruction quand on
les ouvre de nouveau.

Le fouvenir, une fois interrompu, ne peut
plus être rappelé. La fcience écrite eft un lumi-
naire fixe, qui reparoît brillant dans le lieu
où il a été placé, lorfque le nuage qui l'obf-
curciffoit, eft diffipé. La tradition n'eft qu'un
météore qui, une fois tombé, ne peut être
rallumé.

Il paroît qu'on fuppofe univerfellement que
la plus grande partie de l'hiftoire de ces pays
a été confervé par les *Bardes*, dont il y avoit
un attaché à toutes les grandes familles. Mes
premières

premières recherches furent dirigées sur ces
Bardes, & je m'applaudis pendant quelque temps
des réponses que je reçus, comme servant à
accroître mes connoissances ; mais je n'avois pas
encore appris à faire une juste estime des récits
des montagnards. Ils disent que chaque grande
famille avoit un *Barde* & un *Senachi*, dont l'un
étoit le poëte & l'autre l'historien de la maison :
je trouvai un vieux gentilhomme, qui me dit
qu'il se rappeloit d'en avoir vu encore un de
chacune de ces professions : cette lueur sembloit
me promettre des découvertes ; car il semble
qu'on peut se flatter d'atteindre à quelque
degré de connoissances par le secours d'hommes
qui ont vécu dans le même temps. Quoique
l'office ait cessé, les effets peuvent être encore
existans, & on peut trouver les poëmes, quoique les poëtes n'existent plus.

J'appris dans une autre conversation que le
même homme étoit à la fois le *Barde* & le *Sena-*
chi. Cette variation me découragea ; mais,
comme cette pratique pouvoit être différente
en différens temps, ou dans le même temps,
dans différentes familles, je ne trouvai pas encore là de raisons suffisantes pour croire que
je resterois nécessairement dans une totale ignorance à cet égard.

Tome II. P

Bientôt après, un gentilhomme, reconnu généralement dans le pays pour le plus versé dans les antiquités *Hébridiennes*, me dit qu'à la vérité il y avoit eu autrefois des *Bardes* & des *Senachis*, & que *Senachi* signifioit le *parleur*, ou *l'homme de conversation*, mais qu'il n'existoit plus ni de l'un ni de l'autre depuis plusieurs siècles.

Je n'ai pas de raison de croire qu'on sache exactement dans quel temps la coutume a cessé, ni qu'elle ait cessé dans toutes les maisons à la fois ; mais, à quelle époque qu'on ait perdu cette manière de conserver les histoires de la nation, il paroît que les ouvrages, tant poétiques qu'historiques, ont péri avec leurs auteurs ; car on n'a rien écrit en langue Erse dans ces temps-là.

Il seroit inutile de rechercher si ces *hommes de conversation* étoient des historiens, dont l'office étoit de dire la vérité, ou des faiseurs de contes, tels que ceux qu'on voyoit encore dans le siècle passé, & tels qu'il y en a peut-être encore parmi les Irlandois, dont le métier est uniquement d'amuser le peuple.

La plupart des offices domestiques étoient, je crois, héréditaires, & probablement le poëte *Laureat* (*) d'une tribu étoit toujours fils du der-

(*) Allusion à la charge de Poëte du Roi, qui existe

nier *Laureat* : c'étoit le feul moyen de communiquer ou de retenir l'hiftoire de la race ; mais quel
génie peut-on attendre d'un poëte qui l'eft par
droit de fucceffion ?

La nation étoit abfolument plongée dans l'ignorance ; les *Bardes* ni les *Senachis* ne favoient lire ni
écrire ; mais, s'ils étoient ignorans, ils ne couroient auffi aucun rifque qu'on s'en apperçût ;
ils étoient aifément crûs par ceux dont ils
flattoient la vanité.

Les généalogies qui ont été confidérées comme
un moyen très-efficace de conferver la véritable
hiftoire des maifons, étoient rappelées autrefois
lorfque l'héritier de la famille étoit parvenu à
l'âge viril. Il n'y a perfonne d'exiftant qui puiffe
fe rappeler d'avoir été témoin de cet ufage,
& il ne me paroît pas qu'on dût une grande
croyance à de tels narrateurs, qui pouovient
mettre en avant des généalogies fabuleufes, foit
pour plaire à leurs maîtres, foit encore pour
cacher le défaut de leur propre mémoire.

Il feroit difficile de dire où les chefs des
montagnards ont pu trouver l'hiftoire de leur
extraction ; car jamais généalogie Erfe n'a été
écrite : ce qu'il y a d'évident en général, c'eft

____

encore en Angleterre, & auquel on donne le titre de
Poëte *Laureat*.

que la principale maifon d'une tribu doit être
fort ancienne, & que ceux dont on ne fe rappelle pas l'arrivée dans un endroit, doivent
néceffairement y avoir vécu long-temps. On ne
peut donc guère efpérer de trouver aucun veftige de favoir chez les habitans des montagnes,
& ce n'eft que d'une manière auffi foible qu'incertaine, que la race actuelle peut fe rappeler
les mœurs primitives & les anciennes coutumes
de la nation.

Ce qui intéreffe le plus les habitans d'un pays
commerçant, c'eft l'abondance ou la difette
d'argent. Il y avoit certaines portions de terres
affignées pour l'entretien des domeftiques & des
autres perfonnes attachées à une maifon au-
deffus des domeftiques ; car, à en juger par la
capacité de toutes celles de leurs anciennes
maifons que j'ai vues, elles ne pouvoient en
contenir que très-peu.

Macdonald a encore une portion de terrain
appelée le champ des *Bardes* ou des *Senachis*.
Lorfqu'on tuoit un bœuf dans une maifon, il
y avoit certaines parties de la bête affignées
aux différens officiers & gens de travail qui y
étoient attachés, pour leur nourriture. Je ne
me fuis pas informé du droit de chacun ; mais
la tête appartenoit au forgeron, les tetines d'une

vache au joueur de cornemufe; le tifferand avoit auffi fon morceau particulier, & il y avoit des droits prefcrits fur tant de pièces, qu'il en reftoit fort peu pour le *Laird.*

Le paiement de la rente foncière en nature eft depuis fi long-temps hors d'ufage en Angleterre, qu'il eft totalement oublié : il y a fort peu de temps qu'il étoit encore pratiqué aux Hébrides, & il continue probablement encore, non-feulement à *Saint-Kilda*, où l'argent n'eft pas connu, mais encore dans quelques autres de ces Isles plus petites & plus éloignées. Il feroit peut-être à fouhaiter qu'il n'y eût pas eu de changement à cet égard. Lorfque le *Laird* ne pouvoit faire autre chofe du produit de fes terres que de le manger, il étoit dans la néceffité d'y faire fa réfidence, & lorfque le tenancier ne pouvoit pas convertir fon capital en des effets plus portatifs, il ne pouvoit être tenté d'abandonner fa ferme, qui étoit le feul lieu où il pût être riche.

L'argent détruit la fubordination, en furmontant les diftinctions du rang & de la naiffance, & il affoiblit l'autorité, en fourniffant des moyens de réfiftance, ou des expédiens pour la fuite. Le fyftème féodal a été imaginé pour une nation occupée de l'agriculture, & il n'a jamais confervé long-temps fon empire là où l'or & l'argent font devenus communs.

Les armes ufitées dans le pays étoient anciennement le *glaymore*, ou la grande épée à deux mains ; enfuite vint l'épée à deux tranchans, & le *target*, efpèce de bouclier, qu'ils tenoient au bras gauche ; au milieu de ce bouclier, qui étoit de bois, recouvert de cuir & garni de clous, étoit quelquefois fixée une lance mince & déliée, longue d'environ deux pieds ; ce qui le rendoit pefant & incommode : auffi a-t-il été infenfiblement abandonné depuis quelque temps, & l'on en vit déjà fort peu à la bataille de *Culloden*. Le *dirk*, efpèce de large poignard, étoit malheureufement plus en ufage dans les querelles particulières que dans les combats. Le *lochaber-ax*, ou hache de *lochaber* differe peu de l'ancienne hallebarde angloife.

Après tout ce qui a été dit de la force & de la terreur qu'imprimoit l'épée des montagnards, je m'attendois que l'art de fe défendre feroit partie de l'éducation ordinaire. Les gentilshommes feroient peut-être quelquefois d'habiles gladiateurs ; mais le commun des hommes n'avoit que la fupériorité de la force & du courage : il eft bien reconnu néanmoins que la charge des montagnards étoit très-pénible. Comme une armée ne

peut pas être compofée de philofophes, une
terreur panique eft facilement excitée par un
genre d'attaque nouvelle & inufitée. De nouveaux dangers font naturellement exagérés, &
des hommes qui ne font accoutumés qu'à faire
un échange de boulets à une certaine diftance,
& à entendre plutôt leurs ennemis qu'à les voir,
font découragés & frappés d'étonnement, lorfqu'ils faut fe battre corps à corps, recevoir le
tranchant de l'acier fur le vifage.

Les armes qu'employoient les montagnards
les appeloient fouvent à faire des actes de courage perfonnel, & quelquefois à des combats
finguliers en plein champ, pareils à ceux dont
on fait fi fouvent mention dans les guerres
fabuleufes. A *Falkirk*, un gentilhomme actuellement vivant, eût un engagement (je fuppofe
après la retraite des troupes du Roi) avec un
dragon Irlandois ; ils étoient tous deux habiles
dans l'efcrime, & la difpute ne fût pas aifément
décidée : le dragon eût à la fin l'avantage, & le
montagnard demanda quartier, mais il lui fut
refufé, & le combat continua jufqu'à-ce qu'il
fut réduit à fe défendre à genoux : dans cet inftant, un des *Macleods* arriva à fon fecours, qui,
à ce qu'on rapporte, offrit quartier au dragon,
lequel, de fon côté, ne crut pas devoir accepter

ce qu'il venoit de refuſer à ſon adverſaire ; & comme un jour de bataille, on n'a pas beaucoup de temps pour délibérer, il fut tué ſur-le-champ.

On ne célébroit pas autrefois des funérailles ſans y inviter un grand nombre de gens qui étoinet régalées à grands frais. On a tâché de ſupprimer cette dépenſe inutile, que l'envie de ſe ſurpaſſer les uns les autres avoit fait imaginer, & l'uſage en eſt preſque aboli dans l'isle de Sky.

Comme je n'entends point la langue *Erſe*, je ne peux rien en dire que ce qu'on m'en a dit à moi-même ; c'eſt le langage informe d'un peuple barbare, qui a peu d'idées à exprimer, & qui eſt ſatisfait, pourvu que ces idées, groſſiérement conçues, ſoient entendues de même.

Après tout ce qui a été rapporté dans ces derniers temps ſur les *Bardes* & ſur le génie des montagnards, pluſieurs perſonnes ſeront bien ſurpriſes quand on leur dira que la langue *Erſe* n'a jamais été une langue écrite, qu'il n'y a pas dans le monde un manuſcrit *Erſe* qui ait cent ans de date, & que les ſons des montagnards n'avoient jamais été exprimés par des lettres, juſqu'au moment où le ſynode d'*Argyle* ordonna la traduction de quelques petits livres de piété & des pſeaumes en vers. C'eſt pourquoi chaçun de ceux qui écrivent actuellement dans cette langue l'éppellent suivant qu'il est affecté par les sons, & de l'idée qu'il s'est faite de la valeur de chaque lettre. Le *gallois* & l'*irlandois* font des langues cultivées. Les Gallois se moquoient, il y a deux cent ans, des variations de l'orthographe des Anglois, leurs voisins ; tandis que la langue *Erse* n'existoit encore que dans la bouche du peuple, & n'étoit guères, par conséquent, susceptible d'être perfectionnée.

Lorsqu'une langue commence à enfanter des livres, elle tend à se perfectionner ; comme ceux qui entreprennent d'enseigner les autres, ont eu quelque travaux à surmonter pour apprendre eux-mêmes : ils assignent une valeur proportionnée à leurs propres idées, & tâchent de leur donner plus de force par des termes plus expressifs. Le discours prend de la consistence & de la stabilité ; les diverses tournures de phrases font comparées entr'elles, & on conserve les meilleures. Par degrés chaque siècle renchérit sur celui qui l'a précédé. On gagne d'abord de l'exactitude, & l'élégance vient ensuite : mais une langue qui n'est jamais écrite, reste toujours dans l'enfance ; comme aucun homme ne laisse de modèle après lui, la nouvelle génération a tout à apprendre : il peut y avoir des livres dans une langue avant qu'elle foit bien polie ; mais il ne peut exifter de langue polie fans des livres.

On peut fuppofer raifonnablement que les *Bardes* ne favoient pas mieux lire que leurs compatriotes ; car s'ils avoient fu lire, ils auroient probablement fu écrire. Pour bien juger du prix qu'il doit affigner à leurs compofitions, il n'y a qu'à réfléchir à ce que peuvent être chez un homme, qui ne fait pas lire, le don d'imaginer, l'exactitude du raifonnement, l'étendue des connoiffances, la délicateffe de l'expreffion. A ces égards, les *Bardes* étoient encore plus dénués de reffources. Celui qui ne fait pas lire, peut actuellement converfer avec celui qui fait lire ; mais le *Barde* étoit un barbare parmi d'autres barbares. Il ne favoit rien lui-même, & vivoit avec des gens qui n'en favoient pas davantage.

Il y a eu derniérement dans les Isles un de ces poëtes *non-lettrés*, qu'on dit avoir mis l'hif-toire facrée en vers, fur la lecture qu'il en avoit ouï faire à l'églife ; j'ai entendu une partie d'un dialogue de fa compofition, qui avoit été traduit par une jeune dame de *Mull*, & j'y trouvai plus de bon fens que je n'en attendois d'un homme tout-à-fait fans éducation : il eft vrai

qu'il avoit eu quelques occafions de s'inftruire,
ayant vécu parmi un peuple éclairé. Malgré
tout ce qu'on a fait pour l'inftruction des montagnards, il régne toujours une forte d'anti-
pathie entre leur langue & la littérature ; & il
n'*y* a pas actuellement un feul homme qui fache
lire, s'il n'a appris que la langue *Erfe*.

Cette langue a plufieurs dialectes, & les mots
ufités, dans quelques Isles, ne font pas toujours
connus dans d'autres. Chez une nation inftruite,
quoique la prononciation, & quelquefois les
termes même du langage ordinaire diffèrent,
comme actuellement en Angleterre vers le midi
de l'Ecoffe, il y a néanmoins une langue écrite
qui s'étend au-deffus de toutes les dialectes, &
qui eft entendue dans toutes les provinces ;
mais là où la langue n'eft que parlée, celui
qui en pofsède une partie, n'acquiert jamais le
refte, ne pouvant l'acquérir qu'en changeant de
féjour.

Dans une langue non-écrite il n'y a que ce
qui eft fort court qui fe tranfmette d'une génération à l'autre. Il y a bien peu de perfonnes
qui aient occafion d'entendre une longue compofition affez fouvent pour l'apprendre, ou qui
fe foucient de la répéter affez fouvent pour la
retenir, & ce qui eft une fois oublié eft perdu

pour toujours. Je ne crois pas qu'il fût poſſible de citer dans toute la langue *Erſe* cinq cent lignes qu'on pût prouver avec quelqu'évidence avoir cent ans de date. Nous entendons cependant le père d'Oſſian ſe vanter de poſſéder encore deux coffres pleins d'anciennes poéſies, qu'il ſupprime, *parce qu'elles ſont trop bonnes*, dit-il, *pour les Anglois.*

Le voyageur qui va dans les montagnes avec un eſprit accommodant, & un fond de crédulité avide de merveilles, pourra en revenir avec une opinion très-différente de la mienne, parce que les habitans, connoiſſant l'ignorance où ſont tous les étrangers de leur langue & de leurs antiquités, ne ſont peut-être pas fort ſcrupuleuſement attachés à la vérité : je ne prétends pas dire, cependant, qu'ils forgent & débitent, de propos délibéré, des fauſſetés, ou qu'ils aient un deſſein formé d'en impoſer ; mais ils n'examinent & n'en obſervent guère, & ils ne ſentent pas toujours leur propre ignorance. Ils ſont peu accoutumés à être interrogés, & il ne paroît pas qu'ils aient jamais ſongé à s'interroger eux-mêmes : enforte qu'ils n'apperçoivent jamais bien diſtinctement ſi ce qu'ils diſent eſt faux ou vrai.

Mr. *Boſwell* a été très-ſoigneux dans ſes

recherches, & le réfultat de fes obfervations a
été que la réponfe à une feconde queftion étoit
communément de nature à détruire la réponfe
faite à la première. On nous avoit dit, pendant
quelque temps, qu'il y avoit une traduction de
l'Ecriture Sainte, & on nous l'avoit affirmé
tellement, qu'il y avoit de l'obftination à nous
en informer de nouveau. Cependant, par une
accumulation de queftions, nous trouvâmes que
la traduction dont ils vouloient parler (fi tant
eft qu'ils euffent quelque intention) n'étoit
autre chofe que la Bible Irlandoife.

On nous parla de manufcrits qui étoient, ou
qui avoient été dans les mains du père ou grand-
père d'une perfonne encore vivante; mais, à la
fin, nous eûmes auffi de bonnes raifons de croire
que ce n'étoit non plus que des manufcrits
Irlandois. *Martin* parle fouvent de pareils manufcrits Irlandois, qui fe trouvèrent de fon temps
dans les Isles, & jamais d'aucun écrit en langue
Erfe.

Je fuppofe que mon opinion fur les poéfies
d'*Offian* a déjà été propofée; je crois qu'elles
n'ont jamais exifté fous aucune autre forme que
celle où nous les avons vues. L'éditeur ou l'auteur n'a jamais été en état de produire l'original,
& il ne peut l'être par perfonne. Or, fe refufer

à mettre un fait en évidence, pour punir ceux qui confervent un doute raifonnable, c'eft un degré d'effronterie auquel le monde n'eft pas encore accoutumé : une audace obftinée eft fouvent le dernier refuge des coupables. Il lui feroit facile de produire cet original, s'il l'avoit; mais d'où l'auroit-il? Il eft trop long pour avoir été confervé par tradition, & cette langue n'étoit point écrite ci-devant.

Il a fans doute inféré des noms qui circulent dans les hiftoires populaires de ce pays, & traduit quelques chanfons ou ballades connues, fi tant eft qu'il en ait pu trouver. A la faveur de ces noms & de ces images, familières aux Ecoffois, quelqu'un d'entr'eux a pu fans doute fe laiffer abufer, & plein de cette fuperftition patriotique qu'on leur reproche, il aura crû avoir entendu réciter ces poëmes entiers.

Je demandai à un miniftre fort inftruit, à *Sky*, qui avoit ufé de tout l'art imaginable pour me faire croire à l'originalité de ce livre, s'il y croyoit lui-même; mais il ne voulut pas me répondre; il fouhaitoit que je fuffe trompé pour l'honneur de fon pays; mais il ne vouloit cependant pas me tromper d'une manière directe & formelle : cela n'empêche pas que le témoignage de ce même perfonnage n'ait été produit publiquement, comme celui de quelqu'un qui tenoit le poëme de *Fingal* pour être vraiment l'ouvrage d'*Offian*.

On rapporte que quelques perfonnes dignes de foi témoignent en avoir entendu quelques parties; mais c'étoit lorfqu'elles étoient encore enfans, & on n'a jamais dit qu'aucune d'elles en pût feulement réciter fix lignes. Elles fe rappellent des noms, & peut-être de quelques fentences proverbiales, & n'ayant point d'idée diftincte de tout cela, elles fe figurent une reffemblance avec ce qui n'a point d'original.

Au refte, la perfuafion des Ecoffois eft bien éloignée d'être générale, & dans une opinion dont les preuves font fi faciles à obtenir, pourquoi fe permettre de conferver des doutes? On a ouï dire à l'éditeur qu'il avoit reçu une partie du poëme en caractères Saxons : il a donc rencontré, par quelque coup du hafard bien fingulier, une langue qui n'étoit que parlée, écrite en caractères que les natifs du pays n'ont probablement jamais connus.

Je n'ai jufqu'ici attribué d'impofture qu'à l'éditeur ; je fuis néanmoins bien loin d'être affuré qu'on n'ait pas fait dernièrement quelque traduction de ces poéfies, qui a pu être donnée enfuite comme partie de l'ouvrage original. La

crédulité d'une part donne une forte tentation
de tromper de l'autre, cette tromperie ſurtout
étant d'une nature qui ne ſait aucun tort réel
à perſonne, & dont l'invention ingénieuſe ſait
honneur à l'eſprit de l'auteur.

Les Ecoſſois ont quelque choſe à alléguer
pour excuſer la créance qu'ils accordent à des
fictions ſi hors de vraiſemblance ; ils ſont ſéduits
par leur paſſion pour leurs prétendus ancêtres.
Un Ecoſſois paſſeroit pour un mauvais mora-
liſte, s'il ne préféroit pas l'honneur de l'Ecoſſe
à la vérité même : il aimera toujours mieux du
moins croire que d'examiner ; & ſi la fauſſeté
flatte ſon amour-propre, il ne ſe donnera pas
beaucoup de peine pour la découvrir & la mettre
au jour. Auſſi l'autorité des Ecoſſois ne doit-
elle pas avoir beaucoup de poids ſur les Anglois ;
car ils ſont au moins auſſi peu inſtruits que
nous-mêmes de l'état préſent & paſſé de la nation
Erſe.

L'ignorance eſt à la vérité un état pénible ;
mais il eſt dangereux d'aſſoupir cette inquiétude
par l'illuſion d'une perſuaſion précipitée. Ce
n'eſt que dans ce ſiècle qu'on dévoit voir des
hommes qui ne ſavent pas lire, & qui ſavent
écrire, & les géants des fables anciennes changés
en des êtres réels. Si nous connoiſſons peu les

anciens

anciens habitans de l'Ecoffe, ne rempliffons pas
ce vide par les fictions d'*Offian* ; ne peuplons
pas de *Patagons* ces régions magellaniques, où
nous n'ayons pas été.

Après avoir attendu quelque jour à *Armidel*,
nous fûmes accueillis d'un vent qui nous pro-
mettoit un heureux paffage à *Mull*. Nous montâmes fur un bateau chargé de foude, & laif-
sâmes bientôt derrière nous l'isle de *Sky* ; mais
nous apprîmes bientôt par expérience le danger
qu'il y a de fe fier au vent : il devint contraire
dans fort peu de temps, & fouffloit avec une
telle violence, que nous, qui ne fommes pas
des marins bien experts, nous trouvions que
cela pouvoit paffer pour une tempête. J'avois le
mal de mer, & j'étois obligé de refter couché.
M. *Boswell* refta fur le pont ; le maître ne favoit
où aller ; & nos angoiffes auroient peut-être
fourni matière à un morceau très-pathétique,
fi M. *Maclean* de *Col* (qui, entr'autres talens
requis dans un infulaire, poffède celui d'être un
excellent pilote) ne nous eût conduits fains &
faufs dans fon propre port.

Nous nous trouvâmes le matin fous l'isle de
Col, où nous prîmes terre : nous y paffâmes
le jour & la première nuit avec le capitaine

Tome II.   Q

Maclean gentilhomme , qui a vécu quelque temps dans les Indes Orientales , mais qui n'ayant point détrôné de Nabab , n'eſt pas plus riche qu'il ne faut pour vivre dans ſa patrie.

Le jour ſuivant, le temps étoit beau , & nous aurions pu avoir un paſſage facile à l'isle de *Mull*; mais ayant touché contre notre intention à une isle que nous n'avions pas encore vue, nous ne voulûmes pas la quitter ſans en rien connoître. En conſéquence, nous laiſsâmes partir le bâtiment, & nous nous confiâmes aux aſtres pour un autre vent.

M. *Maclean* de *Col*, ayant une famille très-nombreuſe , fait depuis quelque temps ſa réſidence à *Aberdeen*, pour vaquer aux ſoins de ſon éducation, & laiſſe le jeune homme, notre ami, pour gouverner ſes poſſeſſions, avec tout le pouvoir d'un chef de tribu.

L'abſence de la famille du *Laird* mit quelque obſtacle à notre réception , la maiſon étant fort dépourvue ; mais l'activité & la politeſſe du jeune *Col* ſuppléa à tout , & nous procura un meilleur traitement que nous n'euſſions pu déſirer.

Je montai ici , pour la première fois, un petit courſier montagnard , & ſi j'euſſe eu beaucoup de ſpectateurs, j'aurois eu honte de ma figure dans la marche. Les chevaux des Isles, comme ceux de tous les pays ftériles, font, en général, très-petits; ils font à la vérité mufculeux & forts au-delà de ce qu'on pourroit attendre de leur taille; mais un grand homme fur leur dos fait vraiment une difparate choquante.

De l'habitation du capitaine *Maclean*, nous vînmes à *Griffipol*; mais en paffant, nous rendîmes vifite à M. *Hector Maclean*, miniftre de *Col*, que nous trouvâmes dans une hutte: c'eft une maifon qui n'a que le rez-de-chauffée, mais avec des fenêtres & une cheminée, & meublée avec quelque forte d'élégance.

M. *Maclean* a la réputation de favoir beaucoup; il eft âgé de foixante & dix-fept ans, fans infirmités, & il a un air de dignité & de vénération qui furpaffe tout ce que j'ai jamais vu dans aucun homme. Sa converfation répond à fon extérieur. Je perdis un peu de fes bonnes grâces en traitant un écrivain hérétique avec plus d'égards qu'un hérétique ne mérite dans fon opinion.

Au refte, je refpectai fon orthodoxie, & cenfurai peu fa févérité. Un homme qui a une fois établi fon opinion, n'aime pas à voir affoiblir fa conviction & troubler fa tranquillité,

& à l'âge de soixante & dix-sept ans, on n'entend point raillerie sûr ces matières.

Nous avions ouï parler d'une traduction du Nouveau Testament en langue Erse, publiée en dernier lieu, & dont le savant M. *Macqueen* de *Sky* nous avoit parlé avec éloge; mais Mr. *Maclean* nous dit qu'il n'en faisoit pas usage, parce qu'il pouvoit rendre le texte plus intelligible à ses auditeurs par une version faite *impromptu*. J'inférai de-là que la langue de la traduction n'étoit pas celle de l'isle de *Col*.

Il n'a point d'édifice public pour l'exercice de son ministère, & il ne peut officier en faveur d'un plus grand nombre que ce que peut contenir une chambre, & la chambre d'une hutte n'est pas bien vaste : c'est-là la seule ressource accordée actuellement aux habitans des Isles pour le service divin ; encore quelques-uns sont-ils obligés de faire jusques à dix milles pour en profiter. Leurs ancêtres avoient bâti deux chapelles, dont j'ai vu les ruines, qui déposent encore comme de fidelles témoins du triomphe de la réformation.

Le manque d'églises n'est pas ici le seul obstacle à la piété : il y a de même une grande disette de ministres, il se trouve des paroisses qui renferment plus d'une Isle, & chaque Isle ne peut avoir le miniſtre qu'à ſon tour.

Les habitans de *Raaſay*, n'ont droit, je crois qu'à un ſervice chaque troiſième dimanche. Tous les ſecours ſpirituels qu'accorde la Conſtitution Eccléſiaſtique actuelle, pour les habitans d'environ cent milles quarrés, conſiſtent donc en une prière & un ſermon dans une petite chambre, une fois dans trois ſemaines ; encore cette frugale diſtribution eſt-elle à la merci du temps ; & dans celles de ces Isles où le miniſtre ne fait pas réſidence, il eſt impoſſible de dire combien il peut ſe paſſer de ſemaines, ou même de mois ſans aucun exercice public de réligion.

Après une courte converſation avec M. *Maclean*, nous nous rendîmes à *Griſſipol*, maiſon & ferme tenue à bail par M. *Macsweyn*, où je retrouvai plus des anciens uſages & des mœurs des montagnards que nulle autre part, Mde. *Macsweyn* ne ſavoit pas l'anglois & n'avoit jamais vû d'autre pays, que les isles de *Sky*, de *Mull* & de *Col* : mais d'ailleurs c'étoit une femme hoſpitalière & de bonne humeur, elle nous régala avec libéralité, nous trouvâmes auſſi du thé ici comme dans les autres endroits, mais nos cuillers n'étoient que de corne.

Q iij

La maison de *Griſſipol* eſt ſituée près d'un ruiſſeau clair & rapide, qui eſt je crois le courant d'eau le plus conſidérable de toute l'Isle ; cette place a été le théâtre d'une action très-célèbre dans l'hiſtoire ou plutôt dans la tradition de *Col*, mais qui ne ſera pas racontée probablement de même par deux perſonnes.

Il arriva une fois (dans des temps reculés & incertains), que *Macneil* de *Barra* épouſa une Ladi *Maclean*, qui avoit l'isle de *Col* pour ſon douaire, *Macneil* voulut retenir cette Isle après la mort de la veuve ſon épouſe, ou peut-être vécut-elle aſſez long-temps pour donner de l'impatience à ſes héritiers : c'eſt ce qu'il ſeroit difficile d'éclaircir à préſent, mais le fils cadet nommé *Jolin Gerves* ou *Jean le Géant*, homme d'une grande force, qui étoit alors en *Irlande* pour ſa ſûreté, ou pour ſon éducation, ſongea un jour au recouvrement de ſon héritage, & engageant quelques avanturiers à le ſuivre, ce qui n'étoit pas bien difficile dans ces temps d'anarchie, il fit une invaſion à *Col* ; il fut repouſſé, mais ſans être découragé, & raſſemblant de nouveau compagnons il reparut au bout de trois ans avec cinquante hommes de troupes ; chemin faiſant il s'arrêta à *Artorinish* dans l'isle de *Morvera* où ſon oncle étoit retenu pri-

fonnier par *Macleod*, & fe trouvoit avec fes ennemis dans une tente ; *Maclean*, foit *Jean le Géant*
prit feulement avec lui un domeftique, à qui
il ordonna de refter en dehors & de fe tenir
prêt à frapper de fon poignard à l'endroit où
il verroit preffer la tente du dedans en dehors,
ayant lui de fon côté l'intention d'y entrer, &
fi quelqu'un le provoquoit, de le colleter & de
le pouffer contre la tente pour recevoir le coup
du dehors. Il entra donc feul, avec fa hâche
d'arme à la main & il imprima une fi grande
terreur à toute l'affemblée que fon oncle fut
relâché.

Quand il aborda à *Col*, il apperçut la fenti-
nelle, qui faifoit la garde du côté de là mer,
prendre la fuite vers *Griffipol*, pour donner avis
de l'invafion à *Macneil*, qui y étoit avec cent
& vingt hommes ; il dit à *Macgill* un de fes
compagnons, que s'il venoit à bout d'intercepter cette dangereufe intelligence en faififfant le
courrier, il lui donneroit certaines terres dans
l'isle de *Mull* : fur cette promeffe *Macgill* pourfuivi le meffager & l'arrêta ou le tua, & fa pof-
térité a joui jufques dans ces derniers temps,
des terres promifes à *Mull*, l'allarme étant donc
ainfi prévenue, il tomba inopinément fur *Macneil*. Dans ces temps-là, les chefs n'étoient jamais

Q iv

tout-à-fait dépourvus contre l'ennemi ; il s'en-
suivit un combat, où on rapporte qu'un des
combattans donna une preuve extraordinaire
d'agilité en fautant en arrière le ruiffeau de
Griffipol. *Macneil* étant tué & une partie de fa
tribu détruite, *Maclean* prit poffeffion de l'Isle
que les *Macneils* effayèrent de reconquérir par
une autre invafion, mais où ils furent défaits
& repouffés. *Maclean* dans fa tournée envahi
les autres terres des *Macneils*, prit le château
de *Brecacig*, & conquit l'isle de *Barra*, qu'il
garda pendant fept ans, au bout defquels il la
rendit aux héritiers des *Macneils*.

De *Griffipol*, M. *Maclean* nous conduifit au
château de fon père, belle maifon neuve bâtie
près de l'ancien château, je crois par le dernier
propriétaire, nous prîmes le parti de faire une
ftation dans cet endroit où nous vécûmes fort
agréablement, en attendant un temps plus mo-
déré & un vent favorable, mais ce vent ne
s'éleva pas fitôt, & nous laiffa bien le temps
de faire quelques recherches fur l'état préfent
de l'isle de *Col*.

L'isle de *Col* paffe pour avoir treize milles
de longueur fur trois de largeur. Les deux
extrémités appartiennent au duc d'*Argyle* ;

le milieu appartient à *Maclean*, qui en prend le nom de *Col*, comme le feul *Laird* qu'il y ait dans l'isle.

L'isle de *Col* n'eft pas proprement pierreufe ; c'eft plutôt un roc fans difcontinuité , dont la furface eft fort inégale , & reeouverte d'une mince couche de terre, qui laiffe voir quelquefois le roc nud par fes intervalles ; un pareil fol n'eft pas propre aux plantes qui pouffent de profondes racines, & il n'a peut-être jamais rien crû dans toute l'isle de la hauteur d'une table.

Les parties incultes font couvertes de bruyères, entrecoupées çà & là de quelques morceaux de prés ou de champs ; mais on n'a pas encore tenté d'y planter un arbre.

Le jeune *Col*, toujours occupé du défir louable d'améliorer fon patrimoine , fe propofe d'y planter quelque jour un verger, qui peut-être réuffira, s'il eft abrité par un mur. Il a introduit dans l'isle la culture du navet, dont il a un champ où tout l'ouvrage a été fait de fa propre main : fon intention a été de fe procurer de quoi nourrir fon bétail pendant l'hiver. Cette innovation fut regardée d'abord par Mr. *Macswegn* comme un projet extravagant, conçu dans une jeune tête , échauffée de chimères angloifes ; mais il trouve actuellement que les navets croiffent en effet, & que les brebis & les vaches affamées s'en accommodent à merveille.

C'eft par de telles acquifitions que les Hébrides peuvent, par la fuite des temps, fortir de leur état de détreffe annuelle. Partout où croît la bruyère, il y a quelque raifon de croire que d'autres plantes trouveront leur fubfiftance, & en effayant les productions d'autres pays, on en trouve qui conviennent à toute forte de terrains.

Il y a plufieurs lacs à *Col*, dont quelques-uns ont des truites & des anguilles, & d'autres qui n'ont jamais été peuplés ; ce qui eft une autre preuve de la négligence & du peu d'induftrie des habitans des Isles, qui pourroient, avec quelques foins, prendre du poiffon dans leur isle même, lorfqu'ils ne peuvent aller à la mer.

Leurs quadrupèdes font les chevaux, les vaches, les brebis & les chèvres ; ils n'ont ni bêtes fauves, ni lièvres, ni lapins ; ils n'ont point non plus de vermines, ni d'animaux nuifibles, excepté le rat, qui a été apporté dernièrement par les vaiffeaux, comme ailleurs, & ils font exempts de ferpens, de grenouilles & de crapauds.

La moiſſon, dans les isles de *Col* & de *Lewis*, mûrit plutôt que dans celle de *Sky*, & l'hiver n'y eſt jamais froid, mais extrêmement orageux. Je ne ſache pas d'avoir jamais entendu le vent ſouffler nulle autre part avec autant de violence, & M. *Boswell* obſerva qu'ici le bruit du vent étoit en quelque ſorte tout à lui & ſon propre ouvrage, puiſqu'il n'y avoit point d'arbre qui pût l'augmenter. Le bruit eſt le moindre effet de ces orages, qui ont quelquefois jeté le ſable du rivage à une diſtance très - conſidérable, dans les terres, & au point, dit-on, d'empiéter & de détruire une grande quantité de pâturages ; mais je ne crois pas que jamais leurs limites aient été fixées par aucune borne, ni qu'on puiſſe certifier la progreſſion de ces ſables : s'il ſe trouve quelqu'un qui ait aſſez de confiance pour dire qu'ils aient avancé, il ne ſe trouvera perſonne qui puiſſe lui apporter des preuves du contraire. Il me ſemble que la raiſon pour laquelle la progreſſion n'eſt pas plus conſidérable, c'eſt que le vent & la pluie viennent preſque enſemble, & que le ſable a déjà pris de la conſiſtance par l'humidité, avant qu'une autre tempête puiſſe le remettre en mouvement : le lit en eſt ſi épais & les particules ſi menues, que, ſi un voyageur y étoit pris par un tourbillon dans un temps de sécheresse, il couroit grand risque d'y perdre la vie.

A l'égard des curiosités naturelles, on ne m'a pu montrer que deux grosses masses de pierre, qui sont détachées & couchées par terre, l'une au haut d'une éminence, & l'autre à peu de distance de son pied : ces deux pierres n'ont certainement jamais été mises dans cet endroit par aucun moyen ni force humaine, & quoiqu'un tremblement de terre puisse avoir rompu la pierre qui est au bas, & l'avoir roulée dans la vallée, on ne peut donner aucune explication pour l'autre, qui est sur la hauteur ; à moins (ce que j'ai oublié d'examiner) qu'il n'y ait encore près de-là quelque rocher plus élevé, d'où ces deux pierres aient pu avoir été détachées. Quoi qu'il en soit, comme toutes les nations prétendent avoir eu des géants pour ancêtres, on croit ici que ces pierres ont été jetées là par un géant & par sa maîtresse.

Il y a tant de choses plus importantes, dont les connoissances humaines peuvent rendre compte, qu'on nous pardonnera de ne pas étendre plus loin nos spéculations sur les deux pierres de *Col*. Cette isle est fort peuplée ; il y a environ vingt-neuf ans que les hommes capables de porter les armes y montoient à cent quarante ; ce qui

est la sixième partie de huit cent quarante ; &
il est probable qu'il y en avoit bien quelques-
uns qui avoient trouvé moyen d'être laissés hors
de la liste. Le ministre nous dit qu'il y a peu
d'années que l'on comptoit huit cent habitans
entre l'âge de sept & de soixante & dix ans.
Les nombres ronds sont rarement exacts ; mais
dans ce cas-ci, l'autorité est bonne, & l'erreur
ne sauroit être que de très-peu de chose, si à
ce nombre de huit cent on ajoute le nombre
qu'on doit ajouter dans ces sortes de calculs,
c'est-à-dire les habitans au-dessous de sept ans &
au-dessus de soixante & dix, il sera porté au
moins à mille ; & si les dimmensions du pays
ont été calculées avec exactitude, chaque mille
de terre contiendra plus de vingt-cinq habitans.

Cette proportion est plus considérable que
l'apparence du pays ne semble l'admettre ; car,
de quel côté que l'œil se promène, on ne voit
que des déserts, & fort peu de culture. Je
ferois plutôt incliné à donner de l'étendue au
pays qui n'a jamais été mesuré avec précision,
qu'à diminuer la population dont le dénombrement a été fait réellement.

Qu'on suppose qu'un mille mesuré contienne
un mille & demi, comme on l'a trouvé vrai
communément dans la vérification des routes

en Angleterre, cela nous donnera près de douze habitans par mille ; ce qui s'accorde mieux avec l'aspect du pays, tel qu'il frappe les yeux.

Il y a à *Sky*, comme dans les autres isle, les *Lairds*, les *Tacksmans* & les *Soustenanciers*. M. *Maclean*, le *Laird*, a des possessions très-étendues ; étant possesseur non-seulement de la plus grande partie de *Col*, mais encore de l'isle de *Rum*, qui est d'une grande étendue, & de terres considérables dans l'isle de *Mull*.

Rum est une des plus grandes Isles Hébrides, presque quarrée, & par conséquent d'une grande capacité en proportion de ses côtés, & par la méthode ordinaire d'estimer une étendue d'après une base donnée, elle doit contenir plus de cent vingt milles quarrés.

Cette isle appartenoit originairement à *Clanronald*, & elle fut achetée par *Col*, qui, dans quelque dispute au sujet du marché, fit *Clanronald* prisonnier, & le garda renfermé pendant neuf mois. Le propriétaire de l'isle nous la représenta comme montueuse, rude & stérile : il y a des bêtes fauves dans les montagnes. Les chevaux sont fort petits, mais d'une race distinguée par sa beauté. *Col* en acheta un, il y a quelque temps, d'un de ses tenanciers, qui lui dit que, comme il étoit d'une taille rare par son élégance, il ne s'en déferoit qu'à haut prix, & que quiconque voudroit l'avoir, le paieroit une guinée & demie.

On nous dit qu'il y en avoit à *Barra* une race encore plus petite, dont le plus haut ne passoit pas trente-six pouces : le pouce anglois est inférieur au pouce de Roi.

L'isle de *Rum* n'est pas d'un grand rapport : M. *Maclean* nous assura qu'il seroit fort riche, s'il pouvoit affermer ses terres à petits sols anglois, équivalans à-peu-près à ceux de France, deux sols demi par acre. Les habitans sont au nombre de vingt-huit familles, qui restèrent Catholiques quelque temps après que le *Laird* eut embrassé la réforme. Leur attachement à leur ancienne réligion étoit fortifié par celui de la sœur du *Laird*, qui étoit zélée Catholique. Mais un certain dimanche, il furent rencontrés comme ils alloient à la messe sous la conduite de leur patrone, par *Maclean*, qui appliqua à la tête de l'un d'eux un grand coup d'un *bâton jaune* (je suppose que c'étoit une canne, n'ayant pas de mot en langue Erse qui l'exprime), & les conduisit à son église, à laquelle ils sont dèslors toujours restés attachés. Depuis l'usage de cette singulière méthode de conversion, les habitans d'*Egg* & de *Canna*, qui ont conservé la réligion catholiqme , appellent le proteftantifme de *Rum* , la réligion du *bâton jaune.*

Les feules Isles catholiques font *Egg* & *Canna* ; *Egg* eft la principale Isle d'une paroiffe , dans laquelle le miniftre proteftant réfide , quoiqu'il n'y ait pas d'affemblée. Je n'ai pas ouï dire qu'il y eût rien de curieux à voir à *Egg* , fi ce n'eft la caverne dans laquelle une des anciennes peuplades d'infulaires fut étouffée par un *Macleod.*

Si nous euffions voyagé avec plus de loifir , il nous auroit convenu de ne pas négliger de voir les Isles catholiques. La réligion romaine eft favorable aux cérémonies ; & parmi les nations ignorantes , les cérémonies font le feul moyen de conferver la tradition. Depuis que le proteftantifme a commencé de s'étendre dans les parties fauvages de l'Ecoffe ; ça peut-être été un des plus grands travaux des miniftres que d'abolir les coutumes & les cérémonies établies , comme fervant à perpétuer le fouvenir de l'ancienne réligion. C'eft pourquoi , nous qui avions pour but de recueillir les traditions , & d'obferver les mœurs antiques , nous les aurions probablement mieux retrouvées parmi les catholiques.

Canna , la feconde de ces deux Isles , appartient à *Clauronald* ; on dit qu'elle ne comprend
pas

pas plus de douze milles de terrain, & contient néanmoins autant d'habitans que l'isle de *Rum*.

Nous étions à *Col*, fous la protection du jeune *Laird*, & nous n'éprouvâmes aucune de ces calamités & de ces détreffes que M. *Pennant* croit bonnement digne d'ètre le fujet d'une élégie d'*Offian*. Dans tous les endroits que nous vifitâmes avec le *Laird*, nous eûmes le plaifir de voir avec quel refpect il étoit reçu de fes fujets.

Il ne s'efforçoit point de les éblouïr par des habillemens magnifiques : la feule diftinction qu'il fe permette eft une plume à fon bonnet; mais auffitôt qu'ils l'appercevoient, ils quittoient leur ouvrage pour fe ferrer en foule autour de lui. Il les prenoit par la main, & ils fembloient jouir d'une fatisfaction mutuelle. Ce jeune homme a toutes les difpofitions propres à un chef de tribu, & paroît défirer de perpétuer les anciennes coutumes de fa maifon. Le joüeur de cornemufe fonctionnoit pendant le dîner. Sa figure & fon accoutrement avoient très-bon air. Et il ne déshonoroit point la famille de *Rankin*, qui, par un droit héréditaire, amufe depuis long-temps les *Lairds* de *Col*, de cette mufique.

Les *Tackmans* de *Col* femblent vivre avec moins de dignité & de commodités que ceux

Tome II. R

de *Sky*, qui ont de bonnes maisons, & dont la table est non-seulement abondante, mais délicate. A *Col*, il n'y a que deux maisons qui paient l'impôt sur les fenêtres ; car il n'y en a que deux qui en aient six, que je suppose être celle du *Laird*, & celle de M. *Macsweyn*.

Il n'y a que sept ans que les rentes étoient encore payées en nature ; mais les tenanciers ayant trouvé que le prix du bétail varioit, ils désirèrent de les payer à l'avenir au seigneur en argent qu'ils considèrent (n'ayant pas encore atteint à la philosophie du commerce) comme conservant toute les années la même valeur.

On nous parla ici d'une méthode particulière d'affermer les terres.

Le *Tackman* admet quelques-uns de ses voisins en sous ordre, à la culture de ses terres, sous la condition de faire tout l'ouvrage, de fournir le tiers de la semence, de garder une certaine quantité de vaches, de brebis & de chèvres contre la récolte du tiers de la moisson. De cette manière, par le labourage de moins de deux acres, ils paient la rente d'un.

Il y a des tenanciers au-dessous du rang des *Tacksmans*, qui en ont d'inférieurs au-dessous d'eux ; car dans tous les endroits où l'argent n'est pas un équivalent général, il se trouve nécessairement une classe du peuple dont la nourriture journalière est immédiatement le prix de son travail.

Un pays où il n'y a pas d'argent n'a aucune espèce d'attraits pour les mendians ; 1°. parce que ces pays-là sont ordinairement pauvres, & ensuite parce que l'aumône donne quelqu'embarras, & qu'il faut y penser davantage. On donne facilement un sol à la première atteinte de compassion ou d'impatience causée par l'importunité ; mais peu de personnes se soucient de fouiller leurs armoires ou leurs greniers pour trouver quelque chose à donner. D'ailleurs, un sol est aisé à employer, au lieu que des vivres, des denrées, à moins qu'elles ne soient préparées, exigent une place, du feu & des ustenciles qu'un mendiant ne sait où trouver.

Nonobstant ces raisons, il y a quelquefois des mendians qui errent d'une Isle à l'autre. Nous eûmes, dans notre passage à *Mull*, la compagnie d'une femme avec son enfant, qui avoit épuisé la munificence de l'isle de *Col*. L'arrivée d'un mendiant dans une Isle, y est regardée comme un événement sinistre. Chacun considère qu'il aura de moins ce qu'il donnera : leurs aumônes consistent, à ce que je crois, pour l'ordinaire en farine d'avoine.

R ij

Près de *Col*, est une autre isle nommée *Tir-eye*, remarquable par sa fertilité, quoiqu'elle n'ait que la moitié de l'étendue de l'isle de *Rum*: elle est si bien peuplée, qu'on y vit, il y a quelque temps, neuf cent quatorze personnes assister à un ensevelissement. L'abondance de cette Isle y avoit attiré une foule de mendians, qui parurent si à charge aux habitans, qu'ils passèrent un acte dans les formes, par lequel ils s'engageoient réciproquement à ne plus accorder aucun soulagement à ces vagabonds étrangers; ayant eux-mêmes parmi eux une femme de haute naissance dans l'indigence, & qui, selon eux, avoit des droits à tout ce qu'ils pouvoient épargner. J'ai lu moi-même la stipulation écrite dans toutes les formes juridiques; mais elle n'a jamais été rendue valide par aucune souscription régulière.

Si les habitans de *Col* n'ont rien à donner, ce n'est pas qu'ils soient grevés par leur seigneur. Leurs baux paroissent, au contraire, leur être très-profitables.

J'ai vu un fermier qui ne paie que sept livres sterlings par année, qui élève sept filles & trois fils, dont l'aîné étudie à *Aberdeen* pour le minis-tère, & qui profite de chaque vacance pour ouvrir une école à *Col*.

La vie eſt ici, à quelques égards, plus perfectionnée que dans les autres Isles : à *Sky*,
quand on manque de quelque choſe, on ne
peut l'acheter quand on veut ; il faut attendre
pour cela l'arrivée de quelque marchand forain :
mais à *Col*, il y a une boutique établie, & à
Mull, il y en a deux. Une boutique dans les
Isles, comme dans tous les endroits peu fréquentés, eſt un dépôt de toutes les choſes
requiſes pour l'uſage journalier. M. *Boswell* avoit
rempli ſon journal, & il trouva à acheter du
papier à *Col* pour le continuer.

Pour un homme accoutumé à parcourir les
boutiques de Londres, où il eſt tenté continuellement de ſe forger des beſoins pour avoir
le plaiſir de les contenter, une boutique de ce
pays ne lui préſentera rien qui réveille ſon
attention : mais dans ces Isles une boutique
peut faire pencher la balance de l'exiſtence du
côté du bonheur.

Vivre dans un perpétuel beſoin d'une quantité
de petites choſes néceſſaires eſt un état de tour-
ment continuel : j'ai eu de la peine à trouver à
Sky de l'encre pour une lettre ; & ſi une femme
caſſe ſon aiguille, il faut qu'elle ceſſe ſon
ouvrage.

Quoiqu'il en ſoit, les habitans des isles

R iij

font fouvent obligés de fe contenter de certains expédiens pour fuppléer à des befoins très-ordinaires & j'ai vu un chef d'un diftrict très-étendu, monter à cheval avec une bride de corde & gouvernant fa monture avec une gourmette de bois.

Le peuple de *Col* ne manque point d'ailleurs d'une forte de dextérité pour fournir à quelques-uns de fes befoins : plufieurs arts qui dans les grandes villes font un objet de commerce & demandent des apprentiffages, font ici des exercices de l'économie journalière. Dans toutes les maifons on fait des chandelles, foit au moule, foit aux baguettes, dont la mèche eft compofée d'effilures de vieille toile : ils favent tous extraire du *Cuddy*; (1) de l'huile pour la lampe, tanner leurs peaux & faire des *brogues*. (2)

En traverfant l'isle de *Sky* nous avions vu plufieurs chaumières ; mais pour la plupart femées ça & là fur un fol nud & découvert ; au lieu que dans *Col*, là où les monticules découvroient une place propre à une habitation, nous trouvions un petit village dont chaque hutte avoit un petit adjacent, ce qui

---

(1) Sorte de poiffon.
(2) Efpèce de fouliers.

donne aux habitans un air de société & plus
de facilités pour se rendre des services mutuels,
& pour subvenir aux commodités & aux besoins
de l'avenir.

Il n'y a dans toutes les *Hébrides* aucun assem-
blage de maisons, qui puisse prétendre à la
dénomination de ville, excepté dans l'isle de
Lewis, que je n'ai pas vue.

Si *Lewis* est distinguée par une ville, *Col*
a aussi quelque chose qui lui est particulier;
le jeune *Laird* a tenté de faire ce à quoi
peut-être jamais un autre insulaire n'avoit
songé, il a commencé une route pour les
voitures à roue, il l'a poussée environ à un
mille de longueur, & se propose de la prolonger annuellement jusqu'à ce qu'elle joigne
le port à sa maison.

Ils auroient tort de se plaindre des impôts ;
car ils sont perçus bien légèrement.

L'impôt sur l'eau-de-vie pour l'isle de
Col est de vingt shellings. Le *wisky*, eau-de-
vie de grain, y est très-abondant; il y a plusieurs alambics dans l'isle, & les habitans ne
consomment pas tout celui qu'ils distillent.

La grande affaire de la politique insulaire
est actuellement de maintenir le peuple dans
ses foyers. Comme un nouveau monde a été

R iv

déployé à leurs yeux, ils ont ouï parler de
climats plus heureux, de gouvernemens moins
arbitraires, & au moment où ils se dégoûtent
de leur pays, il y a des émissaires tout prêts
à leur offrir des terres & des maisons, comme
une récompense de l'abandon de leur tribut &
de leur chef.

Il en est parti quantité, soit du continent
d'Ecosse, soit des Isles, & tous ceux qui s'en
vont, peuvent être considérés comme autant
de sujets perdus pour la couronne britannique;
car une nation répandue dans les régions
immenses & sans bornes de l'Amérique, res-
semble aux rayons divergens d'un foyer commun; tous les rayons restent, mais la chaleur
est dissipée, leur pouvoir consiste dans leur
concentration, quand ils sont dispersés, leur
effet devient nul.

On doit supposer que comme individus ils
gagnent à ce changement, mais comme nation
ils ne sont pas heureux, parce qu'ils ne sont
plus une nation. Comme ils ne contribuent à
la prospérité d'aucune communauté, ils doivent
nécessairement méconnoître cette sécurité, cette
dignité & ce bonheur qu'une nation florissante
fait rejaillir sur les individus qui la composent.

·Les habitans de *Col* ne font pas encore inſtruits à s'ennuyer de leur bruyères & de leurs rochers, & ils s'occupent de leur agriculture & de leurs laiteries ſans prêter l'oreille aux ſéductions des Américains.

Quoiqu'il en ſoit, il y a des gens qui penſent que ces émigrations ont cauſé plus d'effroi que du mal, & que ce n'eſt qu'une nouvelle manière de faire ce qui s'eſt toujours fait; ils prétendent que les montagnes n'ont jamais conſervé leurs habitans naturels, mais que lorſqu'ils étoient trop nombreux, au lieu d'augmenter leur culture, ils pourvoyoient au beſoin préſent par une méthode plus abrégée, ils cherchoient fortune dans d'autres contrées. Ils ne s'en alloient pas, il eſt vrai, en troupes nombreuſes, mais peu ‑ à ‑ peu & inſenſiblement : le nombre des fugitifs n'en étoit pas moins le même, & la différence entre les émigrations du temps paſſé & du préſent n'étoit que celle qu'il y a entre l'évaporation & l'effuſion.

Je crains bien que ce raiſonnement ne ſoit plus ſpécieux que fondé. Ceux qui s'en alloient ci-devant, s'ils n'étoient pas envoyés d'une manière ſenſible comme l'argument le ſuppoſe, partoient ou en moindre nombre, ou d'une manière

moins nuifible qu'à préfent, parçe qu'anciennement ils n'avoient pas de fujet de plainte.
Ceux donc qui quittoient leur pays, étoient
des membres fainéans de familles furchargées
ou des hommes fans propriété, & qui par
conféquent n'emportoient que leur perfonne.
Dans l'effervefcence actuelle de l'émigration,
ceux qui étoient regardés comme dans la profpérité & dans l'abondance, vendent leur fonds
& l'emportent en argent. Autre fois il n'y avoit
que les inutiles & les pauvres qui émigraf-
fent au lieu qu'il eft à craindre actuellement
qu'il ne refte que ceux qui font trop pauvres
pour fe tranfplanter eux - mêmes, ou trop
inutiles pour être tranfportés aux dépens des
autres.

Il n'y a pas plus de découvertes à faire en
matière d'antiquités à *Col* que dans les autres
Isles ; mais partout il y a quelque chofe à
glaner.

Un Anglois ne devincroit pas fans peine
quelle eft la dot des Dames dans ces pays où
il y a peu ou point d'argent. En 1647 *Maclean* de Dronart dans l'isle de *Mull* maria fa
fœur *Fingala* à *Maclean* de *Col* en lui donnant
180 vaches pour dot, & il ftipula que dans
le cas où elle deviendroit veuve, fon douaire

feroit porté à 360. Je fuppofe qu'il y avoit une certaine portion de terres affignée pour leur pâturage.

Le goût des funérailles pompeufes & difpendieufes qui a régné une fois ou un autre dans la plus grande partie du monde civilifé, n'eft pas encore paffé dans les Isles, quoiqu'on ait retranché quelques - unes des anciennes cérémonies, & qu'on ne loue plus des chanteurs pour accompagner la proceffion. Il y a quatre-vingt-dix ans qu'à l'enfeveliffement du *Laird* de *Col*, on immola trente vaches & cinquante brebis. Le nombre des vaches eft affuré pofitivement, & nous pouvons fuppofer la même proportion dans les autres denrées.

Mr. *Maclean* nous fit le récit d'un ancien jeu qu'on pratique ici dont il ne put nous dire l'origine, mais qui eft pratiqué dans d'autres endroits où il n'eft peut - être pas encore oublié ; à la vieille du nouvel an dans la falle du château du *Laird*, (où il y a toujours une très - nombreufe compagnie dans les temps de fête) il y a un homme qui s'habille d'une peau de vache, fur lequel d'autres hommes battent avec des bâtons ; il court avec tout ce charivaris autour de la maifon que toute la compagnie abandonne auffitôt

avec une feinte terreur, & dont on ferme
foudain la porte.

Il n'y a pas grand plaifir fans doute à être
hors de la maifon la veille de janvier dans
les isles *Hébrides* ; mais ils font affurés de
revenir affez bien de leur terreur pour pouvoir demander bientôt la rentrée dans la
falle, ce qu'on ne peut obtenir (chofe honorable pour la poéfie) qu'en récitant un vers,
dont les gens inftruits & prévoyans ne manquent pas de faire provifion.

Très près de la maifon de *Maclean* on voit
encore les reftes du château de *Col* qui a été
l'habitation du *Laird* jufqu'à ce que la maifon
ait été bâtie. Il eft conftruit fur un roc ; il
eft très-fort, & comme il n'eft pas habité
depuis long-temps, on y travaille encore.

Il y avoit, il n'y a pas long-temps, fur
le mur une pierre avec une infcription, qui
portoit que : *Tout homme de la tribu de Ma-
clonich qui paroîtroit devant le château, même
à minuit, & avec une tête d'homme à la main
y trouveroit fûreté & protection envers & contre tous, excepté contre le roi.*

Cette infcription étoit relative à un ancien
traité dans les mœurs des montagnards d'Ecoffe,
fait dans une occafion très-mémorable.

Maclean, le fils de *Jean Gerves*, qui recouvra l'isle de *Col* & conquit *Barra*, obtint, dit-on, de *Jacques II* une gratification des terres de *Lochiel*, confifquées, je fuppofe, pour quelque offenfe contre l'Etat.

Des biens confifqués n'étoient pas dans ces temps-là, poffédés tranquillement : en confé-quence, *Maclean* vint avec une armée fe mettre en poffeffion de fes nouvelles terres, & je ne fais pour quelle raifon il amena fa femme avec lui. Les *Camerons* fortirent pour défendre leur chef, & la bataille fut livrée à la tète du lac *Nefs*, prés de la place où eft actuellement fitué le fort *Augufte*. *Lochiel* obtint la victoire, & *Maclean* fut défait & taillé en pièces avec ceux qui l'avoient fuivi dans cette expédition. La dame de *Maclean* tomba entre les mains des vain-queurs, & étant trouvée groffe, elle fut remife à la garde de *Maclonisk*, de la tribu ou iffu de la famille de *Cameron*, avec ordre de détruire l'enfant, fi c'étoit un mâle, & de l'épargner, fi c'étoit une fille.

La femme de *Maclonish*, qui étoit groffe au mème point, eut une fille à-peu-près au mème temps que lady *Maclean* accoucha d'un fils; & *Maclonish*, avec plus de générofité pour fa captive que de fidélité à fa parole, confentit à l'échange de ces deux enfans. *Maclean*, ainſi préſervé de la mort , recouvra dans la ſuite le patrimoine de ſa famille, & par reconnoiſſance pour ſon ami, il fit de ſon château une place de refuge pour quiconque de la tribu ſe regarderoit comme en danger, & pour donner une preuve de confiance réciproque, *Maclean* prit l'engagement pour lui & ſa poſtérité de prendre ſoin de l'éducation de l'héritier de *Maclonish*.

Cette hiſtoire, comme toutes les autres traditions des montagnards, eſt rapportée de diveſes manières ; mais , quoique quelques circonſtances puiſſent être incertaines , le fait principal ne laiſſe pas d'être vrai. Il eſt hors de doute que *Maclean* dut ſa conſervation à *Maclonish* ; car le traité entre les deux familles a été ſtrictement obſervé : il n'eſt point tombé en déſuétude ni dans l'oubli, mais au contraire, ſon effet a eu toute ſa force , tant que les chefs ont conſervé leur pouvoir. J'ai lu une requête en demande de protection , faite il n'y a que trente - ſix ans par un des *Maclonish*, nommée *Ewen Cameron*, qui avoit été complice de la mort de *Mac-Martin*, & banni par *Lochiel*, ſon ſeigneur pour un certain temps, à l'expiration duquel il revint de France, où il s'étoit marié ; mais les *Mac-Martin*, non contens de la punition qu'il avoit reçue, le menacèrent encore de leur vengeance lorfqu'il reparut pour s'établir : en conféquence il demanda & obtint un afyle dans l'isle de *Col.*

Le pouvoir de protection ne fubfifte plus ; mais ce que les loix permettent, fubfifte encore, & *Maclean* de *Col* élève actuellement l'héritier de *Col.*

Il refte encore dans les Isles une coutume, qui cependant commence à fe paffer, qui eft celle du *nourriffage.* Un *Laird*, un homme de confidération & de fortune envoie fon enfant, foit mâle, foit fille, à un *Tacksman*, ou à un tenancier, pour être nourri ; ce n'eft pas toujours un de fes tenanciers, mais quelquefois un ami éloigné, qui obtient cet honneur ; car une telle confiance mérite ce nom à jufte titre. Les conditions du *nourriffage* femblent varier dans différentes isles : Dans *Mull*, le père envoie avec fon enfant un certain nombre de vaches, auxquelles le nourricier ajoute une pareille quantité. Le père affigne une certaine portion de de terre pour la pâture de ce bétail, fans en tirer de revenu. Si chaque vache rapporte un veau, la moitié de ces veaux appartient au nourricier, & l'autre à l'enfant ; mais, s'il n'y a qu'un veau entre deux vaches, il eft dévolu à l'enfant, & lorfque l'enfant retourne auprès de

ſes parens, il eſt accompagné de toutes les vaches
données par le père & par le nourricier, avec
la moitïé de l'augmentation du fonds par la pro-
pagation du bétail. Ces animaux ſont conſidérés
comme une dot ou un préciput, & appelés
bétail macalive, dont le père a le produit, mais
dont il n'eſt pas cenſé avoir la pleine propriété,
puiſqu'il doit le même nombre de bêtes à l'enfant, comme une dot, ſi c'eſt une fille, ou
comme une conſtitution ſi c'eſt un fils.

Les enfans reſtent avec le nourricier à-peu-
près ſix ans, & là où cet uſage eſt établi, on
ne les regarde point comme une charge. Si le
nourricier donne quatre vaches, il en reçoit
de même quatre, & pendant tout le temps qu'il
garde l'enfant, il a du fourrage pour huit, ſans
rien payer, avec la moitié des veaux & tout le
lait, & pour tout cela il ne donne que quatre
vaches, lorſqu'il renvoie ſon *Dalt* (nom qu'on
donne à ces nourriſſons.)

Cet uſage ſe pratique quelquefois d'une manière plus libérale. Notre ami, par exemple,
le jeune *Laird* de *Col*, a été nourri par *Macsweyn* de *Griſſipol*, qui étoit alors tenancier de
ſir *James Macdonald* dans l'isle de *Sky* ; c'eſt
pourquoi, ſoit que *Col* lui envoyât du bétail,
ou non, il ne pouvoit lui accorder des terres
pour

pour son pâturage. Toutefois, lorsque le nourrisson retourna à ses parens, il emmena avec lui un nombre considérable de bétail *mac-alive*, & une rélation d'amitié, formée de cette manière, eut de bons effets dans la suite; car, lorsque *Macdonald* vint à hausser les baux de ses fermes, *Macsweyn*, mécontent comme les autres tenanciers, résigna la sienne, & se transplanta de *Sky* à *Col*, & s'établit à *Grissipol*.

Nous eûmes le temps de faire ces observations à la faveur du vent contraire, qui nous avoit jeté à *Col* : c'est une isle qu'on visite rarement, vu qu'on ne trouve rien qui puisse attirer la curiosité, non plus que l'avarice.

Son terrain jusqu'ici n'a guère été employé que pour des pâturages. Dans un district aussi étendu que ce que l'œil peut embrasser, il y a un berger général, qui connoît tout le bétail du voisinage, & qui se tient sur une éminence, de laquelle il surveille toute la plaine, & si le bétail de quelqu'un empiète sur le terrain d'un autre, il a soin de le faire rentrer dans ses propres limites.

Mais on commence à trouver d'autres moyens de bénéfice dans la soude, dont on recueille l'herbe, & de la concrétion de ses cendres on frotte déjà maintes chaloupes. La culture sera

Tome II.   S

ſes parens, il eſt accompagné de toutes les vaches
données par le père & par le nourricier, avec
la moitié de l'augmentation du fonds par la pro-
pagation du bétail. Ces animaux ſont conſidérés
comme une dot ou un préciput, & appelés
bétail macalive, dont le père a le produit, mais
dont il n'eſt pas cenſé avoir la pleine propriété,
puiſqu'il doit le même nombre de bêtes à l'enfant, comme une dot, ſi c'eſt une fille, ou
comme une conſtitution ſi c'eſt un fils.

Les enfans reſtent avec le nourricier à-peu-
près ſix ans, & là où cet uſage eſt établi, on
ne les regarde point comme une charge. Si le
nourricier donne quatre vaches, il en reçoit
de même quatre, & pendant tout le temps qu'il
garde l'enfant, il a du fourage pour huit, ſans
rien payer, avec la moitié des veaux & tout le
lait, & pour tout cela il ne donne que quatre
vaches, lorſqu'il renvoie ſon *Dalt* (nom qu'on
donne à ces nourriſſons.)

Cet uſage ſe pratique quelquefois d'une manière plus libérale. Notre ami, par exemple,
le jeune *Laird* de *Col*, a été nourri par *Macsweyn* de *Griſſipol*, qui étoit alors tenancier de
ſir *James Macdonald* dans l'isle de *Sky* ; c'eſt
pourquoi, ſoit que *Col* lui envoyât du bétail,
ou non, il ne pouvoit lui accorder des terres

pour

pour fon pâturage. Toutefois, lorfque le nour-
riffon retourna à fes parens, il emmena avec
lui un nombre confidérable de bétail *mac-alive*,
& une rélation d'amitié, formée de cette manière, eut de bons effets dans la fuite; car,
lorfque *Macdonald* vint à hauffer les baux de fes
fermes, *Macsweyn*, mécontent comme les autres
tenanciers, réfigna la fienne, & fe tranfplanta
de *Sky* à *Col*, & s'établit à *Griffipol*.

Nous eûmes le temps de faire ces obfervations
à la faveur du vent contraire, qui nous avoit
jeté à *Col* : c'eft une isle qu'on vifite rarement,
vu qu'on ne trouve rien qui puiffe attirer la
curiofité, non plus que l'avarice.

Son terrain jufqu'ici n'a guère été employé
que pour des pâturages. Dans un diftrict auffi
étendu que ce que l'œil peut embraffer, il y
a un berger général, qui connoît tout le bétail
du voifinage, & qui fe tient fur une éminence,
de laquelle il furveille toute la plaine, & fi le
bétail de quelqu'un empiète fur le terrain d'un
autre, il a foin de le faire rentrer dans fes
propres limites.

Mais on commence à trouver d'autres moyens
de bénéfice dans la foude, dont on recueille
l'herbe, & de la concrétion de fes cendres on
frotte déjà maintes chaloupes. La culture fera

probablement encouragée & perfectionnée par l'habileté de l'héritier actuel, & les habitans de ces vallées obscures se ressentiront des progrès & des améliorations opérées dans la manière de vivre, par les soins de leur jeune Seigneur.

Les revenus de la partie de l'isle qui appartient au duc d'*Argyle*, ont augmenté de cinquante-cinq à cent cinq livres. Je ne saurois dire si c'est par la mer ou par la terre qu'est venue cette augmentation ; mais les bontés de la mer ont été si grandes en dernier lieu, qu'une ferme dans *Southuist*, qui rapportoit, il y a dix ans, trente livres de rente, en rapporte actuellement cent quatre-vingt.

Celui qui vit dans l'isle de *Col*, & qui se voit condamné à prendre tristement sa nourriture dans la solitude, & sans pouvoir communiquer ses réflexions, reconnoîtra l'utilité du moyen ordre des *Tacksmans*, que quelques personnes qui s'applaudissent de leur pénétration, désireroient de voir supprimer.

Sans intelligence, l'homme ne peut vivre qu'en troupeau, & non pas en société ; & quelle intelligence peut-on attendre là où tous les individus font contraints à un travail journalier, & où l'esprit est toujours au service des mains. ?

Après avoir passé quelques jours à entendre siffler la tempête, & parcouru l'isle jusques à ce que notre curiosité fût satisfaite, nous commençâmes à songer à notre départ. Il n'étoit pas aisé de quitter *Col* au mois d'octobre : nous trouvâmes cependant une chaloupe à la côte, qui étoit en charge de soude, & pour un prix que nous jugeâmes proportionné au besoin que nous en avions ; le maître consentit à nous conduire à *Mull*, d'où nous pouvions plus facilement repasser en Ecosse.

HÉBRI-DES. Col.

Nous passâmes la nuit d'une manière aussi peu agréable que peu commode dans le bâtiment à épier le premier souffle favorable, & nous prîmes terre le lendemain à *Tobar-Morar*, port de l'isle de *Mull*, qui pourroit paroître à des yeux sans expérience formé pour la sûreté des vaisseaux ; car son embouchure est fermée par une petite isle, qui ne leur laisse qu'un passage étroit de chaque côté, pour entrer dans un bassin d'une assez grande capacité.

Mull.

Ils sont à la vérité à l'abri du côté de la mer ; mais il y a une gorge entre les montagnes, d'où il souffle un vent de terre d'une violence qui leur est souvent funeste.

Notre séjour y fut sans danger, & nous y

trouvâmes d'autres bâtimens à l'ancre, qui don-
noient à ce port un air très-commerçant.

Le jeune *Laird* de *Col*, qui avoit réfolu de
ne point nous priver de fa compagnie, tant
qu'il nous refteroit la moindre difficulté à fur-
monter, vint encore avec nous. Nous ne tardâmes pas à fentir l'influence de fa préfence;
car il nous procura des chevaux & nous conduifit à la maifon du docteur *Maclean*, où nous
trouvâmes une excellente réception & une fociété fort agréable.

Mifs *Maclean*, née & élevée à *Glasgow*, &
amenée enfuite à *Mull* par fon père, joint à
beaucoup d'autres qualités une grande connoiffance de la langue Erfe, qu'elle n'a pas apprife
machinalement dans fon enfance, mais par une
étude fuivie & réfléchie, & c'eft la feule perfonne que j'aie jamais trouvée capable d'inter-
préter la poéfie Erfe.

L'isle de *Mull* forme peut-être par fon étendue
le tiers des Hébrides; elle n'eft point coupée
par les eaux, ni découpée en promontoires;
mais c'eft une maffe folide & compacte d'une
largeur à-peu-près égale à fa longueur.

On n'a aucune connoiffance tant foit peu exacte
de l'étendue & des dimmenfions des plus confidérables de ces Isles : j'eftimerois que celle-ci

peut contenir à - peu - près trois cent milles quarrés.

Mull a souffert, comme *Sky*, de *l'hiver noir* de 1771, pendant lequel, contre toute expérience du passé, un gel continu retint la neige sur la terre pendant six semaines.

Quelle précaution auroit-on pu prendre contre une calamité inconnue ? Le peuple ne put que languir dans une misère sans ressources. On parle d'un fermier qui perdit pour la valeur de trois cent livres sterlings de bestiaux; perte dont la réparation exigeroit probablement plus que la vie d'un homme. Dans des pays comme celui-ci, tout ce qu'on raconte de la famine devient intelligible & croyable. Là où par la culture vigoureuse & bien entendue d'un sol naturellement fertile, on recueille communément un superflu en grain & en fourage ; où les champs sont couverts de bétail ; & où chaque bras est capable d'appeler l'abondance, en faisant quelque chose qui contribue aux commodités de la vie, & qui flatte la vanité des riches ; une année de cherté ne produit qu'une disette de comparaison, qu'on voit plutôt qu'on ne la ressent, & dont les pires effets sont de condamner les ordres inférieurs de la communauté à sacrifier une portion de leur luxe aux convenances, au

S iij

plus , un peu de commodité à la néceſſité. Mais ,
dans un pays dont le climat eſt rigoureux &
le ſol ingrat, où les années les plus favorables
produiſent tout juſte de quoi nourrir les habitans, où la vie brute & ſans agrément , n'eſt
qu'une exiſtence nue & languiſſante, ou chacun
eſt occupé pour lui-même , ſans l'exercice d'aucun de ces arts qui augmentent les jouiſſances
des autres, ſi au fardeau de la miſère habituelle
vient ſe joindre quelque déſaſtre inattendu, il
ne reſte que le déſeſpoir & la mort.

Dans l'isle de *Mull*, une moiſſon manquée ,
ou la mortalité parmi le bétail, arréte tous les
approviſionnemens, & comme ils n'ont point de
manufactures , ils ne peuvent acheter ni ſe procurer aucune des ſuperfluités des autres pays.
La conſéquence d'une mauvaiſe ſaiſon eſt ici
non-ſeulement la diſette , mais la famine ; & ceux
qui faiſoient ſimplement conſiſter l'abondance à
pouvoir ſuppléer aux beſoins naturéls & du
moment, doivent s'attendre à périr de faim ,
lorſque ce mince fonds vient à leur manquer.

Il n'eſt point de voyages dont on ne puiſſe
tirer quelque parti. Celui qui parcourt de
meilleurs pays que le ſien, peut en rapporter
des vues d'amélioration , & ſi le haſard lui
en fait voir de pires, il apprend à jouir des
avantages de ſa patrie.

La curiosité de M. *Boswell* le pressoit fortement de visiter *Jona* ou *Irolmkill*, isle qui fut autrefois une grande école de théologie, & qu'on suppose avoir servi de sépulture aux anciens rois de ces contrées, quoique moins empressé je ne m'opposai point à ce dessein.

Pour l'exécuter, il falloit traverser une grande partie de *Mull*. Nous passâmes un jour chez le Docteur *Maclean*, & nous aurions aisément pris notre parti d'y rester davantage ; mais *Col* nous avoit procuré des chevaux, & nous continuâmes notre voyage. Cette journée fut désagréable, le pays étant fort rude, & mon cheval extrêmement petit ; nous cheminâmes pendant plusieurs heures au travers d'une étendue de terrain noir & stérile, où nous ne laissâmes pas cependant de remarquer quelques vestiges humains ; car nous trouvâmes dans notre chemin une chapelle ruinée.

La question qui s'offre le plus naturellement à l'esprit, en traversant ce lugubre théâtre de désolation est de savoir si l'on ne pourroit rien faire pour donner à la nature une face plus riante, & si ces côteaux & ces marais qui ne rapportent que des bruyères, ne pourroient pas avec un peu de soins & de travail

HÉBRI-
DES.
Mull.

S iv

produire quelque chofe de meilleur. La première idée qui fe préfente, eft de les couvrir
d'arbres ; car on voit évidemment que des
arbres croitroient dans ces régions dépouillées
à en juger par les troncs & les racines qu'on
y trouve encore, & l'obfervateur fe hâte de
cenfurer la négligence & la pareffe qui a différé fi long - temps une amélioration fi facile
à exécuter.

Il ne faut pas beaucoup d'induftrie & de
peine pour mettre en terre une femence, &
protéger fon accroiffement. Celui qui voudra
fe rappeler que tous les bois qui ont fervi
aux befoins de l'homme depuis le déluge jufqu'à préfent, fe font femés d'eux - mêmes,
ne fe laiffera pas aifément perfuader qu'il foit
néceffaire d'y employer tout l'art & les pré-
parations préfcrites de nos jours aux planteurs
par les écrivains de *Géorgiques*.

Il eft certain que les arbres ont couvert la
terre fans beaucoup de culture ; ils agitent
leurs têtes parmi les rochers de la *Norwege*,
& pourroient profiter auffi bien dans les
montagnes d'Ecoffe & aux *Hébrides* ; mais il y
a pour le planteur un effrayant intervalle entre
un arbre - femé & un arbre de haute futaye.
Le calcul de fon accroiffement lui préfente la

trifte image de la briéveté de la vie ; il fent qu'il ne profitera jamais lui - même de ce qu'il fait, & le plaifir qu'il a en voyant croître ces jeunes tiges eft mêlé d'une crainte fâcheufe qu'elles ne foient coupées après lui. Le foin de planter des arbres eft naturellement l'occupation d'un efprit libre de foins, qui ne fonge guère à l'avenir pour lui-même, raffafié des biens préfens, & qui a le loifir de trouver quelque fatisfaction dans un coup-d'œil fur la profpérité ; mais celui qui fouffre de la faim, s'embarraffe fort peu comment fe nourriffent les autres. Le pauvre s'occupe rarement d'enrichir fon petit fils ; il n'eft pas difficile de comprendre pourquoi dans un pays où on a peine à appaifer les cris du befoin, on fait peu d'attention aux agrémens de fantaifie, & comment on ne regarde point à des commodités dont la jouiffance eft éloignée, là où toutes les penfées font inceffamment tournées fur tout ce qui peut procurer un avantage immédiat.

Il n'eft pas d'ailleurs tout - à - fait fi facile qu'on pourroit le penfer de créer de vaftes forèts ; les arbres deftinés à devenir des bois de haute futaye ou de conftruction, doivent être femés là où ils doivent croître, & le

terrain où on les sème, devient inutile pour
fort long-temps, il ne peut être enclos qu'à
des frais décourageans par l'éloignement de
la jouiffance. Il faut, pour les garder, une attention qui ne peut être ni donnée ni achetée dans
les endroits où on en a fi fort befoin.

Il eft encore évident que ce même terrain
ne peut être labouré, & fi on y laiffe brouter
le bétail, il devorera les plantes à mefure
qu'elles pouffent, & même dans les cantons
plus fauvages, où les troupeaux ne paîtroient
pas, non feulement les daims & les chèvres
fauvages y brouteroient ; mais ils feroient
encore minés & rongés par les lièvres & les
lapins. On peut donc croire avec raifon, ce
que je ne me rappelle pas qu'aucun naturalifte ait remarqué : c'eft qu'il y a eu un temps
où le monde a été très-médiocrement peuplé
d'animaux, ainfi que d'hommes & que les bois
ont eu le loifir de s'élever avant que la
génération des animaux fût affez accrue pour
intercepter & nuire à cette partie de la végétation.

Sir *James Macdonald* a, dit-on, planté ou
femé plufieurs millions d'arbres dans les parties
défertes de fes terres, comptant fans doute
qu'ils fourniroient un jour de quoi conftruire

des flottes & bâtir des villes ; mais manque d'enclos & de ces foins toujours auffi nécef-faires que difficiles à prendre ; il a perdu fes peines & fes dépenfes, & le fol continue vrai-femblablement à ne produire qu'une bruyère inutile.

N'ayant point encore fait de voyage dans l'isle de *Mull*, nous ne doutâmes pas d'avoir affez de temps pour gagner la mer pendant le jour, & nous ne nous preffâmes point de quitter de bien à bonne heure le docteur *Maclean*.

Nous marchâmes affez diligemment, cepen-dant ; mais nous trouvâmes le pays très-difficile, (car de routes il n'y en a aucune). Nous avions continuellement quelqu'obftacle à vaincre, & ces difficultés n'étoient balancées par aucune efpèce d'avantage pour les yeux ou pour l'imagination. Nous étions devenus trop familiers avec les montagnes & les bruyères, pour que ces objets excitaffent en nous aucune fenfation de peine ou de plaifir ; & notre efprit n'étoit tendu que fur nos fatigues, quoiqu'affurés d'ailleurs contre la crainte de dangers réels, tant que nous étions fous la protection de *Col*. Il n'y avoit aucune maifon dans *Mull*, où il ne pût nous introduire. Il avoit l'intention de nous loger cette nuit-là chez un gentilhomme qui demeuroit fur la côte ;

mais nous apprîmes en chemin que notre hôte
désigné étoit pour lors mourant dans son lit.

Nous ne voulûmes donc pas embarrasser une
famille dans le moment d'une pareille désolation ;
si nous pouvions trouver un autre expédient,
& comme l'isle d'*Ulva* étoit en face de nous,
nous nous déterminâmes à passer le détroit, &
à recourir à l'hospitalité du *Laird*, qui, ainsi
que tous les autres gentilshommes du pays,
étoit connu de *Col.* Nous nous attendions à
trouver un bac ; mais au moment où nous arrivâmes au bord, le bateau venoit d'en partir.

Nous voilà donc encore arrêtés : nous étions
alors au 16 d'octobre ; temps auquel il n'est pas
agréable de coucher à la belle étoile aux *Hébrides*,
& il n'y avoit aucune maison à notre portée
que celle dont je viens de parler.

Ulva.

Pendant que nous étions à délibérer, nous
fûmes apperçus par un bâtiment Irlandois, qui
étoit à l'ancre dans le détroit ; le maître comprit
que nous désirions de traverser, & nous envoya
avec beaucoup de politesse son bateau, qui nous
conduisit très-promptement à *Ulva*, où nous
fûmes parfaitement bien reçus par M. *Macquarry*.

Nous arrivâmes à *Ulva* dans l'obscurité, &
nous quittâmes cette Isle le jour suivant avant

midi : je n'entreprendrai pas, en conféquence, d'en donner une defcription bien exacte. On nous dit qu'elle eft de peu d'étendue, rude & ftérile ; elle eft habitée par les *Macquarrys*, tribu qui n'eft ni puiffante ni nombreufe, mais d'une antiquité qui lui attire la confidération & le refpect de beaucoup d'autres familles. On fuppofe que fon nom eft une corruption de quelqu'autre ; car on n'en trouve point l'étimologie dans la langue *Erfe*. *Macquarry* eft propriétaire d'*Ulva* & de quelques Isles adjacentes, parmi lefquelles eft celle de *Staffa*, depuis fi peu de temps rendue célèbre par le récit de M. *Banks*. On pourroit le placer ici.

Lorfqu'on a reproché à ces Infulaires leur ignorance & leur indifférence fur les merveilles que préfente cette Isle, ils n'ont pas eu grand-chofe à alléguer pour leur excufe ; il eft vrai qu'ils la confidéroient d'autant moins qu'ils l'avoient vue plus fouvent, & il n'y a que des philofophes (encore n'eft-ce pas fans exception) qui foient frappés des chofes merveilleufes, quoique elles ne foient pas nouvelles.

Quelle feroit la furprife d'un groffier laboureur, d'entendre une affemblée de fages chercher par quel pouvoir la main jette une pierre, ou pourquoi cette pierre, une fois lâchée, tombe à terre ?

J'ai trouvé partout où je pouvois en attendre, des renseignemens sur les ancêtres de *Macquarry* qui vit caché dans son Isle solitaire.

En faisant des recherches sur les restes des anciens usages, j'ai découvert que dans l'isle d'*Ulva*, & je crois nulle autre part, subsiste encore la redevance connue sous le nom de *Mercheta mulierum*; beau privilège, qui, dans les anciens temps, appartenoit au *Laird*, lorsqu'une vierge se marioit. Il en est de l'origine de ce droit comme de celle des privilèges de nos bourgs Anglois. L'origine en est rapportée différemment.

On aime à retrouver d'anciennes coutumes dans les familles anciennes ; le tribut, ainsi que tous les autres, se payoit autrefois, manque d'argent, en productions de la terre. *Macquarry* avoit coutume de demander une brebis en équivalent de quoi il prend actuellement un écu, par un effet de cette inattention à la proportion vendable entre la valeur & la dénomination de l'argent qui a apporté tant de maux en Europe.

Une brebis a toujours la même valeur relativement aux besoins de l'homme ; mais la valeur d'un écu varie à l'infini selon les circonstances.

Ulva n'a pas été négligée par la piété des

ſiècles paſſés : on y peut encore montrer ce qui
étoit autrefois une égliſe.

Nous nous remîmes en bateau dans la matinée,
& nous abordâmes à *Inch Kenneth*, petite Isle
d'environ un mille de longueur ſur demi-mille
de largeur, remarquable par ſes agrémens &
ſa fertilité ; elle eſt couverte de verdure, &
propre également aux pâturages & au labourage ;
mais il n'y a point d'arbres.

Tous ſes habitans ſont ſir *Allan Maclean*, &
deux jeunes demoiſelles ſes filles, avec leurs
domeſtiques.

Les romans préſentent rarement de ſcènes qui
frappent plus l'imagination qu'un petit déſert,
tel que celui-ci : plongé en quelque ſorte dans
la vaſte & ténébreuſe étendue des mers de
l'Occident, habité, non par un berger à demi-
ſauvage, ou par quelque pêcheur amphibie,
mais par un gentilhomme & deux demoiſelles
de haute naiſſance, d'une converſation char-
mante, & de manières agréables & polies, qui,
dans une habitation peu élevée, il eſt vrai, au-
deſſus du ſol, mais, d'ailleurs, propre & fournie
de toutes les commodités, même les plus inatten-
dues, exercent l'hoſpitalité avec l'empreſſement
& la recherche de la civilité la mieux entendue.

Sir *Allan* eſt le chef de la grande tribu des *Macleans*, qui, dit-ou, prétend à la ſeconde place parmi les familles des montagnes, & qui ne la cède qu'aux *Macdonalds*; quoique par l'inconduite de ſes ancètres, la plus grande partie du territoire conſidérable qui devoit lui écheoir ait été aliénée : il n'a pas laiſſé de conſerver la dignité & l'autorité attachées à ſa naiſſance. Lorſqu'en dernier lieu on a eu beſoin de ſoldats pour la guerre d'Amérique, on eût recours à ſir *Allan*. Il nomma cent hommes pour le ſervice, qui obéirent à la ſommation & prirent les armes ſous ſon commandement.

Il y avoit alors quelque temps qu'il réſidoit avec ſes jeunes demoiſelles à *Inch Kenneth*, où il vit non-ſeulement avec aiſance, mais encore avec élégance & goût, ayant tranſporté avec lui dans ſa chaumière une collection de livres, & tout ce qui eſt néceſſaire pour paſſer agréablement ſon temps.

Dès que nous eûmes mis pied à terre, nous fîmes la rencontre de Sir *Allan* & des jeunes Dames, accompagnées de Miſs *Macquarry* qui avoit paſſé quelque temps avec elles, & qui retournoit à *Ulva* avec ſon pere.

Nous avançames en nous promenant tous enſemble juſqu'à l'habitation, que nous trouvámes vâmes composée d'une chaumière pour Sir *Maclean* & de deux autres, je pense, pour les domestiques & pour les offices. Nous entrâmes & trouvâmes presque tout ce que l'on trouve dans un palais ; notre chambre étoit planchée proprement & bien éclairée, & le dîner qui fut préparé dans une des deux autres huttes, fut abondant & délicat.

Après dîner Sir *Allan* nous fit ressouvenir que ce jour-là étoit un dimanche ; qu'il ne se permettoit jamais de passer sans le marquer par quelque acte réligieux, & il nous invita à participer à ses dévotions domestiques ; invitation qu'on ne nous supposera pas, j'espère, avoir été enclins à refuser. L'aînée des Demoiselles lut le service en anglais.

Inch - kenneth fut autrefois un séminaire d'ecclésiastiques subordonnés, je pense, à *Icolmkill*. Sir *Allan* avoit envie de nous retracer le plan des fondemens du collège ; son œil est plus pénétrant que le nôtre pour découvrir des ruines que nous ne pûmes distinguer.

Notre attention toutefois fut suffisamment captivée par une chapelle vénérable qui reste encore entière, au couvert près qui est détruit ; elle a environ soixante pieds de long sur trente de large. D'un côté de l'autel on voit

encore une image de la sainte Vierge en bas
relief, & tout auprès une petite cloche qui,
quoique fendue & sans battant, est restée là
pendant des siècles, sans autre garde que le
respect qu'on porte à ce lieu. Le terrain qui
entoure la chapelle, est couvert des pierres
des tombeaux des chefs & de leurs Dames,
& continue de servir à leur sépulture.

Inch.-Kenneth est en quelque sorte le prélude de ce qu'on voit à *Icolmkill*, & ce ne fut
pas sans un sentiment de tristesse que nous
contemplâmes les ruines de ces édifices réligieux & ces monumens de la mort.

Le jour suivant nous examinâmes ces lieux
avec plus de soin : nous allâmes aussi en bateau, voir les huîtres dans le lit où on les
pêche : les bateliers les forcent à en sortir en
aussi grand nombre qu'ils le veulent.

Il n'y a pas jusqu'à *Inck-Kenneth* qui n'ait
une isle qui lui est subordonnée ; elle est nommée (je pense par mépris *Sandiland* isle de
Sable) ; nous y abordâmes & nous trouvâmes
un rocher d'environ quatre arpens d'étendue.
L'un de ces arpens n'est autre chose qu'une
pierre nue ; dans un autre le roc est recouvert de sable & de coquillages dont je ramassai
quelques-uns à cause de leur éclatante beauté ;

les deux autres acres fontrecouverts d'une mince couche de terre & d'un peu d'herbe qui fert de pâture à quelques brebis qu'y envoye Sir *Allan*. Je ne doute pas que lorsqu'il y avoit un collège à *Inch - Kenneth*, *Sandiland* ne fût un hermitage.

Après avoir erré quelque temps fur ces vaftes plaines, nous nous confiâmes de nouveau à la mer & aux vents, & après un voyage de dix minutes, dans lequel il ne nous arriva rien de bien remarquable, nous nous trouvâmes encore fur terre.

Nous fimes connoître à Sir *Allan* le défir que nous avions de vifiter *Icolmkill*, & nous le priâmes de nous accorder fa compagnie & fa protection pour ce voyage. Il trouva à propos d'héfiter un peu ; mais les Dames lui firent entendre que, comme elles favoient qu'il finiroit par accepter, il feroit mieux de s'en faire honneur par une prompte complaifance ; il prit donc leur avis pour bon & nous promit de nous conduire le lendemain dans fon bateau.

Nous paffâmes le refte de la journée à nous amufer du mieux que nous pûmes : Sir *Allan* nous raconta fes campagnes d'Amérique, & vers le foir une des Dames toucha du clave-

T ij

cin, tandis que *Col* & M. *Boswell* danfèrent avec l'autre un branle écoffais.

Nous aurions aifément pu nous laiffer perfuader de faire un plus long féjour à *Inch-Kenneth*, mais on ne doit pas paffer toute fa vie dans les plaifirs ; le temps de la feffion *d'Edinbourg* approchoit ; & M. *Boswell* ne pouvoit s'en abfenter.

Notre bateau fut prêt dans la matinée : c'étoit un petit bâtiment fort & élevé, que Sir *Allan* avoit approvifionné pour la journée, & pourvu de bons rameurs. C'eft ici que nous nous féparâmes du jeune *Laird* de *Col* qui nous avoit traité avec tant de bonté & de politeffes qu'il avoit enfin terminées en nous remettant entre les mains de Sir *Allan*. C'eft ici que nous eûmes les derniers embraffemens de cet aimable jeune homme, qui, dans le temps que j'employois ma plume à rendre hommage à fes vertus, périt dans le paffage d'*Ulva* à *Inch-Kenneth*.

Sir *Allan* à qui tout le pays étoit bien connu, nous parla d'une caverne fort remarquable, dont il nous montreroit le chemin. Nous avions été déjà trompés dans notre attente, en fait de caverne, ce qui nous rendoit moins fenfibles à la promeffe d'une autre. Toutefois valoitil encore mieux la voir, & nous nous arrêtâmes près de quelques rochers sur la côte de *Mull*. L'ouverture en est fortifiée par de vastes frag- mens de pierres, sur lesquels nous cheminâmes avec aussi peu d'agilité que de sûreté.

Nous fûmes néanmoins bien payés de nos peines. Le fond étoit embarrassé de gros cailloux, aussi avant dans la grotte que la marée y monte; mais à mesure que nous avançâmes, nous trou- vâmes un joli fond d'un beau sable. La caverne peut avoir quarante - cinq pieds de largeur; le dessus en est voûté en forme d'arc presque régu- lier, à une hauteur que nous ne pûmes mesu- rer; mais d'environ trente pieds.

Il ne s'en fallut guères que nous ne fussions frustrés de l'objet de notre curiosité; car, quoi- que nous fussions venus pour voir la caverne, & que nous sçussions bien que les cavernes sont obscures, nous avions oublié d'apporter des flambeaux, & nous ne nous apperçûmes de notre oubli qu'au moment où nous en fûmes avertis par le besoin.

Sir *Allan* envoya donc un de nos rameurs dans l'intérieur du pays, qui ne tarda pas à reparoître avec une petite chandelle. Ce secours nous mit en état d'aller plus avant; mais nous ne pûmes cependant nous hasarder bien loin.

T iij

Après être entré dans la grotte du côté de la mer, & avoir pénétré à une grande profondeur, nous trouvâmes à notre main droite un passage étroit, qui n'avoit peut-être pas plus de six pieds de vide, & qui étoit obstrué par de grosses pierres : nous y grimpâmes cependant, & nous arrivâmes à une seconde caverne de 25 pieds de largeur. L'air de cette espèce d'appartement étoit fort chaud, mais sans être étouffant, ni chargé de vapeurs. Notre lumière ne développa aucun signe d'une atmosphère méphitique ou infecté : on y voit une pierre quarrée, appelée la *Table de Fingal*.

Si nous eussions été pourvus de torches, nous aurions pu pousser plus loin nos recherches, quoique nous fussions allé déjà aussi loin qu'aucun aventurier avant nous, excepté quelques-uns qu'on dit n'en être jamais revenus; & mesurant notre chemin en retournant, nous trouvâmes cent soixante verges; ce qui fait la onzième partie d'un mille.

Nos mesures ne peuvent être données pour être d'une exactitude mathématique, ayant été prises avec une espèce de canne, telle qu'on a coutume de porter dans ces contrées pleines de rochers, & dont je calculai la longueur en la présentant contre moi : il ne peut y avoir beaucoup d'erreur, & sans doute que le montagnard que nous y employâmes, ne fît pas de son côté un compte bien juste : il conviendroit mieux cependant d'y mettre plus d'exactitude, & l'on ne devroit jamais voyager sans être muni des instrumens nécessaires pour prendre les hauteurs & les distances.

Il existe une autre cause d'erreurs, qu'il n'est pas toujours aisé de prévenir, quoique plus nuisible à la justesse des itinéraires que des mesures imparfaites. Un observateur, profondément affecté d'un spectacle remarquable quelconque, ne suppose pas que l'image s'en efface sitôt de son esprit, & n'ayant pas pour l'ordinaire de grandes commodités pour écrire, il renvoie la description à un temps où il sera plus de loisir & plus à son aise.

Ceux qui n'en ont pas fait l'expérience, ou qui ne sont pas accoutumés à s'astreindre à une rigoureuse exactitude, auront peine à comprendre combien quelques heures d'intervalle ôtent de la certitude des observations & de la netteté des images : combien la succession des objets est facilement interrompue, combien ce qui est distinct se confond aisément, & à quel point une quantité de traits particuliers & caractéristiques, qui nous avoient d'abord frappés,

T iv

s'accumulant & s'entaffant dans la tête, dégénèrent facilement en une maffe d'idées vagues
& informes.

C'eft en différant ainfi de noter ce qu'on a
obfervé qu'on produit ces fauffes rélations repro-
chées aux voyageurs, fans qu'ils aient eu aucun
motif imaginable pour en impofer. Ils ont confié
à leur mémoire ce qui ne peut fe confier qu'aux
yeux, & ont rapporté par conjectures ce que,
peu d'heures auparavant, ils auroient pu con-
figner avec fûreté.

C'eft comme cela que *Wheeler* & *Spen* ont
décrit avec des contrariétés inconciliables des
chofes qu'ils avoient obfervées enfemble, &
qu'ils avoient tous deux indubitablement intention de décrire comme ils les avoient vues.

Lorfque nous eûmes satisfait notre curiofité
dans la caverne, autant que notre difette de
lumière nous le permit, nous remontâmes dans
nos bateaux; nous longeâmes la côte de *Mull*,
pour gagner un promontoire nommé *Atun*,
remarquable par fes rochers, qui s'élèvent en
forme de colonnes, & préfentent un rang de
piliers, d'une telle régularité, que fir *Allan*
ne les croit pas moins dignes de la curiofité des
voyageurs que les rivages de l'isle de *Staffa*.

Nous parvînmes peu après à un autre rang de

rochers noirs, reſſemblant à des pilaſtres rompus rangés les uns derrière les autres à une
très-grande profondeur : c'eſt la place que choiſit
ſir *Allan* pour notre dîner. Nous trouvâmes facilement de quoi nous aſſeoir, puiſqu'il y avoit
des pierres de toute hauteur, & nous nous y
rafraîchîmes nous & nos rameurs, qui n'avoient
pas d'autre relâche que ce lieu, juſques à
Icolmkill.

Il ſe faiſoit tard, & nous étions encore à une
diſtance conſidérable du terme de notre expédition ; ce qui nous empêcha de nous arrêter plus
long - temps à faire des remarques chemin-
faiſant, & nous en partîmes avec quelque ſorte
de regret.

Le jour ne tarda pas à nous manquer, & la
lune nous offrit un tableau auſſi agréable que
ſolemnel. Le ciel étoit clair, enſorte que l'œil
embraſſoit un horiſon fort étendu : la mer n'étoit
ni calme ni agitée, le vent ni trop foible ni trop
fort. Nous n'étions jamais ſi éloignés de l'un
ou de l'autre côté, que nous n'euſſions aiſément
pu y trouver un abri, en cas que le temps
devînt trop mauvais ; enſorte que nous pûmes
contempler à notre aiſe les côtes entre leſquelles
nous voguions dans le calme de la nuit, voyant
tantôt un rocher, tantôt une isle qui s'élevoit,

pour ainſi dire, graduellement, & paroiſſoit par intervalles dans la clarté & dans l'obſcurité. Je commis la faute que je viens de cenſurer, en négligeant de prendre note, dans notre paſſage, de la ſuite de cette paiſible navigation.

Nous paſsâmes auprès, d'une isle, appelée *Isle des Nônes*, peut-être de quelque ancien couvent. On nous dit que c'eſt d'ici qu'on a tiré la pierre dont les bâtimens *d'Icolmkill* ont été conſtruits : nous ne pûmes pas ſavoir ſi cette isle eſt actuellement habitée.

Nous arivâmes enfin à *Icolmkill* ; mais nous ne trouvâmes aucun lieu propre à aborder, & notre bateau ne pouvant aſſez approcher du bord, nos montagnards nous portèrent à terre ſur leurs épaules. Nous touchons donc le ſol de cette isle fameuſe qui fut autrefois le lumi-naire des régions *Caldoniennes*, où ces tribus ſauvages & ces hordes de barbares vagabonds puisèrent leur inſtruction & les tréſors de la réligion.

Il ſeroit inutile & bien ridicule de faire des efforts pour ſe défendre de l'émotion que cauſe la vue de certains lieux. Tout ce qui nous ſouſtrait à l'empire des ſens, tout ce qui rend les monu-mens paſſés, éloignés ou futurs ſupérieurs au préſent, ſemble être autant de moyens de nous élever à la dignité d'êtres pensans ; loin de moi & de mes amis, une philosophie froide & impassible qui nous laisseroit froids & indifférens au moment où nous touchons une terre illustrée par la sagesse, la bravoure ou la vertu ! que cet homme seroit peu digne d'envie dont le patriotisme n'acquerroit pas de la force & de l'énergie dans la pleine de *Marathon*, où dont la piété ne s'accroîtroit pas parmi les ruines de *Jona*.

Nous arrivâmes trop tard pour visiter les monumens, & nous avions quelques soins à prendre pour nous-mêmes. Sir *Allan* pouvoit disposer de tout dans l'Isle ; car tous ses habitans font *Macleans* ; mais possédant peu, ils ne pouvoient donner beaucoup. Il nous conduisit au principal habitant de l'Isle, que la renommée (mais la renommée amplifie toujours) représente comme riche au moins de cinquante livres sterl. Il étoit assez glorieux de ses hôtes, mais mal préparé pour les recevoir : néanmoins il se procura bientôt plus de provisions qu'il n'en faut à des hommes peu sensuels. Notre logement fut bientôt meublé : nous trouvâmes une grange bien fournie de foin, & nous fîmes nos lits aussi tendres que nous pûmes.

Nous sortîmes dès le matin pour visiter la place. Les églises des deux couvens font encore

debout, quoique fans couverture. Elles ont été
bâties de pierres brutes, mais folidement & avec
quelque élégance.

L'églife épifcopale confifte en deux parties
féparées par le clocher, & bâties à différentes
époques ; il paroît qu'originairement elle étoit
compofée, comme toutes les autres, d'un autel à
une extrémité & d'une tour ou clocher à l'autre ; mais que par la fuite étant devenue infuffi-
fante ; on y a ajouté une autre portion égale à la
première, & la tour eft reftée néceffairement au
milieu.

Il paroît évident que ces édifices font de fiècles
différens ; la voûte du premier eft de conftruction
romaine, & forme une portion de cercle ; celle
du fecond fe termine en pointe, eft conféquemment *gothique* ou arabefque. La tour eft encore
ferme & folide, & il n'y manque qu'un parquet
& un toît. On voit encore les murs de quelques-
unes des chambres ou cellules qui appartenoient
aux moines ; mais rien qui approche d'un appartement complet. L'intérieur de l'églife eft fi
rempli de boue & de décombres qu'il n'y eût
pas moyen de découvrir aucune infcription
curieufe, d'ailleurs celles qui s'y trouvent, ont
été déjà publiées. On peut auffi voir la place où
font fecrètement dépofées les pierres noires.

fur lefquelles les anciens chefs des montagnards avoient coutume de prêter ferment, lorfqu'ils paffoient quelque acte ou contractoient des alliances; ce ferment étoit regardé comme plus facré que toute autre obligation, & ne pouvoit être violé fans la plus grande infamie. Dans ces temps de violence & de rapine, il étoit d'une extrême importance d'imprimer dans des efprits fauvages la fainteté d'un ferment par quelque circonftance particulière & extraordinaire.

Ils n'auroient pas recouru au ferment des pierres noires dans des occafions de peu de conféquence, & quand ils avoient établi leur fidélité & leur foi par cette redoutable fanction, il n'y avoit plus à craindre ici ni inconftance, ni fupercherie.

La chapelle du couvent des réligieufes eft employée actuellement par les habitans, comme une efpèce d'étable générale pour les vaches, & conféquemment elle eft trop fâle & trop fangeufe pour permettre aucun examen. Quelques-unes des pierres qui couvrent les tombeaux des dernières abbeffes, ont des infcriptions qu'on pourroit encore lire fi la chapelle étoit nettoyée. Son toît ainfi que celui de tous les autres édifices eft totalement détruit, non-feulement parce que les charpentes fe dégradent facilement lorfqu'on les néglige, mais encore parce que dans une Isle absolument dénuée de bois, lorsqu'on en a eu besoin pour d'autres usages ; cette portion des édifices a dû être naturellement la première proie qui s'est présentée à leur nécessiteuse rapacité.

Le presbytère de la chapelle des nones est voûté en pierres & n'a point souffert des injures du temps, non plus qu'un petit appartement qui communiquoit avec le chœur, comme le chapitre dans une cathédrale, & qui étoit voûté de la même manière.

Il y avoit dans une de ces églises un autel de marbre qui a été détruit par la superstition des habitans. Leur opinion étoit qu'au moyen d'un morceau de cette pierre, ils se garantissoient des naufrages, des incendies, & des fausses couches. L'on voit encore dans un coin de l'église un vase pour l'eau bénite qui est resté de même dans son entier.

Le cimetière du couvent des nones étoit regardé jusqu'à ces derniers temps avec un tel respect qu'il n'y avoit que les femmes qui pussent y être enterrées ; ces restes de vénération produisent toujours une espèce de plaisir, mêlé de peines, & j'aurois supporté plus volontiers qu'on m'eût fait une insulte personnelle, que de voir porter atteinte à la sainteté imaginaire de ce lieu.

Au fud de la chapelle on voit encore les murs d'une grande chambre qui étoit probablement la falle ou réfectoire des nones. Cet appartement feroit fufceptible d'être réparé ; mais il ne fub-fifte plus que des ruines du refte du couvent. Outre les deux églifes il y a , je crois, cinq cha-pelles encore exiftantes , & trois autres dont on a confervé le fouvenir. Nous vîmes plufieurs croix , dont deux portent les noms de St. Jean & de St. Mathieu.

Il y a un grand efpace de terrain autour de ces édifices facrés , qui eft couvert de pierres fépulchrales , dont un petit nombre feulement, font chargées d'infcriptions. Le curieux qui en fait la recherche , accompagné par un antiquaire du pays, peut apprendre la place où les Rois de telle ou telle nation ont été enfevelis ; & fi fon imagination eft flattée des idées qui s'élèvent na-turellement dans ces lieux où les grands & les puiffans font confondus dans la pouffière, gar-dez-vous d'interrompre fon refpectueux filence , car fon plaifir ceffe au moment où il commence à queftionner.

L'isle de *Jona* a joui long-temps , fi la chofe eft bien atteftée, de l'honneur d'être le tombeau des Rois d'Ecoffe : il n'eft pas fans vraifemblance que lorfque cet endroit étoit en réputation de sainteté, les chefs des Isles, peut-être même des Princes *Norwégiens* & *Irlandois*, aient été inhumés dans cette vénérable enceinte ; mais on ignore entièrement à présent par qui les voûtes souterraines ont été peuplées. Quoiqu'il en soit, ces tombeaux sont en très-grand nombre, & quelques-uns d'entr'eux renferment indubitablement les restes d'hommes qui ne s'attendoient guères d'être sitôt oubliés.

Non loin de ce terrain respectable on retrouve les traces du jardin du monastère ; les viviers peuvent même se voir, & on se sert encore des acqueducs qui leur fournissoient de l'eau.

On voit aussi les restes d'une maison appelée la *maison de l'Evêque*, je ne sais sur quelle autorité. C'étoit sûrement une fois la résidence de quelqu'un au-dessus du commun ; car il y a deux étages & une cheminée. On voulu nous montrer une autre cheminée à l'autre extrémité de la maison ; mais je trouvai que ce n'étoit qu'une niche dans le mur, sans aucune issue ; cependant, tel est l'empire de la crédulité antiquaire, & de la vanité patriotique chez cette nation, qu'il n'étoit pas plus sûr de s'en fier aux yeux de notre *Ciceron* qu'à sa mémoire.

Il n'y a dans l'Isle qu'une seule autre maison à cheminée ; nous y entrâmes, & nous la trou-

vâmes

vâmes en bon état & bien habitée : mais les
fermiers qui l'occupent ne font pas grand ufage
de la cheminée, car leur feu étoit à terre, au
beau milieu de la chambre ; & nonobftant la
dignité de leur manoir, ils jouiffoient, ainfi
que leurs voifins, des douceurs d'une épaiffe
fumée.

On a obfervé que les communautés eccléfiaf-
tiques font toujours placées dans les endroits
les plus agréables & les plus fertiles. Dans le
temps que le monde laiffoit aux moines la liberté
du choix, il n'eft affurément pas déshonorant
pour eux d'avoir bien choifi. Cette Ifle eft remarquable pour fon abondance.

Le village qui eft près des églifes paffe pour
contenir foixante-dix familles ; ce qui, à cinq
par famille, fait plus de cent habitans par mille.
Il y a peut-être d'autres villages outre celui-là
dans l'Ifle ; & cependant on en exporte annuellement du blé & du bétail.

Mais la fertilité de *Jona* fait actuellement toute
fa profpérité ; les habitans, d'ailleurs, en font
finguliérement groffiers & négligés, & je ne fais
pas même s'ils ont l'affiftance d'aucun miniftre.
L'Ifle qui étoit autrefois la métropole de l'éducation & de la piété, n'a actuellement ni école
pour l'inftruction, ni temple pour le fervice

HÉBRI-
DES.
Inch-
Kenneth.

divin : il n'y a dans toute son étendue que deux habitans qui sachent parler anglois, & pas un seul qui sache lire ou écrire.

Le peuple est de la tribu de *Maclean*, & quoiqu'il y eût plusieurs années que sir *Allan* ne fut pas venu dans l'Isle, ils le reçurent avec tout le respect dû à leur chef; l'un d'eux ayant été repris par lui assez rudement de ce qu'il ne lui avoit pas envoyé du rum; il déclara après son départ, en présence de M. *Boswell*, qu'il n'avoit pas eu dessein de lui faire de la peine : *Car*, dit-il, *je me ferois casser les os pour lui, & s'il avoit envoyé son chien pour le prendre, il l'auroit eu.*

Quand nous voulûmes partir, notre bateau se trouva par le reflux à une très-grande distance de la mer; mais nous ne parûmes pas plutôt désirer de le remettre à flot, que les Insulaires s'assemblèrent autour, & par la réunion de leurs bras, ils l'eurent bientôt poussé dans la baie. Tous ceux qui pouvoient contribuer de leurs bras paroissoient se croire heureux de trouver une occasion d'être utiles un moment à leur seigneur.

Nous quittâmes donc ces illustres ruines, dont l'aspect avoit fort affecté M. *Boswell*, & je ne voudrois pas non plus passer pour les avoir

obſervées ſans quelqu'émotion. Peut-être que
dans les révolutions du monde *Jona* ſera encore
une fois l'école de ces régions occidentales.

Nous étions à peu de diſtance de *Mull*, où nous
abordâmes vers le ſoir ſous la protection de ſir
Allan, & où nous fûmes accueillis pour cette
nuit par le miniſtre M. *Maclean*, qui demeure
ſur la côte, & qui, par les agrémens de ſa converſation & la force de ſon jugement, auroit pu
ſe diſtinguer dans des places d'une plus grande
célébrité; nous dinâmes le lendemain avec un
autre docteur *Maclean*, médecin; & de-là nous
continuâmes notre route vers la maiſon d'un
très-puiſſant *Laird*, *Maclean* de *Loch-buy*; car
dans ce pays tout le monde porte le nom de
Maclean.

Là où les races ſont ainſi nombreuſes & alliées
enſemble, il n'y a que le chef de la tribu qui
porte ſon nom. Le *Laird* de *Dunvegan* eſt appelé
Macleod; mais les autres gentilshommes de la
même famille prennent le nom des endroits où
ils font leur réſidence. Comme *Raaſa*, *Talisker*,
&c. La diſtinction du bas peuple ſe fait par les
noms de baptême. En conſéquence de cette pratique, le dernier *Laird Macfarlane*, grand généa-
logiſte, ſe regardoit comme traité deſpectueu-
ſement ſi l'on ajoutoit à ſon nom la qualification

ordinaire. *Monsieur Macfarlane*, disoit-il, peut
être un titre commun à plusieurs autres ; mais
c'est moi , & moi seul qui suis *Macfarlane*.

Notre route de l'après-dîné se fit au travers
d'un désert si triste & si sauvage , que nous ne
vîmes rien d'aussi affreux dans toutes les montagnes : nous ne laissâmes pas d'arriver le soir
à *Loch-buy* sans accident. C'est-là que nous trouvâmes un véritable *Laird* montagnard , rude ,
sauvage , fier de sa dignité , & attaché à ses prérogatives : lorsqu'il entendit mon nom , il me
demanda si j'étois des *Johnstous Glencoë* , ou de
ceux d'*Adnamurchan*.

Loch-buy , ainsi que les autres chefs des Isles ,
a quitté le château qui servoit d'habitation à ses
ancêtres , & vit auprès de là dans une habitation
qui n'est ni spacieuse ni magnifique. Je n'ai point
vu de maison dans les Isles qui puisse exciter
l'envie par sa magnificence ou ses agrémens.
Elles fournissent néanmoins la preuve des progrès des arts & de la politesse , comme elles font
voir qu'on y est actuellement à l'abri des craintes
de pillage & de surprise , & en général ces maisons sont plus commodes que les anciennes
forteresses.

Les châteaux des *Hébrides* , dont plusieurs sont
encore debout & plusieurs ruinés , étoient tou-

jours bâtis fur les pointes de terre au bord de
la mer ; il faut qu'il y ait eu pour adopter cette
fituation quelque raifon générale , que le chan-
ment des mœurs a laiffé dans l'oubli.

Ils ne pouvoient être d'aucun ufage dans les
temps de pirateries pour la défenfe de la côte,
qui étoit toujours acceffible par d'autres endroits :
ce n'étoit pas non plus pour fervir aux naviga-
teurs de marques ou de fanaux , qui auroient
été plus utiles aux ufurpateurs qu'aux gens du
pays , qui n'ont pas befoin de ces directions
dans leurs propres parages : il n'y a pas d'apparence non plus qu'elles fuffent deftinées à faire
le guet, parce que, dans ce cas, une chaumiére
fur une hauteur eût été préférable comme
commandant une vue plus étendue.

Si on confidère ces châteaux purement comme
places de retraite, leur fituation ne paroît pas
bien choifie, car le *Laird* d'une Isle eft plus
en fûreté contre les ennemis du dehors en
demeurant dans le centre que fur la côte, où
il eft peut-être furpris plus fubitement que dans
les terres, & d'où les affaillans peuvent plus
aifément faire retraite au cas que leur entreprife
vienne à échouer. Il y a toute apparence, quoi
qu'il en foit, qu'il y avoit quelque convenance
à cette pofition fur le rivage, car il eft rare

HÉBRI-
DES.
Inch-
Kenn etb.

V iij

qu'une pratique uniforme continue long-temps
fans qu'il y en ait de bonnes raifons.

Un château dans les isles *Hébrides* n'eft autre
chofe qu'une feule tour de trois ou quatre
étages, dont les murs font quelquefois épais de
huit ou neuf pieds, avec des fenètres étroites &
un efcalier tournant, bâti en pierres. Le haut
de la tour fe termine en cône ou piramide de
pierre, environné de crenaux; les planchers in-
térieurs font quelquefois conftruits avec des
poûtres, comme dans les maifons ordinaires;
d'autres font voûtés en pierre, & quelquefois
alternativement en bois & en pierre, en forte
qu'il y a fort peu de danger à craindre pour le feu.
Dans le centre de chaque étage du haut en bas
eft la pièce principale, qui n'eft pas fort fpa-
cieufe, autour de laquelle il y a des cavités ou
cellules formées par de petits vides ou par un
double mur; je ne fache pas qu'il y ait jamais
plus d'une pièce à faire du feu : ces tours ne
pouvoient contenir beaucoup de monde, ni de
groffes provifions, mais auffi leurs ennemis pouvoient s'arrèter affez long-temps pour les bloquer,
& lorfqu'ils avoient manqué leur coup à la première attaque, leur premier foin étoit de prendre la fuite.

Les murs étoient toujours trop forts pour être

ébranlés par ces attaques passagères , les fenêtres étoient trop étroites pour en permettre l'entrée ; & les crenaux trop hauts pour être escaladés. Le seul danger étoit aux portes, au-dessus desquelles étoit pratiquée dans le mur une espèce de cavité assez semblable au canal d'une cheminée , continuée jusqu'au haut. Les assiégés se servoient de ce trou pour laisser tomber des pierres sur ceux qui tentoient l'attaque de la porte, ou pour jeter de l'eau, peut - être de l'eau bouillante. Si l'attaque étoit faite avec le feu, le château de *Loch-buy* étoit défendu par de doubles portes , dont celles de dehors étoient de fer.

Dans tous ces châteaux il y avoit un puits & un cachot ou basse fosse , l'usage du puits est évident. Le cachot étoit une espèce de cave souterraine , murée & voûtée , dans laquelle on descendoit par une porte fort étroite au moyen d'une échelle ou d'une corde, ensorte qu'il étoit impossible d'en échapper, lorsque l'échelle ou la corde étoient ôtées. Je suppose qu'en temps de guerre cette basse fosse étoit une prison pour les captifs qu'on vouloit traiter avec sévérité , & en temps de paix pour ceux qui commettoient quelque crime dans la jurisdiction du *Laird* ; car les habitations de la

V iv

plupart des *Lairds* jusqu'au temps où ils ont été privés de leurs privilèges, fervoient de cours de juftice dont leurs vaffaux relevoient.

Comme ces efpèces de forterefles étoient l'ouvrage de la néceffité feule, on ne fongeoit en les bâtifant qu'à la fûreté, fans beaucoup d'égard aux commodités, & encore moins à l'élégance ou au plaifir. Il fuffifoit à un *Laird* des *Hébrides*, d'avoir une maifon forte où il put cacher & défendre fa femme & fes enfans contre les entreprifes d'une tribu voifine, ainfi il n'eft pas étonnant qu'elles ne fuffent ni vaftes ni fplendides.

Il eft plus difficile de comprendre comment ces édifices ont pu s'élever par des hommes qui n'avoient point d'argent, & dans un pays où les laboureurs & les artifans avoient peine à fe nourrir; au refte, ces édifices dans les différentes parties des Isles montrent affez le degré de leurs richeffes & de leur pouvoir, & je crois pouvoir affurer que les ruines encore exiftantes de quelqu'un des châteaux bâtis par les *Anglois* dans le pays de *Galles* pourroient fournir les matériaux de tous ceux que j'ai vu au-delà de la *Tweed*.

Ces châteaux peuvent encore fervir à mettre en évidence que les fictions romanefques des

temps de chevalerie ont eu pour bafe les coutumes & les mœurs réelles des temps féodaux , où
chaque feigneur vivoit dans fes terres , fans
reconnoître de loi & fans rendre compte à perfonne avec toute la licence & l'infolence qu'inf-
pire une autorité que perfonne n'ofe contefter ,
& qui n'admet ni bornes , ni règles.

Le voyageur, quel qu'il fût, arrivant à la
porte de la fortereffe d'un feigneur , étoit probablement interrogé du haut des crenaux ;
admis avec précaution à la porte, & introduit
auprès du petit monarque par des hoftilités
habituelles , & qui, vigilant par une ignorance
foupçonneufe , felon fon humeur habituelle
ou accidentelle , admettoit l'étranger, ou comme
un hôte à fa table , ou le confinoit dans le donjon comme un efpion.

Loch - buy veut dire *lac jaune*, c'eft le nom
donné à une efpèce de golphe fur lequel eft
bâti le château de M. *Maclean* ; j'ignore ce qui
lui fait donner cette qualification.

Nous nous préparames enfin à quitter les
Hébrides, où nous avions paffé quelques femai-
nes avec affez de plaifir , & où nous avions
étendu nos idées par de nouveaux tableaux de
la nature , & par l'afpect de mœurs & de coutumes nouvelles pour nous. Avec plus de temps

nous aurions mieux obfervé ; mais il étoit néceffaire que M. *Bofwell* fût de retour avant que les cours de juftice fuffent rentrées, & il n'étoit pas décent de vivre trop long-temps d'hôf-pitalité, quoique elle nous fût toujours libé-ralement accordée.

Il faut convenir que les isles *Hébrides* ne peuvent guère intéreffer beaucoup que le véri-table amateur de la nature toute nue. Il y a peu de monde & peu d'abondance, deux fortes de difette qui ne laiffent pas beaucoup de plaifir à efpérer.

Le peuple des Isles, pris collectivement, eft affez nombreux, quoi qu'il le foit peu en propor-tion de l'étendue de pays qu'il occupe.

Mull paffe pour contenir fix mille habitans, & *Sky* quinze mille ; je ne repondrai pas du dénombrement de *Mull* ; mais lorfque j'ai voulu témoigner quelque doute fur celui de *Sky*, le miniftre confondit mon incrédulité par des faits.

C'eft ordinairement fur la valeur en argent des chofes néceffaires à la vie qu'on calcule ce qu'un pays rapporte à fes habitans, manière de juger, prefque toujours incertaine, parce qu'elle fuppofe, ce qui eft bien loin d'être vrai, que la valeur de l'argent eft toujours la même, & c'eft mefurer une quantité inconnue avec une mefure incertaine.

Ce principe pourroit être admis lorsqu'on
feroit appelé à comparer les marchés d'un même
pays en différens temps, & à des temps pas trop
éloignés les uns des autres, mais il ne peut guères fervir pour la comparaifon de l'état de deux
nations différentes ; les denrées quoi qu'abondantes, font vendues dans les pays riches en
argent à un prix auquel il eft impoffible qu'elles
foient portées, quoique plus rares dans un pays
où l'argent eft bien plus rare encore.

Dans les *Hébrides* il y a fi peu de commerce
intérieur qu'à peine chaque chofe y a telle une
valeur établie & connue. Le prix des objets d'im-
portation ou d'exportation, peut-être confidéré
comme celui d'un marché étranger. Il y a
même ici quelque difficulté de plus à le découvrir, parce que les mefures font différentes
des nôtres, & quand il y a ignorance des deux
côtés, il ne peut y avoir de mefure commune à
laquelle on puiffe en appeler.

Ce n'eft pas là toutefois le feul obftacle : les
Ecoffois avec une vigilance jaloufe qui ne dort
jamais, foupçonnent toujours un *Anglois* de les
méprifer à caufe de leur pauvreté, & pour le
convaincre qu'ils ne font pas moins riches que
leurs voifins, on eft affuré qu'ils lui difent un
prix au - deffus de la vérité. Lorfque *Lesley* rap-

porta si minutieusement, il y a 200 ans, que la douzaine d'œufs frais se vendoit aux Isles un sol ; il supposa qu'on ne pouvoit en tirer aucune autre conséquence, si ce n'est que les œufs étoient fort abondans ; la postérité est devenue plus habile, & ayant appris que la valeur nominale & la valeur réelle pouvoient différer, on ne fait pas actuellement de pareilles histoires, de peur qu'un étranger ne conclût, non que les œufs sont abondans, mais que les sols sont rares.

Les mots, *argent* & *richesse*, ont été si long-temps confondus dans le langage ordinaire, que communément on suppose que ce n'est qu'une même chose, & ce préjugé s'est si fort étendu en Ecosse, que je ne sache pas d'avoir interrogé homme ou femme sur ce qu'on payoit les denrées, qui ait pu surmonter le désir ignoble de me tromper en me représentant chaque chose comme plus chère qu'elle n'étoit en effet.

De *Loch-buy* nous marchâmes quelques milles sur la côte de *Mull*, qui est en face de l'Ecosse, & là prenant congé de notre bon protecteur Sir *Allan*, nous nous embarquâmes sur un bateau, où, pour notre commodité, on avoit fait un lit de broussailles, & nous couchâmes le 2 du mois d'Octobre sur terre ferme dans une auberge passable.

Le jour fuivant nous continuâmes notre voyage au fud. Le temps étoit orageux; nous eûmes pendant une partie de la journée un pays rude & de forts petits chevaux; s'ils euffent eu befoin d'être retenus, nous aurions eu beaucoup de difficultés : car entre nous tous nous n'avions qu'une feule bride. Nous nourrîmes généreufe-ment ces pauvres animaux au moyen de quoi, ils firent affez bien le fervice; fur la fin de la journée nous trouvâmes une route ferme & unie faite par les foldats, fur laquelle nous cheminâ-mes fans autre fouci ni occupation que de con-templer les divers tableaux que nous avions autour de nous. La nuit arriva que nous avions encore une grande partie du chemin à faire, mais elle n'étoit pas fi noire que nous ne puiffions bien difcerner les eaux qui, tombant des mon-tagnes d'un côté du chemin, formoient des cataractes, & s'évaffoient dans un canal général qui couloit de l'autre avec une grande vio-lence. Le vent étoit fort, la pluye abondante & le fifflement de l'orage, le bruit de la pluye, celui des eaux qui fe précipitoient avec fracas, & le torrent qui fembloit rugir, formoient en fe réuniffant une mufique fauvage, telle que je n'avois jamais eu le plaifir d'en entendre de pareille auparavant.

Les ruisseaux qui descendoient des montagnes & qui venoient croisser le chemin pour se joindre au courrant principal, étoient si fréquens qu'après un certain temps je commencai à les compter, & j'en reconnus cinquante-cinq dans l'espace de dix milles, sans compter ceux que je pus oublier, & ceux que j'avois laissé passer avant d'avoir la curiosité de les compter. Enfin nous arrivames à *Inverrary*, où nous trouvèmes une auberge non-seulement commode, mais magnifique.

Nous étions au bout des difficultés de notre voyage; M. *Boswell* avoit l'honneur d'être connu du duc d'*Argyle*, par qui nous fûmes traités avec beaucoup de bonté & de politesse, dans sa superbe terre, & fournis de tout ce qui nous étoit nécessaire pour visiter ses vastes parcs & ses forêts naissantes.

Après deux jours de séjour à *Inverrary*, nous fîmes route au sud sur *Glencroë*, pays noir & affreux, rendu praticable actuellement par un chemin militaire, qui prend de chaque extrémité de la vallée, par une montée escarpée, qui n'est pas dangereuse, mais assez pénible. Vers le milieu de la route, & au haut de la colline, il y a une habitation avec cette inscription : *Rest aud be thankfull ; reposes-toi & sois reconnoissant.*

On avoit placé des pierres millaires pour
marquer les diftances ; mais les habitans les
ont enlevées, réfolus, difent-ils, de ne point
adopter de nouveaux milles. Dans cette faifon
pluvieufe, les montagnes offroient partout des
cafcades, qui, traverfant le chemin, formoient
des courans de l'autre côté, & couloient quelquefois en direction contraire, fuivant qu'ils
tomboient au nord ou au fud des fommités.
Etant bien montés par les faveurs du Duc,
nous arpentâmes la montagne du haut en bas
avec beaucoup de commodités.

De *Glencroë*, nous parvinmes au travers d'un
pays charmant, fur les bords du lac *Lomond*,
& nous fûmes reçus dans la maifon du chevalier
Colquhoun, qui poffède prefque toutes les trente
Isles qui font fur ce lac ; nous les vifitâmes
en bateau le lendemain matin. Une pluie incommode nous fit abréger notre voyage ; mais nous
abordâmes à une Isle toute plantée d'ifs, & peuplée de bêtes fauves ; nous en vîmes une autre,
qui n'a peut-être pas plus d'un demi acre d'étendue, remarquable par les ruines d'un vieux
château, fur lequel l'orfraie conftruit toutes les
années fon lit. Si le lac de *Lomond* étoit fitué
fous un climat plus heureux, la vanité & l'opulence fe glorifieroient de pofféder quelqu'une

des petites isles qu'il renferme, d'y employer tous les arts d'embellissemens; mais, tel qu'il est, ces islets, qui sollicitent le contemplateur à une certaine distance, le dégoûtent à leur approche, quand il reconnoît qu'au lieu de ces charmantes plaines bordées d'arbres, & de l'ombrage des bosquets qu'il attendoit, il ne trouve que des terres sauvages & sans culture.

Là où le lac se décharge dans une rivière appelée le *Leven*, nous passâmes la nuit chez un M. *Smollet*, parent du docteur *Smollet*, à la mémoire duquel il a élevé un obélisque sur le rivage, près de la maison dans laquelle il est né. Il y auroit de l'ingratitude à passer sous silence, & de l'ennui à répéter combien nous reçûmes de politesses & de prévenances partout où nous passâmes. Nous trouvâmes ici une chaise de poste, qui nous conduisit à *Glasgow*.

Il seroit superflu de donner la description d'une ville aussi fréquentée que *Glasgow* : la prospérité de son commerce paroît par la magnificence de quantité de maisons particulières, & par un air général de richesse. C'est la seule ville épiscopale dont la cathédrale ait échappée à la rage de la réformation : elle est actuellement divisée en plusieurs portions séparées, dans chacune desquelles on fait le service, & qui,

prises

prifes enfemble, forment un grand édifice, qui
doit avoir coûté plufieurs fiècles à bâtir, &
qui n'a jamais été fini. Le changement de réligion arrêta fes progrès, avant qu'on eût fait le
bâtiment qui devoit former la croix, chofe
qui femble effentielle à une cathédrale gothique.

Le collège n'a pas affez participé à l'accroiffement général & à la magnificence de la ville. La
feffion étoit commencée (elles commencent au
10 Octobre & continuent jufqu'au 10 Juin);
mais les étudians ne me parurent pas nombreux :
je fuppofe qu'ils n'étoient pas encore tous de retour
de chez eux. La divifion de l'année académique
en un feul temps de leçons & de vacances, me
paroît plus convenable aux mœurs actuelles que
cette bigarrure de temps par termes & vacances
fucceffives, qui nous vient de fiècles fort éloignés, auxquels elle convenoit probablement,
& a lieu encore dans les univerfités angloifes.
Une continuité d'inftructions fans intervalles,
telle que préfente le fyftème d'éducation *écoffoife*,
permet & encourage même un plan pour chaque
partie de l'année ; mais chez nous, celui qui a
commencé à bien étudier au collège, eft bientôt
attiré à la campagne, & tel qui s'eft arrangé
pour vivre à la campagne, eft bientôt fommé de
revenir au collège.

Tome II.   X

Mais, lorsque j'ai attribué aux univerſités *écoſſoiſes* une ſupériorité dans la diſtribution du temps, qui eſt vraiment plus raiſonnable, je leur accorde (autant que mes recherches ont pu s'étendre) tout ce qu'elles peuvent prétendre : les étudians d'ailleurs y vont póur la plupart encore enfans; ils n'y apportent que peu ou point de connoiſſances fondamentales, ſur leſquelles il eſt par conſéquent difficile d'élever un bel édifice. Les écoles de grammaire ſont généralement mal pourvues, parce que le caractère de maître d'école étant moins honorable qu'en Angleterre, ces places ſont rarement acceptées par des hommes capables de leur donner du relief, & lorſque l'école a été inſuffiſante ou défectueuſe, le collège produit peu de fruit.

On ne doit pas s'attendre que les perſonnes élevées dans les univerſités *écoſſoiſes* parviennent ſouvent à ce haut & brillant degré d'érudition qu'on peut trouver dans d'autres; mais on y acquiert une certaine médiocrité de connoiſfances, qui tient le milieu entre la ſcience & l'ignorance, qui convient aux vues & aux projets de la vie ordinaire, & qui eſt, je crois, très-abondamment répandue parmi les Ecoſſois. Cette médiocrité, ſoutenue en général par une eſpèce de ligue nationale ſi jalouſe, que leurs amis

mêmes ne peuvent l'excufer, fi active & fi entre-
prenante, que leurs ennemis ne peuvent que
la louer, ne laiffe pas de les rendre capables
de faire leur chemin dans les emplois, & de
s'élever aux honneurs & aux richeffes.

De *Glafgow*, nous dirigeâmes notre courfe à
Auchinleck, terre dévolue, au travers d'une
longue fuite d'ancêtres, au père de M. *Boswell*,
qui en eft le poffeffeur actuel. Dans notre route,
nous trouvâmes plufieurs endroits affez remarquables en eux-mêmes, mais déjà décrits par
des perfonnes qui ont eu plus de loifir & plus
d'habileté que nous. Nous nous arrêtâmes deux
jours chez M. *Campbell*, gentilhomme, qui a
époufé une fœur de M. *Boswell*.

Auchinleck, qui fignifie *champ pierreux*, ne
paroît pas avoir actuellement de droit particulier à cette dénomination; c'eft un diftrict,
en général, affez plat & uni, & paffablement
fertile, mais fujet, comme tout le refte de la
partie occidentale de l'Ecoffe, à de fréquentes
pluies. Ce canton étoit, ainfi que le refte du
pays, généralement nud & dépouillé, jufqu'à ce
que le poffeffeur actuel jugeant, par quelques
arbres magnifiques qu'il a auprès de fon vieux
château, que le terrain étoit favorable à leur

culture, a pris le parti de l’enrichir annuellement de quelque nouvelle plantation.

Le lord *Auchinleck*, qui eſt un des juges
d’Ecoſſe, & qui doit avoir, par conſéquent,
peu de loiſir pour vaquer à ſes affaires domeſtiques, ou pour ſes plaiſirs, a trouvé le temps
néanmoins d’améliorer ſon patrimoine. Il a bâti
une maiſon en pierres de taille, d’une conſtruc-
tion auſſi magnifique que durable, & a augmenté les revenus de ſes terres, en ſe faiſant
aimer de ſes fermiers.

Je fus toutefois moins ſatisfait de l’élégance
de l’habitation moderne que de la ſombre dignité
du vieux château. Nous grimpâmes parmi ces
ruines, qui peignent ſi vivement les mœurs
antiques. Il eſt bâti, comme tous les autres,
ſur la pointe d’un roc, & étoit autrefois, je
penſe, environné d’un foſſé : il y a tout auprès
un autre roc, ſur lequel portoit le pont-levis
lorſqu’il étoit abaiſſé. C’eſt là que, dans des
temps de trouble & de rapine, le *Laird* fut un
jour ſurpris & tué par le chef voiſin, qui peut-
être auroit éteint la famille, ſi, peu de jours
après, il n’eût été pris & pendu avec ſes fils,
par *Douglas*, qui vint avec toutes ſes forces au
ſecours du ſeigneur d’*Auchinleck*.

A peu de diſtance de la maiſon coule un ruiſfeau charmant au travers d'un rocher de couleur rougeâtre : on s'en eſt ſervi pour y creuſer une maiſon d'été auſſi agréable que commode, & à moins de frais, à ce que me dit le lord *Auchin-lech*, qu'il n'en eût coûté pour bâtir une chambre de la même dimenſion. Ce roc n'eſt pas plus humide que toute autre muraille. C'eſt bien penſer ſans doute que de profiter d'une occaſion favorable de conſtruire quelque choſe de nouveau & de varié.

Nous partimes de-là pour *Edimbourg*, où je paſſai quelques jours avec des ſavans, dont les noms ne peuvent tirer aucun luſtre de la mention que j'en ferois, & avec quelques femmes du bel air qui ne feroient pas grand état des louanges d'un pédant.

La fréquentation des *Ecoſſois* devient tous les jours moins déſagréable pour un *Anglois*; leurs ſingularités ſe paſſent ; leur dialecte, dans un demi-ſiècle, leur paroîtra à eux-mêmes ruſtique & provincial ; les grands, les ſavans, ceux qui n'ont que l'ambition ou les vanités pour motif ; tous adoptent la prononciation *angloiſe* ; & dans le beau monde, on n'entend pas beaucoup parler *écoſſois*, excepté de temps en temps par quelque vieille Dame.

On trouve à Edimbourg un ſujet de curioſité

vraiment philofophique, qu'aucune autre ville (1) ne peut montrer; je veux parler d'un collège de fourds & de muets, à qui un gentilhomme nommé *Braidwood* enfeigne a parler, à lire, à écrire & l'arithmétique; le nombre de ceux dont il foigne l'éducation eft d'environ douze, qu'il mène enfemble dans une petite école où il les inftruit fuivant les différens degrés de leur capacité.

Je n'entends point donner ici l'inftruction d'un fourd comme une chofe nouvelle. Ayant été d'abord pratiquée fur le fils d'un connétable d'*Efpagne*, *Wallis* & *Holder* s'y appliquèrent après cela, avec beaucoup d'émulation en Angleterre, où elle a été profeffée en dernier lieu par M. *Baker*, qui me flattoit un jour de l'efpérance de voir fa méthode rendue publique. Il n'eft pas aifé de favoir jufqu'où ont été ces premiers maîtres; mais l'avancement & la perfection des élèves de M. *Braidwood* eft vraiment admirable, non-feulement ils parlent, écrivent & comprennent ce qui eft écrit, mais fi celui qui parle, regarde de leur côté, & modifie fon organe par une élocution pleine & diftincte, ils connoiffent fi bien ce que l'on dit, que ce n'eft prefque

----

(1) L'école établie à Paris par l'Abbé de l'Epée, n'exiftoit pas encore.

pas une expreſſion figurée, de dire qu'ils entendent avec les yeux.

Je ne ſais ce qu'on doit croire du pouvoir
qu'avoient les ſourds, dont *Burnet* fait mention,
de comprendre les ſons en appliquant leur main
ſur la bouche de celui qui parloit. Mais j'ai vu
de ſi grands prodiges dans ce genre, que je puis
en croire davantage, & je penſe que cela n'eſt
pas impoſſible d'un ſeul mot, ou d'une ſeule
phraſe.

J'allai viſiter cette école, & je trouvai quelques-uns des écoliers qui attendoient leur maître, qu'on dit qu'ils reçoivent à ſon arrivée
avec une contenance riante & des yeux brillans
de l'eſpérance agréable d'en tirer de nouvelles
idées. Une des jeunes demoiſelles avoit devant
elle une ardoiſe ſur laquelle je traçai une queſtion
d'arithmétique, compoſée de trois figures à multiplier par deux autres figures. Elle jeta les
yeux deſſus, & agitant ſes doigts d'une manière
que je trouvai fort plaiſante (ſans pouvoir diſ-
cerner ſi c'étoit pour calculer ou par badinage)
elle multiplia la ſomme régulièrement en deux
lignes, obſervant la place des dixaines ; mais
elle n'ajouta point les deux lignes enſemble,
dédaignant probablement une opération ſi facile.
Je pointai l'endroit où la ſomme totale devoit

fe trouver, & elle la nota avec une telle promptitude qu'elle fembloit me montrer qu'elle n'avoit
qu'à écrire.

Quel plaifir de voir des créatures affligées de
pareilles infirmités, capables d'une pareille ref-
fource? Tout ce qui tend à augmenter nos efpé-
rances, doit relever notre courage. Après avoir
vu des fourds apprendre l'arithmétique, qui
pourroit être rebuté d'entreprendre la culture
des Hébrides ?

Telles font les chofes que ce voyage m'a
donné l'occafion d'obferver, & les réflexions
que leur vue a produites chez moi. Ayant paffé
ma vie prefqu'entièrement dans les villes, je
peux avoir été étonné de modes de vivre & de
fpectacles de la nature, qui font peut-être familiers à des obfervateurs plus exercés, & qui
ont vu plus de chofes. La nouveauté & l'ignorance font rélatives, & je fuis parfaitement con-
vaincu que mes réflexions fur les mœurs nationales font celles d'un homme qui n'a vu que
fort peu.

Fin du fecond Volume.

ERRATA du second Volume.

Page 7, ligne 10, au reste, *lisez* droits au reste
Page 35, ligne 23, rafraîchisse, *lisez* rafraîchisse
Page 41, ligne 3, j'ai, *lis.* j'aie
Page 44, ligne 11, de la, *lisez* & la
Page 45, ligne 4, exellé, *lisez* excellé
Page 56, ligne 23, chûet, *lisez* chûte
Page 65, ligne 12, une *lisez* un
Page 81, ligne 27, ménagés, *lisez* ménagées.
Page 86, ligne 15, leurs, *lisez* leur
Page 105, ligne 7, font, *lis.* sont
Page 106, ligne 17, bragues, *lisez* brogues
Page 120, ligne 6, fougeux, *lisez* fougueux
Idem, ligne 9, gouverment, *lisez* gouvernement.
Page 121, ligne 4, cessa, *lisez* eut cessé
Page 126, ligne 4, met, *lisez* mets
Page 131, ligne 4, *elfbotts*, lisez *elfbolts*
Idem, ligne 7, *Bœuks*, lisez *Banks*
Page 141, ligne 22, d'avoir, *lisez* de pouvoir
Idem, ligne 25, d'*Isan*, lisez d'*Isay*.
Page 142, ligne 7, da, *lisez* de
Idem, ligne 11, *Sullen*, lisez *Suffex*
Page 144, ligne 13, trois cents quatorze, *lisez* trois quarts
Page 145, ligne 25, *Shenff*, lisez *Shériff*
Idem, ligne 26, *Macquena*, lisez *Macqueen*. Cette faute est
  répétée à la page 146, ligne 15.
Page 150, ligne 26, confroté, *lisez* confronté.
Page 151, ligne 4, informées, *lisez* informés.
Idem, ligne 12, donjeon, *lis.* donjon.
Page 152, ligne 14, défaftrueufe, *lis.* défaftreufe
Page 156, ligne 2, commencée, *lisez* commencé
Page 158, ligne 6, *Macphurfon*, lisez *Macpherfon*
Page 159, ligne 5, *fupprimez* on
Page 164, ligne 3, le, *lif.* la
Page 168, ligne 7, caille, *lisez* caillé
Idem, ligne 18, quète, *lif.* guette
Page 173, ligne 13, *Maclean*, lisez *Macleod*
Page 177, ligne 27, obét, *lisez* obéit
Page 178, ligne 6, *Bornes*, lisez *Borneo*
Page 196, ligne 23, reftraindre, *lif.* reltreindre.
Page 202, ligne 1, habition, *lif.* habitation
Page 208, ligne 15, *Armidate*, lisez *Armidale*
Idem, ligne 19, queftionnelle, *lif.* queftionneufe
Page 209, ligne 23, fupplée, *lif.* fuppléée
Page 211, ligne 17, contententent, *lisez* contentent
Page 215, lignes 13 & 14, *Browuy*, lisez *Browny*

Page 218 , ligne 27 , quoique , *lisez* quoi
Page 224 , ligne 10 , diffensions , *lisez* diffentions
Idem , ligne 26 , confervé , *lif.* confervée.
Page 227 , ligne 18 , ponovient , *lif.* pouvoient,
Page 233 , ligne 14 , quelque , *lif.* quelques
Idem , ligne 18 , confiftence , *lifez* confiftance.
Page 234 , ligne 8 , qu'il , *lifez* qu'on
Page 235 , ligne 15 , toutes , *lif.* tous.
Page 241 , ligne 4 , quelque jour , *lifez* quelques jours.
Page 246 , ligne 16 , *Jolin* , lifez *John.*
Idem , ligne 26 , *Artbrinisk* dans l'isle de *Morvera*, lif. *Artorinisk*
    dans l'isle de *Morvern*
Page 247 , ligne 22 , pourfuivi , *lifez* pourfuivit
Page 248 , ligne 9 , envahi , *lifez* envahit
Page 249 , ligne 2 , le , *lif.* le
Idem , ligne 6 , recouverte , *lifez* recouverte
Idem , ligne 26 , *Macfwegn* , lifez *Macfweys*
Page 250 , ligne 7 , annuelle , *lif.* actuelle
Page 255 , ligne 12 , fols demi , *lifez* fols & demi
Page 256 , ligne 27 , *Clauronald* , lifez *Clanronald*
Page 258 , ligne 13 , toûte , *lif.* toutes
Page 265 , ligne 8 , du , *lif.* de
Page 266 , ligne 23 , 1647 , *lifez* 1649
Page 267 , ligne 5 , un ; *lif.* une
Page 275 , ligne 15 , *Tobar-Morar* , lifez *Tobor-Morar*
Page 279 , ligne 2 , *Irolmkill* , lifez *Icolmkill.*
Page 285 , ligne 14 , *fupprimez ces mots* , On pourroit le placer ici
Page 287 , ligne 13 , de , *lifez* des
Page 288 , ligne 2 , ou , *lifez* on
Page 304 , ligne 18 , voulu , *lif.* voulut
Page 308 , ligne 12 , *Johnflous* , lifez *Johnftons*
Idem , ligne 13 , *Adnamurchan* , lifez *Arduamurchan*
Page 309 , ligne 13 , qu'elles fuffent , *lifez* qu'ils fuffent
Page 311 , ligne 11 , *fupprimez le* , *avant le mot* fi , *& mettez-le*
    après le mot feu.
Page 317 , ligne 19 , s'évaffoient , *lif.* fe réuniffoient
Page 318 , ligne 2 , croiffer , *lif.* croifer.
Idem , ligne 9 , trouvèmes , *lif.* trouvâmes
Idem , ligne 26 , *aud* , lifez *and*
Page 319 , ligne 25 , lit , *lifez* nid.